本书获国家社会科学基金项目资助

光明社科文库

·政治与哲学书系·

# 乡村"微腐败"形成途径和阻断机制研究

孙 杰 | 著

光明日报出版社

## 图书在版编目（CIP）数据

乡村"微腐败"形成途径和阻断机制研究 / 孙杰著．
北京：光明日报出版社，2024.11. -- ISBN 978 - 7
- 5194 - 8035 - 6

Ⅰ. D630.9

中国国家版本馆 CIP 数据核字第 2024FK8082 号

## 乡村"微腐败"形成途径和阻断机制研究
XIANGCUN "WEIFUBAI" XINGCHENG TUJING HE ZUDUAN JIZHI YANJIU

著　　者：孙　杰

责任编辑：李　倩　　　　　　　责任校对：李壬杰　李海慧
封面设计：中联华文　　　　　　责任印制：曹　净

出版发行：光明日报出版社
地　　址：北京市西城区永安路 106 号，100050
电　　话：010-63169890（咨询），010-63131930（邮购）
传　　真：010-63131930
网　　址：http://book.gmw.cn
E - mail：gmrbcbs@gmw.cn
法律顾问：北京市兰台律师事务所龚柳方律师

印　　刷：三河市华东印刷有限公司
装　　订：三河市华东印刷有限公司

本书如有破损、缺页、装订错误，请与本社联系调换，电话：010-63131930

开　　本：170mm×240mm
字　　数：269 千字　　　　　　印　　张：16.5
版　　次：2025 年 4 月第 1 版　　印　　次：2025 年 4 月第 1 次印刷
书　　号：ISBN 978 - 7 - 5194 - 8035 - 6
定　　价：95.00 元

版权所有　　翻印必究

# 内容简介

　　反对腐败、建设廉洁政治是马克思主义政党的政治本色。"微腐败"虽小，但是关系人心向背，事关执政之基。本书以巩固党长期执政的基础和净化新时代乡村政治生态为价值取向，以治理腐败源头为切入点，围绕治理乡村"微腐败"这个主题进行理论论证。采用文献资料分析、案例分析、比较分析等研究方法，通过分析乡村"微腐败"的现状，指出其类型多样、特点各异；阐析乡村"微腐败"的形成途径，结合国内外治理的有益做法，找准治理切入点，明晰治理"微腐败"路径并建立健全阻断机制。本书在学术内容、学术观点与研究方法等方面具有一定的创新意义，为从根本上铲除腐败滋生的土壤，营造风清气正的基层政治生态提供参考。

# 目 录
## CONTENTS

导 论 ················································································ 1

**第一章 乡村"微腐败"治理的一般理论** ············································ 18
  第一节 乡村"微腐败"治理的核心概念界定 ································· 18
  第二节 乡村"微腐败"治理的理论渊源 ······································ 23
  第三节 乡村"微腐败"治理的重要性和紧迫性 ····························· 72
  第四节 乡村"微腐败"治理的时代价值 ······································ 75

**第二章 乡村"微腐败"的形成途径** ················································ 81
  第一节 乡村"微腐败"隐匿期 ·················································· 81
  第二节 乡村"微腐败"诱发期 ·················································· 85
  第三节 乡村"微腐败"发生期 ·················································· 89

**第三章 乡村"微腐败"的实然考察** ················································ 93
  第一节 乡村"微腐败"的主要方式 ············································ 93
  第二节 乡村"微腐败"的基本特点 ············································ 103
  第三节 乡村"微腐败"的严重危害 ············································ 111
  第四节 乡村"微腐败"的成因分析 ············································ 115

## 第四章　国内外乡村"微腐败"治理的做法及其启示 …… 129
### 第一节　国内乡村"微腐败"治理的做法及启示 …… 129
### 第二节　国外乡村"微腐败"治理的经验借鉴 …… 155

## 第五章　乡村"微腐败"的治理路径 …… 169
### 第一节　乡村"微腐败"治理的基本要求 …… 169
### 第二节　乡村"微腐败"治理的基本原则 …… 175
### 第三节　乡村"微腐败"治理的路径选择 …… 181

## 第六章　乡村"微腐败"的阻断机制 …… 205
### 第一节　乡村工作完善机制 …… 205
### 第二节　制度约束健全机制 …… 211
### 第三节　廉政教育夯实机制 …… 217
### 第四节　薪酬管理规范机制 …… 221
### 第五节　网络反腐创新机制 …… 226

## 参考文献 …… 232

## 附录1　关于乡村"微腐败"形成途径和阻断机制研究调查问卷 …… 248

## 附录2　乡村干部访谈提纲 …… 255

# 导 论

## 一、研究依据

### (一) 问题的提出

党的二十大报告指出,"腐败是危害党的生命力和战斗力的最大毒瘤",所以,"反腐败斗争一刻不能停,必须永远吹冲锋号","坚决惩治群众身边的'蝇贪'"。[①] 足见党中央对腐败问题的高度重视,为今后反腐败工作指明了方向。我们要牢记反腐败永远在路上,要永远吹响反腐败冲锋号,以零容忍态度反腐惩恶,深化标本兼治、系统治理,抓早抓小,防微杜渐,涵养正气,才能始终保持政治上的坚定定力和斗争精神,确保党和国家长治久安。

党的十八大以来,以习近平同志为核心的党中央重拳打击贪腐"大老虎",掀起强大反腐"飓风",取得了显著治理成效。但乡村"微腐败"问题并未根本遏制,如不认真纠正和严肃查处,也会成为毁坏建设社会主义现代化强国战略目标的"蚁穴"。正如习近平总书记所指出的,"微腐败"可能成为"大祸害",损害的是老百姓的切身利益,挥霍的是基层群众对党的信任。[②] 可见,"微腐败"虽微,但危害巨大,影响深远,因此反腐败要从惩治"微腐败"抓起。习近平总书记强调,要坚持反腐败无禁区、全覆盖、零容忍,坚定不移

---

[①] 习近平. 高举中国特色社会主义伟大旗帜 为全面建设社会主义现代化国家而团结奋斗:在中国共产党第二十次全国代表大会上的报告 [N]. 人民日报,2022-10-26 (1).
[②] 习近平. 在第十八届中央纪律检查委员会第六次全体会议上的讲话 [N]. 人民日报,2016-05-03 (2).

"打虎""拍蝇""猎狐"。① 这为我们治理"微腐败"提供了根本遵循。2021年人民网两会调查结果显示,71.6%的网民认为应将"零容忍"的反腐态势和行动落实到"微腐败"惩治当中。② 这一结果表明,公众对于打击腐败行为的呼声越来越高,也蕴含着群众对党风政风的新要求。

我国是一个农业大国,农村地域分布广阔,农民人口数量大,"所以民族的统一与复兴,必定要求乡村振兴"③。因此,国家对乡村建设加强了资金项目投入,出台了惠农惠民政策,带领农民由贫困迈进小康,全面建成小康社会。乡村干部是群众和政府沟通的桥梁,是新农村建设、乡村经济发展的关键。所以乡村干部是否清廉务实,对乡村发展具有至关重要的影响。当下也有一些乡村干部心态不端,利用手中的"微权力",不断损害群众利益,积"小"成多,最终酿成大祸。从以上论述可以看出,治理乡村"微腐败"迫在眉睫。鉴于此,课题组对乡村"微腐败"形成途径和阻断机制进行探索和研究,建构基层贪腐有效治理机制,从而遏制乡村"微腐败"的产生及扩散。这不仅是夯实党的执政根基的可靠路径,也是实施乡村振兴战略的重要保证,更是实现基层治理现代化的内在诉求。

(二) 选题意义

反对腐败、建设廉洁政治是马克思主义政党的政治本色。"微腐败"虽小,但是关系人心向背,事关执政之基。"微腐败"集腋成裘,积水成渊,其危害不容小觑。因此,本课题对乡村"微腐败"形成途径和阻断机制进行研究,具有重要的理论价值和实践意义。

1. 理论价值

一是拓展和深化中国特色反腐败理论体系。没有实践的理论是空洞的理论,没有理论的实践是盲目的实践。中国特色反腐败理论体系是中国特色社会主义理论体系的重要组成部分,是指导党风廉政建设和反腐败斗争取得的重要理论成果。党的十八大以来,以习近平同志为核心的党中央坚定不移地开展党风廉

---

① 习近平. 决胜全面建成小康社会 夺取新时代中国特色社会主义伟大胜利: 在中国共产党第十九次全国代表大会上的报告 [N]. 人民日报, 2017-10-28 (1).
② 张艺瑶. 深入整治微腐败 增强群众获得感 [EB/OL]. 中央纪委国家监委网站, 2021-03-09.
③ 习近平. 习近平谈治国理政: 第3卷 [M]. 北京: 外文出版社, 2020: 437.

政建设和反腐败斗争，与时俱进地提出富有创见的新思想新论断，取得丰硕的实践和理论成果，发展了中国特色反腐败理论体系。"微腐败"属于腐败的一种类型，是相对于"大腐败""巨腐败"而言的。本课题对乡村"微腐败"的形成途径进行分析研究，并从多维审视和剖析，提出构建"微腐败"的阻断机制，有利于拓展和深化中国特色反腐败理论体系。

二是促进党风廉政建设理论发展。当下中国，腐败现象仍然存在，反腐形势依然严峻。加强党风廉政建设，筑牢拒腐防变防线刻不容缓。"微腐败"看上去是小问题，但其影响面宽，侵害了群众利益。"微腐败"暴露的是基层廉政建设以及权力运行还存在风险点。治理"微腐败"是推动全面从严治党向基层延伸的应有之义，因此，必须从严从实、锲而不舍、久久为功，严查政法、扶贫、民生等重点领域和群众身边的腐败问题。既要夯实治本的基础，又要敢于用治标的利器，标本兼治乡村基层的小腐小贪，优化乡村基层政治生态，构建风清气正、和合养廉的运行机制。通过乡村"微腐败"治理的递进发展，达到政府清廉、政治清明，从而构建海晏河清的乡村政治生态，有利于促进我国党风廉政建设理论的发展。

三是推进基层治理理论创新。治国安邦，重在基层。基层是党的执政之基，基层治理是国家治理的基础，它关系到国家治理体系的健全和国家长治久安的实现。没有基层治理现代化，国家治理现代化则无从谈起。与城市基层比，乡村治理现代化更难，加强基层治理更急迫。习近平指出，要加强和创新基层社会治理，"将矛盾纠纷化解在基层，将和谐稳定创建在基层"[①]。这为社会治理理论研究、体制创新提出了新的明确要求。乡村"微腐败"治理，从共治、德治、自治、法治、综治、惩治等方面入手，形成多元治理、协同治理的现实路径；从乡村工作完善机制、薪酬管理规范机制、廉政教育夯实机制、网络反腐创新机制、制度约束健全机制等系列机制着手研究乡村"微腐败"治理的长效机制，这是实现民主化、科学化、精细化、专业化的治理目的，有助于推进基层治理理论创新。

2. 实践意义

一是营造乡村反腐倡廉的浓厚氛围。整治乡村"微腐败"，是修复和净化乡

---

① 习近平. 正确认识和把握中长期经济社会发展重大问题[J]. 求是，2021（2）：1-5.

村政治生态的迫切要求，也是国家反腐倡廉向社会各领域拓展、向基层延伸的充分彰显。它以推进农村基层反腐倡廉为基础，以实现基层干部清正、关系清朗、政治清明为目标，以清廉主体、清廉制度、清廉文化等为手段，促进廉洁的党风、政风、村风、民风的有机形成和互相融合，不断夯实廉政生态基础，营造崇清尚廉的整体社会氛围。乡村"微腐败"治理的双重功效：对外表现为城乡关系中塑造乡村发展廉洁向荣的崭新面貌；对内则是乡村社会为农村营造风清气正的社会环境，以"廉政生态"培育的"廉动力"为乡村振兴赋能增效①，最终使乡村"微腐败"成为"过街老鼠"，形成不敢腐、不能腐、不想腐的良好环境，并把这"三不腐"扎扎实实地落到实处。

二是助推基层治理现代化进程。基层是社会治理的重心、难点和希望所在。基层强则国家强，基层安则天下安。习近平总书记强调要更加注重联动融合、开放共治、民主法治与科技创新，提高社会治理社会化、法治化、智能化、专业化水平。这为新时代基层治理现代化提供了指导。当下，智能化治理已经成为基层治理现代化的重要标志之一，我们应充分利用大数据、云计算、人工智能等先进的科技、信息技术的优势，使智治支撑成为乡村"微腐败"治理的重要抓手。积极探索"互联网+'微腐败'治理"，让"微腐败"治理走上"智治之路"。信息技术的发展创造出一个新领域，政府的权力边界将被深度调整，权力的逻辑将被深度改写，新的制度设计路径和思路将会重新构建，这样能使乡村各种"微腐败"暴露在光天化日之下，淹没在人民群众的反腐浪潮中，有助于推动基层治理现代化进程。

三是促进清正廉洁乡村好干部成长。廉洁自律、勤政为民是干部应具备的基本素质和道德准则，唯有保证干部廉洁自律，才能筑牢腐败防线。面对各种诱惑，干部要真正做到不为私心所扰，不为名利所累，不为物欲所惑，自觉养成高尚的道德情操，抵得住诱惑、守得住清廉，保持一身正气、两袖清风。动摇理想信念，必然迷失方向；追求骄奢浮华，终将逸豫亡身。"历览前贤国与家，成由勤俭败由奢。"乡村"微腐败"治理强调加强德治，这就要求乡村干部强化自我修养，常修为政之德，常思贪欲之害，常怀律己之心，保持高尚的精神追求，做到自律、自重、自省、自警、自励，使其清醒地认识到惩腐扬廉就

---

① 张扬金，于兰华.清廉乡村建设的实践诉求与评价体系初探[J].行政论坛，2022，29(5)：103.

是要"动真格的",促使清正廉洁的干部尤其是年轻干部得到提拔和重用。

**二、研究现状和文献综述**

(一) 国内研究现状

国内腐败问题研究始于20世纪80年代末,至今已走过40多年的时间,其间涌现了大量理论研究成果,主要集中于以下六个方面。

一是腐败内涵研究。从政治学视角,何增科认为腐败是滥用公权力谋取私人利益的行为。[①] 其构成要素有五个,分别是腐败主体、动机、手段、方式、后果。从经济学视角,胡鞍钢、康晓光提出腐败是权力寻租活动。[②] 他们还认为这种现象的产生主要根源于制度缺陷,即市场经济转型期的制度缺陷。从法学视角,温敬元认为腐败是官员利用手中权力谋取私利的一种违反法律和道德的行为。[③] 这一定义不仅指明了腐败的实质,还揭示了腐败的构成要素。

二是腐败特点研究。辛向阳提出腐败现象出现了群体化、高官化、巨额化、期权化、潜规则化、国际化和新型化的新型特征。[④] 这种新型特征不仅加剧腐败的隐蔽性和复杂性,也对其防控和惩治提出更高要求。刘玉靖指出,落势化、集团化、领域扩大化、手段隐蔽化和黑恶势力渗透化是我国腐败现象的特点。[⑤] 刘蕊认为腐败具有主体扩大化、利益的"合法化"、因果链条的延长化的特点。[⑥] 新型腐败犯罪手法包括权益交易、隐形持股、金融投资、联合投资等。苏江涛、舒绍福指出,主体从"差序格局"到"多层嵌套"、手段从简单粗暴到智能升级、危害从直接明了到间接隐患是新型腐败的总体特征。[⑦]

---

① 何增科. 中国转型期腐败和反腐败问题研究:上篇 [J]. 经济社会体制比较,2003 (1):19-29+18-129.
② 胡鞍钢,康晓光. 以制度创新根治腐败 [J]. 改革与理论,1994 (3):3-8.
③ 温敬元. 腐败的内涵、生成条件与遏制思路新探 [J]. 中共福建省委党校学报,2005 (6):28-32.
④ 辛向阳. 当前我国腐败现象的新特点与反腐败的对策 [J]. 当代世界与社会主义,2010 (5):150-153.
⑤ 刘玉靖. 试论我国腐败现象的新特点及其治理 [J]. 学术论坛,2012,35 (3):17-20+25.
⑥ 刘蕊. 新型腐败的行为特点、典型类型及治理路径研究 [J]. 新东方,2023 (5):40-45.
⑦ 苏江涛,舒绍福. 新型腐败:特征、诱因及惩治 [J]. 学术探索,2024 (3):46-56.

三是腐败根源研究。刘晓春认为，腐败既有政治、经济根源，又有政治文化根源。其政治文化根源是公民意识不足、等级观念厚重、官本位意识根深蒂固、特权思想严重。① 王莹认为，除了体制不顺、惩治不够等外因，腐败还有思想道德方面等内因。其道德根源是个人利益和社会整体利益关系错位、权利义务观蜕变、人格分裂和封建道德影响。② 刘增明指出，腐败蔓延的根源在于官员价值观偏离正道，对权力与利益的盲目追逐。③ 这种偏移表现为对权力、金钱及地位等外在诱惑的过度追求，而忽视了公共职责、道德底线及职业操守的重要性。张向东认为，政治体制改革的滞后性是腐败根源所在。体制根源是由于现有体制机制存在短板或空白，使官员有寻租空间可以勾结起来以权谋私。④

四是反腐败经验研究。邵景均指出，标本兼治反腐败，灵活制定反腐败方针政策，以发展的科学理论指导反腐败斗争实践是中国共产党反腐败的基本实践和经验。⑤ 张子晗、唐岚指出，党的十八大以来，我们走出一条中国特色的反腐败之路。基本经验有：以政治建设为导向，锚定反腐工作新方向；以造福人民为目的，激发反腐工作源动力；以科学制度为保障，完善自我革命制度规范体系。⑥ 唐仁焕、黄建国指出，新时代开辟了党的自我革命新境界。坚持党中央集中统一领导、以"全周期管理"方式一体推进"三不腐"、以法治思维和方式开展反腐败斗争是我们的重要反腐经验。⑦

五是反腐败难点研究。谷宇提出，中国的反腐败工作主要面临五大挑战，如何监督公共权力与私有资本的结合，如何有效治理公务腐败，如何防止共谋性腐败，高薪能否真正实现养廉，如何避免腐败治理中制度与民主的迷失，这

---

① 刘晓春. 论腐败的政治文化根源 [J]. 学术界, 2009 (5): 151-155.
② 王莹. 腐败的思想道德根源分析 [J]. 内部文稿, 2001 (6): 7-8.
③ 刘增明. 价值观偏移是腐败滋生的思想根源 [J]. 毛泽东邓小平理论研究, 2015 (8): 60-64+91.
④ 张向东. 腐败产生的体制根源探析 [J]. 河南大学学报（社会科学版), 2010, 50 (1): 9-11.
⑤ 邵景均. 中国共产党90年反腐败的基本经验 [J]. 中共中央党校学报, 2011, 15 (3): 62-66.
⑥ 张子晗, 唐岚. 新时代十年反腐败斗争的重大成就及宝贵经验 [J]. 学习月刊, 2023 (11): 35-37.
⑦ 唐仁焕, 黄建国. 新时代党开展反腐败斗争实现自我革命的成就与经验 [J]. 湖南行政学院学报, 2024 (3): 62-70.

些都是反腐败治理中的难点。① 也有学者认为党内不可避免会出现各种矛盾和问题，消极腐败的危险将长期存在。从政治层面看，党内政治生态尚未彻底净化；从文化层面看，错误思想观念仍然根深蒂固；从制度层面看，权力运行监督制约机制尚不完善；从社会层面看，不良风气侵蚀党内不可小觑。②

六是反腐败路径研究。徐喜林、徐栋主张法治反腐论③，即用法治思维和方式惩治和预防腐败，并统筹立法与执法、法治与德治。郑万军、陈文权主张精神"补钙"论④，如组织一系列"精神补钙"的主题化、专题性思想政治教育活动，旨在强化其思想道德防线，筑牢抵御不良风气和歪风邪气的思想根基。叶赞平主张织密织牢制度笼子论⑤，通过织密织牢制度笼子，实现防范和治理腐败问题常态化、长效化。何红主张大数据监督论⑥，通过"媒体+纪检"，形成监督新局面。张扣林、姚婕主张制度+程序+权利反腐论⑦，以"三个结合"破解被称为"政治之癌"的权力腐败。杜林致、苏鸿雁主张综合治理论⑧，即从宏观、中观、微观三个层面提出反腐败的具体对策。韩琳、郑朝阳主张"官场+市场+社会"多主体治理论⑨，因为腐败治理具有差异性，需要多主体共同发挥作用。李瑞华、魏昌东主张信用惩戒论⑩，将信用惩戒制度引入反腐体系，以优

---

① 谷宇. 当前反腐败面临的五大挑战 [J]. 河南大学学报（社会科学版），2010，50（1）：3-6.
② 湖北省纪委监委理论学习中心组. 在铲除腐败问题产生的土壤和条件上持续发力纵深推进 [J]. 中国纪检监察，2024（5）：14-17.
③ 徐喜林，徐栋. 法治反腐：中国反腐新常态 [J]. 中州学刊，2015（2）：15-18.
④ 郑万军，陈文权. 小官巨贪的演化机理与防治对策 [J]. 理论视野，2019（12）：71-76.
⑤ 叶赞平. 织密织牢制度笼子助力标本兼治 [J]. 中国纪检监察，2024（8）：24-26.
⑥ 何红. "媒体+纪检"融合赋能大数据监督的实践路径：以沈阳日报《正风肃纪进行时》栏目为例 [J]. 记者摇篮，2022（11）：69-71.
⑦ 张扣林，姚婕. 反腐败路径选择视角下的"三个结合" [J]. 中共天津市委党校学报，2015（4）：3-7+50.
⑧ 杜林致，苏鸿雁. 综合治理视角下的反腐败对策研究 [J]. 湖南大学学报（社会科学版），2010（5）：113-115.
⑨ 韩琳，郑朝阳. 什么样的地区更易于腐败：基于PEST框架的腐败与反腐败路径的组态分析（fs/QCA）[J]. 北京航空航天大学学报（社会科学版），2021，34（3）：47-57.
⑩ 李瑞华，魏昌东. 论信用惩戒与腐败治理 [J]. 首都师范大学学报（社会科学版），2023（3）：73-85.

化治理机制。崔东方、徐成芳主张"三不腐"长效机制论①，从多个维度同时发力，形成合力，以达到有效降低腐败现象、提升治理效能的目的。

"微腐败"是2016年1月习近平总书记在十八届中纪委第六次全会上的讲话中首次提出后引起学界关注的一个热点问题，相关研究主要集中在七个方面：

一是"微腐败"含义研究。任中平、马忠鹏认为，"微腐败"又称小腐败、亚腐败，实质是公权私用和滥用，涉案主体包括县级及以下基层工作人员。② 周师指出，"微腐败"包含着"以权谋私"与违背道德习俗的行为双重含义，与亚腐败、灰色腐败等概念略有不同。③ 余雅洁、陈文权认为，"微腐败"是涉案金额通常在3万以下的违纪违法行为。④ 其实质仍是公权私用和滥用。

二是"微腐败"特征研究。主要表现在："多"，李威认为，当下"微腐败"呈现"多"的特点，即易发多发、类型众多、领域广泛。⑤ 它容易在多个环节频繁发生，涉及的腐败类型纷繁复杂，且广泛渗透于社会经济的多个领域之中；"惑"，贺冬认为"微腐败"具有领域广、形式多、贪腐手段多样性、隐蔽性、抱团性、迷惑性等典型特征⑥；"低"，韩睿提出"微腐败"多存在于基层单位中、微小权力中。即涉案人员职务低、职级低，大多为村级干部⑦；"小"，邹东升、姚靖认为"小"是"微腐败"的典型特征，即贪腐事项小，大多为小贪小腐。谋私的权力小，单次腐败影响也小。⑧

三是"微腐败"根源研究。傅思明认为"微腐败"现象的思想根源深植于

---

① 崔东方，徐成芳．完善"三不腐"长效机制实践理路研究［J］．思想政治教育研究，2023，39（2）：1-7．
② 任中平，马忠鹏．从严整治"微腐败"净化基层政治生态：以四川省基层党风廉政建设为例［J］．理论与改革，2018（2）：49-58．
③ 周师．"微腐败"概念辨析［J］．湖南工程学院学报（社会科学版），2019，29（2）：75-79．
④ 余雅洁，陈文权．治理"微腐败"的理论逻辑、现实困境与有效路径［J］．中国行政管理，2018（9）：105-110．
⑤ 李威．基层"微腐败"的危害及治理建议［J］．中共南京市委党校学报，2016（6）：42-45．
⑥ 贺冬．农牧区基层"微腐败"的多维成因与治理路径研究［J］．攀登，2019，38（4）：91-96．
⑦ 韩睿．基层微腐败的"微"与"危"［J］．政工学刊，2021（8）：62-64．
⑧ 邹东升，姚靖．村干部"微腐败"的样态、成因与治理：基于中纪委2012—2017年通报典型案例［J］．国家治理，2018（Z1）：4-12．

一种"细微无碍"的侥幸心理，微小的腐败行为因其规模微小不触及原则底线，故而无关紧要。[1] 卜万红认为"微腐败"与基层政治生态及文化环境紧密相连，其宗族观念、家长制传统、官本位思维及全能主义倾向等，为"微腐败"提供生存空间。[2] 胡一凡认为"微腐败"根源可归结为多重因素如制度、行为和文化等交织影响。[3] 任中平、马忠鹏认为基层"微腐败"现象的深层次原因在于基层管党治党的力度不足，这种管理上的松懈为"微腐败"提供温床。[4] 李明提出"微腐败"是多方面因素交织作用引起的复杂社会现象。如乡村干部法治意识淡薄，乡村基层管党治党失之于宽、松、软，村民自治制度贯彻落实不力。[5]

四是"微腐败"表现形式研究。黄心华提出"索贿受贿"说，他认为"微腐败"的主要表现形式包括吃拿卡要、收受礼金、涉黑涉恶、拉票贿选。[6] 兰海根提出"贪污侵占"说，他认为"微腐败"的主要表现形式包括漠视群众、克扣截留、手段翻新、以权谋私。[7] 殷路路、李丹青提出"作风不实"说，他认为"微腐败"的主要表现形式包括虚报套取、优亲厚友、作风漂浮。[8]

五是"微腐败"危害性研究。吉志清认为，"微腐败"也可能成为"大祸害"，直接侵害民众的根本利益，削弱民众的幸福感与满足感，同时也侵蚀基层民众对党的信赖基石。这种行为不仅造成物质上的损失，更在精神层面上引发信任危机，对党群关系造成不可估量的损害。[9] 代娟认为，"微腐败"现象侵蚀

---

[1] 傅思明. 治理微腐败必须无"微"不"治"[J]. 人民论坛，2017（20）：39-41.

[2] 卜万红. "微腐败"滋生的政治文化根源及治理对策[J]. 河南社会科学，2017，25（6）：63-69.

[3] 胡一凡. 我国基层扶贫领域微腐败的成因及治理：基于政治生态理论框架的解释[J]. 河南社会科学，2020，28（2）：105-112.

[4] 任中平，马忠鹏. 从严整治"微腐败"净化基层政治生态：以四川省基层党风廉政建设为例[J]. 理论与改革，2018（2）：49-58.

[5] 李明. 农村基层"微腐败"，全面小康"大祸害"[J]. 人民论坛，2017（20）：36-38.

[6] 黄心华. 廉政风险调控下的基层微权腐败治理机制研究[J]. 理论导刊，2017（10）：37-42.

[7] 兰海根. 浅谈当前"微腐败"的表现形式及防治对策[C]. 宜春社会科学，2017（2）：54-56.

[8] 殷路路，李丹青. 基层扶贫干部"微腐败"行为分析与精准治理[J]. 领导科学，2018（36）：10-12.

[9] 吉志清. 基层"微腐败"的表现、成因与治理对策[D]. 苏州：苏州大学，2024.

党的稳固执政根基,损害政治生态的清明,扭曲公共行政信息的真实性,严重损害党和政府在民众中的良好形象与信誉。①

六是"微腐败"治理理论研究。宋红妹认为,治理理论与村干部腐败治理有共同的基本价值理念、共同关注点。②曾南权指出,遏制党员领导干部权力的不当扩张与滥用,这要求我们汲取西方新公共管理理论中的精髓,对政府行政管理体系实施革新,以铲除滋生不良作风的根源性土壤,确保权力运行始终置于有效监督与合理约束之下。③当然,马克思主义经典作家的反腐败思想、中国共产党领导人的反腐败思想,应成为治理"微腐败"的指导思想。中国古代有关腐败治理的思想也可以提供参考。

七是"微腐败"治理路径研究。徐喜林、王宏源指出,要从规范乡村权力运行治理"微腐败",这样能够遏制农村地区的"微腐败"现象,从而提升乡村治理机构的行政效能。④汪燕、桑志强认为,要加强宣传教育,强化廉政意识,提高廉政觉悟;建章立制防腐败,有章可循促廉政;建立健全监督机制,发扬勤政廉政;加大检查惩处力度,重拳出击防腐促廉。⑤袁方成、郭易楠指出,为有效规制乡村"微权力"并治理"微腐败",应构建一套综合的"双务"(政务与村务)公开联动运行机制体系,该体系涵盖健全联动清单、强化联动服务、完善联动监督三大核心机制。⑥吴光芸、田雪森主张"微腐败"治理以成本—收益分析为切入点,采取多维度、多层次的策略,从文化根基、制度框架、经济基础等方面协同发力,构建一套持续有效的"微腐败"防治长效机制。⑦朱海嘉提出,强化法治观念,积极培育深厚的法治文化土壤,努力营造全

---

① 代娟. 治理基层"微腐败"的思考［J］. 人民论坛, 2016 (28): 48-49.
② 宋红妹. 治理理论视阈下我国村干部腐败治理的路径研究［J］. 兵团党校学报, 2017 (2): 50-54.
③ 曾南权. 作风建设长效机制构建中的四种控制途径:基于吉伯特行政责任框架理论［J］. 廉政文化研究, 2018, 9 (1): 42-50.
④ 徐喜林, 王宏源. 规范乡村权力运行是治理"微腐败"的治本之举:河南省淮阳县开展"微权四化"廉政体系建设的调查与思考［J］. 中州学刊, 2017 (5): 21-24.
⑤ 汪燕, 桑志强. 农村"微腐败"怎么治［J］. 人民论坛, 2016 (31): 50-51.
⑥ 袁方成, 郭易楠. "双务"公开联动与乡村"微腐败"治理［J］. 党政研究, 2019 (2): 33-42.
⑦ 吴光芸, 田雪森. 差序格局下的村镇干部微腐败及其治理［J］. 长白学刊, 2018 (4): 56-60.

社会尊法、学法、守法、用法的良好风尚。① 彭新林指出，统筹推进、系统施治，着力提高惩治行贿的综合效能。② 张文显、徐勇、何显明等指出，从"三治融合"重塑基层治权，创新基层社会治理。③ 陶富林、张建喜认为，从"互联网+监督"深化基层小微腐败治理。④ 因为"互联网+监督"模式有助于构建一个多元化、全方位、深层次的监督体系。

（二）国外研究现状

由于国情社情的不同，国外尤其是西方国家没有"微腐败"的提法，西方学者对我国乡村"微腐败"问题研究非常少，他们只是在研究我国村民自治制度和农村治理时，对农村基层干部的腐败行为有所涉及，并没有这方面的研究专著。但是国外学者尤其是西方学者关于腐败问题的研究有大量的成果，这些是本书研究可以吸收和借鉴的。

一是中国的腐败和反腐败研究。塞缪尔·亨廷顿认为腐败是国家官员为了谋取个人私利而违反公认准则的行为。⑤ 高吉坤（Kilkon Ko）认为，中国语境中的腐败通常被界定为国家公职人员违背职责，通过牺牲公共利益来谋取个人私利的不当行为，这些行为构成对公共利益与公共道德准则的侵害。⑥ 白若云（Ruoyun Bai）指出，中国共产党实施一系列强有力的措施以深化反腐败斗争，显著揭露并严惩大量腐败分子。然而腐败现象在民众心目中的感受似乎并未得到显著缓解，民众可能感觉腐败问题依旧突出。⑦ 魏德曼（Andrew Wedeman）提出，中国腐败现象背后的网络错综复杂，形成一个广泛的关联体系。这一体

---

① 朱海嘉. 培育法治文化与推进乡村治理的三重维度 [J]. 中国司法，2022（11）：61-65.
② 彭新林. 坚持系统施治依法从严惩治行贿 [J]. 中国党政干部论坛，2023（6）：54-57.
③ 张文显，徐勇，何显明，等. 推进自治法治德治融合建设，创新基层社会治理 [J]. 治理研究，2018，34（6）：5-16.
④ 陶富林，张建喜. 大数据时代深化基层小微腐败治理的瓶颈与突破路径：基于"互联网+监督"的个案分析 [J]. 领导科学，2023（5）：97-100.
⑤ 塞缪尔·亨廷顿. 变革中的政治秩序 [M]. 王冠华，等译. 北京：生活·读书·新知三联书店，1989：54.
⑥ KO K, WENG C F. Critical Review of Conceptual Definitions of Chinese Corruption: a formal-legal perspective [J]. Journal of Contemporary China, 2011, 20 (70), June, pp.359-378.
⑦ BAI R Y. Staging Corruption: Chinese Television and Politics [M]. Vancouver: University of British Columbia Press, 2015: 211.

系不仅深刻交织着政府与各类企业及商业实体之间的复杂利益链，还广泛涵盖企业间、商业实体间错综复杂的共谋与串通行为，展现出一种高度复杂且多层次的网络特征。[1]

二是权力制约研究。亚里士多德在《政治学》中提出，将公职人员权力运行的议事机能、行政机能、审判机能分开，来达到权力的制衡。亚里士多德的思想被看作分权理论的开端。[2] 到了17世纪，洛克在《政府论》中强调，将公职人员的权力在立法、行政、联盟之间分立，再通过完善法制来规范各种权力，最终实现各种权力相互约束。[3] 孟德斯鸠认为立法权、行政权和司法权中任何两项权力合而为一或者任何一项权力集中在同一人或同一机关之手，自由便不复存在，要防止滥用权力就必须以权力限制权力。[4]

三是村民自治制度研究。研究视角多侧重于村干部腐败问题、农村选举制度、国家与乡村社会之间的关系等方面。如村干部腐败问题，弗里曼、毕克威、塞尔登认为村干部是农村和农民的主导者，只要农村牢固的人情关系、裙带关系网络仍然存在，村干部权威也将持续存在。[5] 关于村民自治制度运转的效果，爱泼斯坦（Amy Epstein）认为，能够为村民带来物质福利的村民选举，会激发农民参加投票选举的热情，民主发展同经济水平呈曲线相关。[6] 关于国家与乡村社会关系，费正清认为乡绅扮演着重要角色，是国家与农民的中间人，是乡村社会的实际统治者。[7]

综上所述，国内外学界尤其是国内理论界关于腐败、"微腐败"的研究成果为本课题研究提供了丰厚的研究基础，但是把乡村"微腐败"作为对象进行研

---

[1] WEDEMAN A. Anticorruption Campaigns and the Intensification of Corruption in China [J]. Journal of Contemporary China, 2005, 14 (42): 93-116.
[2] 徐大同. 西方政治思想史 [M]. 天津：天津教育出版社, 2000: 55.
[3] [英] 洛克. 政府论：下篇 [M]. 叶启芳, 瞿菊农, 译. 北京：商务印书馆, 1982: 89-91.
[4] 孟德斯鸠. 论法的精神：上册 [M]. 张雁深, 译. 北京：商务印书馆, 1961: 156.
[5] 弗里曼, 毕克威, 塞尔登. 中国乡村, 社会主义国家 [M]. 北京：社会科学文献出版社, 2002: 373.
[6] EPSTEIN A B. Village Eelections in China: Experimenting with Democracy [M] // Joint Economic Committee Congress of the United States. China's Economic Future Challenges to U. S. Policy. New York: Routledge, 2016: 403-422.
[7] 费正清. 美国与中国 [M]. 4版. 张理京, 译. 北京：世界知识出版社, 1999: 33-34.

究的成果尚付阙如，因此，需要进一步系统性研究乡村"微腐败"形成途径和阻断机制。一是乡村"微腐败"治理的理论基础尚需系统梳理。我国学界对腐败问题做了大量研究，通常聚焦的都是"大老虎"，而对"微腐败"问题关注度不高，研究相对较少，应该看到我们党领导的反腐败原则是零容忍、全覆盖、无禁区，并坚定不移地"打虎""拍蝇"。这就包括了要反对"微腐败"，尤其对乡村"微腐败"治理的研究是"短板"，因此该问题的理论基础尚需系统梳理，从而为"微腐败"治理研究提供理论支撑。二是乡村"微腐败"的形成途径尚需彻底理清。学界已有研究关注到了乡村"微腐败"的定义、特征、类型、共性、危害，但还没有对其形成途径进行深入挖掘，需要进一步理清，才能形成良性的动态反腐败治理机制。三是乡村"微腐败"治理的实践向度尚需清晰勾勒。目前虽然我国一些地方已经开始乡村"微腐败"治理的经验探索，但乡村"微腐败"问题并未得到根本遏制，还需从实践层面进行透视，深入剖析其中的原因，总结成功做法，构建乡村"微腐败"治理长效机制。

### 三、研究内容

#### （一）研究对象

本书的研究对象主体是乡村"微腐败"。其外延包括乡村"微腐败"治理的一般理论、乡村"微腐败"的形成途径与实践探索和乡村"微腐败"的治理路径与阻断机制。

#### （二）总体框架

1. 乡村"微腐败"治理的一般理论。一是核心概念界定：腐败、"微腐败"和乡村"微腐败"及治理等。二是乡村"微腐败"治理的理论渊源：马克思主义经典作家的反腐败思想、中国传统反腐败思想、中国共产党领导人的反腐败理论和西方反腐败理论等。三是乡村"微腐败"治理的重要性和紧迫性："微腐败"虽微但会孕育大腐败，"微腐败"侵蚀党的执政基础，"微腐败"对基层政治生态污染有"蝴蝶效应"。四是乡村"微腐败"治理的时代价值：这是推动反腐败迈向治本的关键之举，净化基层政治生态的重要举措，实现廉洁政治目标的必然要求，提升基层治理现代化水平的内在要求，打造新时代社会治理格局的重要保障。

2. 乡村"微腐败"的形成途径。一是"微腐败"隐匿期。这个时期涉及的维度主要有权力的支撑、腐败的欲望以及腐败机会三个方面。该时期腐败并没有发生，乡村干部只是具备了腐败发生的基本条件。腐败的发生是腐败主体、客体和机会等要素相互作用的结果，因此，要实施腐败，权力、私欲、机会这三个要素缺一不可。二是"微腐败"诱发期。这里涉及的维度是动机触发。该时期乡村干部已开始酝酿腐败行为，并寻找机会来发生腐败行为。腐败都是有意识的行为，我们将产生的这种意识称为动机。动机是乡村干部腐败行为产生的前提，这里从思想误区、物质引诱、环境诱导等分析乡村干部腐败动机。三是"微腐败"激发期。这个时期就是腐败的发生。此时乡村干部已经产生了腐败行为，并获得了一定收益。腐败行为的发生也有一个过程，从策划、实施到实施后的风险规避，都是在动机引导下借助腐败机会产生的，其行为也会带来严重的社会后果。

3. 乡村"微腐败"的实然考察。课题组选取10年来中央纪委国家监委网站《监督举报》栏中公开曝光的乡村"微腐败"典型案例和各省级纪检监察网站所涉及农村"微腐败"案例以及实证调查结果作为数据来源，这些为总结我国乡村"微腐败"的主要方式、特点、危害与成因提供了重要依据。一是乡村"微腐败"的主要方式：吃拿卡要、雁过拔毛、优亲厚友、索贿受贿、公款私用、失职失责。二是乡村"微腐败"的基本特点：腐败性质轻微性、腐败形式内隐性、腐败频率多发性、腐败手段多样性、腐败行为涉黑性、腐败容忍度高及群体性腐败明显。三是乡村"微腐败"的严重危害：严重侵害广大农民群众的切身利益、败坏社会风气、削弱党在农村的执政根基、阻碍乡村治理现代化的推进。四是乡村"微腐败"的成因分析。既有客观方面的，也有主观方面的。主要有思想、制度、文化与环境等方面的原因，是主客观条件共同作用的结果。

4. 国内外乡村"微腐败"治理的做法及其启示。一是国内乡村"微腐败"治理的做法及启示。纵观国内乡村"微腐败"治理的主要做法，主要梳理具有代表性的浙江省"枫桥经验""宁海经验""后陈经验"以及河南省淮阳"微权四化"建设的经验，并从中获取有益的启示。二是国外乡村"微腐败"治理的经验借鉴。主要探讨西方发达国家如美国、英国、法国、瑞典、芬兰等以及亚洲国家如新加坡等在反腐倡廉方面的有益做法，以期为我国提供借鉴和启示。

5. 深入推进乡村"微腐败"治理。一是乡村"微腐败"治理的基本要求：以营造风清气正的基层政治生态为目标，以习近平新时代中国特色社会主义思想为指导,以群众在反腐"拍蝇"中增强获得感为遵循,以一体推进不敢腐、不能腐、不想腐为方针。二是乡村"微腐败"治理的基本原则:坚持党的全面领导、坚持以人民为中心、坚持德法并举、坚持标本兼治、坚持开拓创新。三是乡村"微腐败"治理的现实路径:注重共治促成不愿腐、倡导德治促成不想腐、推行自治促成不愿腐、严肃法治促成不敢腐、创新综治促成不能腐、厉行惩治促成不会腐。

6. 乡村"微腐败"的阻断机制。一是乡村工作完善机制。固本培元,严把乡村干部选用关;加强监督,切断乡村干部权力寻租路径;实行轮岗,隔断乡村干部腐败"污染源"——全面遏制"圈子"腐败的负效应。二是制度约束健全机制。建立科学的反腐制度机制、完善权力运行的约束机制、全面落实责任追究制度——搭建治理乡村"微腐败"的精细化框架。三是廉政教育夯实机制。开展基层廉政文化教育、加强社会主义核心价值观和优秀传统文化的引领、培育乡村优良家风——为基层反腐营造良好的社会氛围。四是薪酬管理建立机制。健全乡村干部薪酬增长机制、提升乡村干部岗位专职化水平、提升乡村干部离职退休福利待遇、完善大学生村官基本生活保障制度——为基层反腐奠定坚实的物质基础。五是网络反腐创新机制。利用互联网技术和信息化手段推动信息公开、利用新媒体优势提升村民参与意愿、运用"互联网+"提高监督精准度——筑牢治理乡村"微腐败"的防控基石。

(三)重点难点

1. 研究重点

(1)乡村"微腐败"的多维度分析。这是一个关系到我们党长期执政基础的重大问题。认识是行动的先导。重点是对乡村"微腐败"做多维度的分析,即分析乡村"微腐败"产生的原因、类型、特点,当然也包括对乡村"微腐败"进行实证性研究。

(2)乡村"微腐败"的治理路径。如何从共治、德治、自治、法治、综治、惩治等多维视角提出构建乡村"微腐败"治理的可行性路径,这也是本书的一个重点。

2. 研究难点

(1)乡村"微腐败"的形成途径。分析乡村"微腐败"的形成途径,这直接关系到乡村"微腐败"治理路径与阻断机制的建构,既是研究的基础,又有相当的难度。因为这是一个很敏感的现实问题，再加上不少人尤其是乡村干部对"微腐败"的认识和态度差异很大、戒备心理严重等，这将给本书研究增加难度，对此我们要有思想准备。

（2）乡村"微腐败"的阻断机制。如何建立健全乡村工作机制、制度约束机制、薪酬管理机制、廉政教育机制、网络反腐机制等系列机制，以有效地治理乡村"微腐败"，这也是本书研究的一个难点。

（四）主要目标

1. 理论目标：明晰乡村"微腐败"的概念、治理理论、时代价值和形成途径。

2. 实践目标：梳理乡村"微腐败"的典型案例、类型、特点、原因和有益做法。

3. 政策目标：为党委和政府从源头上治理"微腐败"提供有针对性的对策。

## 四、研究思路和方法

（一）基本思路

1. 提出问题：体现在总体框架第一部分。以巩固党长期执政的基础和净化新时代乡村政治生态为价值取向，以问题意识和反对乡村"微腐败"为导向，以治理腐败源头为切入点，围绕治理乡村"微腐败"这个主题进行理论论证。

2. 分析问题：体现在总体框架第二、三部分。分析乡村"微腐败"的现状，指出其类型多样、特点各异，阐析乡村"微腐败"的形成途径和原因，为解决问题奠定基础。

3. 解决问题：体现在总体框架第四、五、六部分。根治乡村"微腐败"，要把它放到国家治理体系和治理能力现代化这个大思路中考察，要在全面分析乡村治理的有益做法基础上，明晰治理"微腐败"路径，并建立健全阻断机制。

（二）研究方法

1. 文献研究法。本研究需要从理论上明晰乡村"微腐败"的概念、治理理论、时代价值及形成途径，必须全面梳理相关文献，客观全面精准解读文献。

2. 调查研究法。实地调研东部较发达地区、中部地区、西部欠发达地区的乡村"微腐败"的典型案例，以及我国各地乡村"微腐败"治理的浙江做法、河南做法，通过实地访谈、问卷调查，通过数据量化分析"微腐败"的类型、特点，危害及成功做法，提出具有针对性、可操作性的对策。

3. 比较研究法。通过比较国内外以及我国各地治理乡村"微腐败"的不同做法，总结乡村"微腐败"治理的经验启示，取长补短，以制定具有针对性、可操作性的对策。

4. 跨学科研究法。本课题是一个交叉性很强的研究课题，必须用马克思主义理论、政治学、法学、社会学与党建等相关学科知识进行跨学科的交叉研究。

## 五、创新之处

（一）学术思想方面的创新

本研究拟形成如下有特色、有创新的学术思想：即使在持续的反腐高压下，即使到了新时代，乡村"微腐败"像痼疾一样仍然存在，而且类型多样、特点各异，形成途径复杂，危害性极强。因此根治乡村"微腐败"，必须结合治理的成功做法，找准治理切入点、明晰治理"微腐败"路径并建立健全阻断机制。

（二）学术观点方面的创新

以上学术思想由以下五个有特色、有创新的学术观点支撑：一是要清醒认识当前乡村"微腐败"的现状这个客观存在；二是乡村"微腐败"有多种类型、特点各异，但有其共性即产生的危害性极大；三是乡村"微腐败"的形成可划分为三个产生阶段；四是治理乡村"微腐败"要统筹共治、德治、法治、自治、综治、惩治这"六治"治理路径；五是治理乡村"微腐败"要健全乡村工作机制、制度约束机制、薪酬管理机制、廉政教育机制、网络反腐机制等阻断机制。

# 第一章

# 乡村"微腐败"治理的一般理论

概念是研究事物的原点,要研究乡村"微腐败"治理就必须首先对其核心概念进行界定,其次对乡村"微腐败"治理的理论基础进行梳理,最后对乡村"微腐败"治理的时代价值进行阐释。这里通过介绍乡村"微腐败"治理的一般理论,使其为研究和探索乡村"微腐败"形成途径和阻断机制奠定基础。

## 第一节 乡村"微腐败"治理的核心概念界定

概念既是基本的理论认知,也是理论研究的方法论。这里主要对腐败、"微腐败"概念以及"微腐败"治理等进行界定,以全面准确地把握其内涵。厘清这些概念的基本内涵和特点,对相近概念进行区分,是研究乡村"微腐败"问题的出发点和逻辑前提。

### 一、腐败的概念

要研究"微腐败"首先必须明确腐败的概念。"腐败"一词来源于生物学的概念,指食物的腐烂或者变质。《辞海》解释为食物臭烂或腐烂,《辞源》解释为溃烂、腐朽或败坏;引用到思想道德和政治领域,特指败坏、堕落、蜕变;后引申到社会科学,尤其是政治学,是指具有一定普遍性的社会消极腐败现象。

目前关于腐败概念的阐释多种多样,比较具有代表性的观点如下:一是国际组织对腐败的界定。世界银行认为,腐败是政府公职人员滥用权力谋取私利的行为①；国际货币基金组织认为，腐败是滥用公权力以谋取私人利益②。二是国家立法中对腐败的界定。如越南反贪污腐败法规定，腐败是指"拥有一定职权的人利用职权谋取私利的行为"③。三是国内外学者对腐败的界定。塞缪尔·亨廷顿认为，腐败是指官员为谋取个人私利而违反公认准则的行为④；罗伯特·克利特加德认为，腐败是代理人（或公务员）违背委托人（或公众）的利益而谋求自己的利益⑤。鉴于腐败定义的多样性，国内有学者从最广义、广义和狭义对腐败概念进行界定，从最广义上看，腐败是"违法+违纪+悖德"；从广义上看，腐败是"违法+违纪"；从狭义上看，腐败是"违法"，即公职人员利用公权力为谋取私人利益而实施的违反国家法律的行为。⑥ 也有学者认为，腐败是公职人员利用公权力损害公共利益以实现私人目的，并经过集体的理性判断认为必须交由国家专门机构进行惩防的行为或现象。⑦

综上论述，笔者认为，腐败是指国家公务人员滥用权力谋取私利的各种违法乱纪行为。腐败的本质是公权力的滥用，即运用权力来谋求私人利益，只要公权力不受制约就会产生腐败，古今中外没有例外。腐败的主体多为掌握公权力的公职人员，损害的是集体利益。腐败的特点主要有群体化、高官化、巨额化、潜规则化、国际化、新型化等。从逻辑上看，"微腐败"是腐败的一种亚型，两者构成了一般与个别、共性与个性的关系，两者的内涵既有相通之处，也有不同之处。

## 二、"微腐败"的概念

《宋书》："且欲防微杜渐，忧在未萌。"这里的"微"，即微小。如果能从微小的迹象中发现问题，并及时解决问题，那么就能避免潜在的危机。可见古

---

① 哈勒，肖尔.腐败：人性与文化［M］.诸葛雯，译.南昌：江西人民出版社，2015：3.
② 胡鞍钢.腐败与发展［J］.决策与信息，2004（1）：24.
③ 米良.越南反腐败法简述：附《越南社会主义共和国反贪污腐败法》［J］.环球法律评论，2013，35（2）：158.
④ 亨廷顿.变化社会中的政治秩序［M］.王冠华，等译.上海：上海人民出版社，2008：45.
⑤ 克利特加德.控制腐败［M］.杨光斌，等译.北京：中央编译出版社，1998：27.
⑥ 李晓明，等.控制腐败法律机制研究［M］.北京：法律出版社，2010：23-25.
⑦ 秦馨，黄义英.实践理性视角下腐败的概念内涵探析：反腐败的法治认同功能研究系列论文之一［J］.学术论坛，2017，40（2）：131.

人之言意义深远。国内外学者对"微腐败"的概念进行了研究与探讨。任中平、马忠鹏指出,"微腐败"是相对于大腐败而言的腐败现象,实质都是对公权力的滥用。① 余雅洁、陈文权认为,"微腐败"即腐败的一个类别,是指从事公务的人员利用手中的公权力在"小"事上谋取私人利益或给公共利益造成了损失,通常是涉案金额在3万元以下的违法违纪行为。② 周师认为,"微腐败"也包含着"以权谋私"及违背道德习俗的行为双重含义。③ 他还对"微腐败"的相近概念"小官巨腐""亚腐败""灰色腐败"进行了区分。"小官巨腐"主要指职级低但涉及贪腐金额较大的犯罪行为;"亚腐败"主要指未腐败于表象,尚且构不成腐败,其行为主体不局限于基层,具有腐败潜伏的风险;"灰色腐败"一般指"小腐败",主要表现在利用职务或职权收受金钱、礼品,具有隐蔽性、小额性、权力资本化等特点。孔继海、刘学军认为"微腐败"虽然是由"小微权力"引起的,但并不意味着腐败的规模是微小的。④ 周琪认为,"微腐败"是个人受贿或利用职权便利谋得私利。⑤ 国际监察专员学会主席伯里安·艾尔伍德指出,亚腐败是介于权力的清廉状态和腐败状态之间的一种本身并不完全廉洁的行为。⑥

以上学者的观点丰富了对"微腐败"定义的研究策略。由此我们可以看出,"微腐败"多发生在基层,其主体是基层干部,客体是小微权力,本质是公权力的异化,目的是谋取涉及财务数额比较小的私利或者作风问题,后果是损害基层群众的切身利益。综上所述,笔者认为,"微腐败"是基层干部利用自己微小的权力以谋取微利损害基层群众利益,散播不良风气的腐朽行为。

"微腐败",又称"苍蝇式"腐败或"蝇贪"。与"老虎式"腐败相比较,

---

① 任中平,马忠鹏. 从严整治微腐败净化基层政治生态:以四川省基层党风廉政建设为例[J]. 理论与改革,2018(2):57.
② 余雅洁,陈文权. 治理"微腐败"的理论逻辑、现实困境与有效路径[J]. 中国行政管理,2018(9):106.
③ 周师. "微腐败"概念辨析[J]. 湖南工程学院学报(社会科学版),2019,29(2):75.
④ 孔继海,刘学军. 新时代乡村"微腐败"及其治理路径研究[J]. 中共天津市委党校学报,2019,21(3):72.
⑤ 周琪. 西方学者对腐败的理论研究[J]. 美国研究,2005(4):38-55.
⑥ 蔡文成,林兆扬. 现象·动因·治理:"微腐败"问题研究综述[J]. 廉政文化研究,2021,12(01):82-89.

具有如下特点：一是小微性。从"微腐败"得以实现的手段来看，是通过"微权力"实现的。这主要表现在它可以支配的资源十分有限，具有"小""微"的属性；从腐败所涉及的金额来看，相对比较小，一般是几百、几千最多上万元，与"老虎式"腐败上百万、上千万相比，就显得微小。二是底层性。"微腐败"多发生在各级组织中最靠下的底层，具有底层属性。三是渐蚀性。群蚁溃堤，千里之堤毁于蚁穴。"微腐败"如蚁穴溃堤般，具有渐蚀性特征，一旦被忽视或放任不管，就会带来严重的后果。四是直接性。由于"微腐败"发生在群众身边，直接损害群众利益，所以对群众的影响更大、更为直接。

### 三、乡村"微腐败"治理概念

治理，源于拉丁文和古希腊语，原意是控制、引导和操纵。本质上仍属管理范畴，是对传统管理的超越，是管理的新阶段。治理与统治曾经交叉使用，主要用于政治学领域，譬如，与国家公共事务相关的政治活动和管理活动。到了20世纪90年代后，其含义也与统治相去甚远，被广泛运用于社会经济领域。西方一些政治学家和政治社会学家对治理做出了不同界定，治理理论的主要创始人之一罗西瑙（J. N. Rosenau）认为治理是由一个共同目标支持的活动，其主体未必是政府，也不必依靠强制力来实现。[1] 罗茨（R. Rhodes）认为治理意味着一种新的统治过程，或是以新的方法来统治社会。[2] 全球治理委员会认为治理是各种公共的或私人的个人和机构管理其共同事务的诸多方式的总和。其特征为：治理是一个过程；治理过程的基础是协调；治理既涉及公共部门，也包括私人部门；治理是持续的互动。[3]

综上论述可以看出，治理是在一定范围内运用权威维持秩序，以增进公众利益。治理的理想目标是善治，即官民对社会事务的合作共治，是国家与社会关系的最佳状态。[4] 从理念看，治理追求的是公正、民主、法治、科学、理性的善治。善治（good governance）即"良好的治理"，善治是国家权力向社会的回

---

[1] 罗西瑙. 没有政府统治的治理 [M]. 剑桥：剑桥大学出版社，1995：5.
[2] 转引自阮梦君. 西方视角下：全球治理与地方治理的双向需求 [J]. 社科纵横（新理论版），2008（1）：90-93.
[3] 全球治理委员会. 我们的全球伙伴关系 [M]. 英国：牛津大学出版社，1995：23.
[4] 俞可平. 治理与善治 [M]. 北京：社会科学文献出版社，2000：1-15.

归[1]。它不仅是政府行为，也包括社会组织、企业及个人行为。从目标看，治理追求的是结果良好。从行为方式看，治理追求德法并立、惩教并重，注重制度体制机制创新。从主体看，治理可以分为国家治理、政府治理与社会治理。国家治理是总体治理范畴，其实质是"治理国家"，或者说治国理政，包含政府治理、社会治理。它是国家政权的所有者、管理者和利益相关者等对社会公共事务的合作管理，目的是增进公共利益、维护公共秩序。政府治理包含政府内部管理、政府治理社会和社会对政府的约束，其实质是代表社会行使公权力，处理政府与社会关系，保障社会的价值规范和制度规则得以遵循，维持社会秩序。社会治理是一个上下互动的管理过程，通过政府、企业、社会组织和个人之间的合作努力，实施对社会事务的管理。社会治理包含"自治"和"他治"。"自治"是指社会自主治理，"他治"是指政府治理社会和社会对政府权力的约束。在当下中国，"他治"是主要方面，"自治"是辅助方面。腐败治理是一项复杂的系统工程，因此，它需要多元主体参与，多措并举、综合施策，而"微腐败"治理则是对微观层面上的腐败行为进行治理和预防。

乡村是一个多层次的概念。在地理上，乡村是相对于城市而言的非城市地区，它包括了农村地区和郊区；在经济上，乡村通常以农业为主导，但也可能包括其他产业和服务领域；在社会上，乡村往往具有传统文化和社会结构，人们在这里的生活方式和价值观与城市有所不同。从价值上看，乡村作为国家基层政权的基本单元，其治理实效直接关系到国家治理现代化的质量；从地位上看，乡村振兴战略是国家治理和发展在基层的延伸；从属性上看，"乡村是一个动态系统，现代社会中的主体、权力、文化、技术、信息、资本等要素在不断重构乡村社会关系和社会空间"[2]，在本质上是乡村社会关系的总和。乡村治理是政府、社会组织和居民共同参与的一种治理模式，其目标是实现乡村社会的稳定、繁荣和可持续发展。综上所述，乡村"微腐败"治理，就是政府组织和（或）民间组织对乡村地区发生的一系列小额贪污腐败行为的整治和预防。

---

[1] 俞可平. 治理和善治引论 [J]. 马克思主义与现实，1999 (5)：39.
[2] 张扬金，于兰华. 清廉乡村建设的实践诉求与评价体系初探 [J]. 行政论坛，2022，29 (5)：102.

## 第二节 乡村"微腐败"治理的理论渊源

理论是行动的指南,没有理论的指导,实践就无法创新推进。乡村"微腐败"治理的理论渊源是多方面的,主要表现在:马克思主义经典作家的反腐败思想是理论之源,中国传统反腐败思想是理论之基,中国共产党领导人的反腐败理论是理论之本,西方反腐败理论是理论之鉴。只有在理论的指导下,才能有效地预防和治理乡村"微腐败",建立一个廉洁、公正的社会。

### 一、马克思主义经典作家的反腐败思想

马克思主义作为一套先进且成熟的理论体系,其影响是深远的。而共产党和共产党人的信念是与"腐败"绝对对立的,马克思主义理论体系中蕴含的关于反腐倡廉的真知灼见,已经成为当今反腐败研究的源头之水。马克思主义为科学认识腐败与反腐败开启先河,科学地指出了产生腐败的社会根源和消除腐败的基本途径。

(一)马克思、恩格斯的反腐败思想

"马克思、恩格斯认为,生产资料私有制是腐败产生的一般根源,阶级社会是腐败赖以生存的温床。在私有制条件下,由于国家与社会关系的异化,腐败成为一种必然现象。"[1]可见,只有消除私有制,才能有效地根除腐败现象。无产阶级政权是防范腐败的根本保证,采取廉政措施对权力进行监督和制约是治理腐败的重要途径。

1. 腐败之发生:国家与社会关系的异化

早在远古和中世纪时期,国家和社会处于一种头足倒置的状态。在此环境下,国家是人民生活的最高主宰,社会成为国家的附庸,人们的经济活动和文化活动完全受制于国家。面对国家反过来欺压、迫害社会的腐败行径,人们却无能为力。在马克思、恩格斯看来,国家和社会的这种异化关系在于国家权力

---

[1] 杨建兵,陈绍辉. 马克思恩格斯反腐败思想及其当代引领价值[J]. 广州大学学报(社会科学版),2016,15(2):5-10.

被占少数的剥削阶级所垄断，成为维护剥削阶级利益的工具。公权力本该属于人民，其合法性来源于人民的统一意志，反过来却成为执政者压迫人民的工具，这种异化在私有制社会难以克服，所以在阶级社会里容易滋生腐败。

到了资本主义时代，国家与社会的关系是"国家对社会的吞噬"①。从表面上看，市民社会从国家体系中逐渐独立出来，但国家仍处于社会难以抗衡也无法抗衡的强势地位，资产阶级及其代言人的所谓"宪政民主"却难以掩盖贪污腐败之实，所以在此基础上倡导的民主就是"虚假的民主"。马克思、恩格斯无情地揭露了资本主义国家的欺骗性，认为这套制度设计得再好，也难以改变国家与社会关系倒置的结果——腐败。国家仍然掌握着社会的公权力，市民社会在国家机器面前只能徒劳地挣扎，它对国家、政府腐败行为的抵制也仅具有象征性意义，所谓的"民主、自由、平等"成为国家支配社会的借口，腐败发生则难以避免。

同时，通过对工人阶级的生产和生活的考察，马克思在《1844年经济学哲学手稿》《德意志意识形态》等著作中提出了"异化"理论，其具体表现形式有产品同劳动者的异化、劳动同劳动者的异化、人的类本质同人的异化以及人同人相异化等。马克思和恩格斯认为，由于劳动的异化，工人生产的财富越多，他的生产规模和影响越大，他就越贫穷。异化不仅表现在结果上，而且表现在生产行为和生产活动本身。② 异化劳动就是使劳动不属于劳动者自己，而属于资本家，足见异化是资本主义社会滋生腐败的根源。为改变工人阶级此种贫困的悲惨命运，马克思、恩格斯一生都致力于要消灭这种异化，实现人的自由全面发展，创造一个劳动成果真正由人民共享的"廉洁政府"。

2. 腐败之防范：无产阶级政权是防范腐败的根本保证

如前所述，生产资料私有制是腐败产生的一般根源。马克思、恩格斯在《共产党宣言》中提出"共产党人可以把自己的理论概括为一句话，消灭私有制"③。可见，根治腐败必须依靠私有制的消除和公有制的实现，摧毁资本主义

---

① 吕世伦. 社会、国家与法的当代中国语境[M]. 哈尔滨：黑龙江美术出版社，2018：6.
② 中共中央马克思恩格斯列宁斯大林著作编译局. 马克思恩格斯选集：第1卷[M]. 北京：人民出版社，2012：53.
③ 中共中央马克思恩格斯列宁斯大林著作编译局. 马克思恩格斯选集：第1卷[M]. 北京：人民出版社，2012：414.

私有制这个"一切龌龊事物的温床",才能根除腐败。

(1) 资本主义社会防治腐败的局限性

马克思、恩格斯认为,西方的普选权、议会民主制只是行政权力的装饰品,不可能抑制腐败。选举权是在行政权力支配下进行的,人民未成为国家的真正主人。公权力被少数人操纵后,民主制度就成为"虚假的民主",人民想通过民主选举抵制政治腐败的美好愿望必然落空。如马克思、恩格斯所说,普选权在此之前一直被滥用,或被当作统治阶级手中的玩物,让人民每隔几年行使一次。由此可见,选举只是资产阶级夺权的一种形式。究其根源,腐败在于私有制条件下"国家对社会的吞噬",资产阶级利用手中的公共资源赋予国家"神圣地位与神秘感",他们以其意识形态来愚弄和控制人民,掩盖其腐败的本质。

同时,马克思、恩格斯对资本主义法制的局限性也做了深刻批判,认为资产阶级法律是极少数剥削者的意志上升到国家意志并以国家形式组织自己力量的手段,它是完全站在资产阶级的立场上,维护的是资产阶级的利益。因此,马克思、恩格斯一针见血地指出,生产资料私有制及在此基础上的剥削阶级和制度是腐败产生的一般原因。也可以说国家对权力的异化是腐败产生的根源,资本主义并非解决这一问题的有效途径。

(2) 社会主义社会防治腐败的彻底性

巴黎革命后,马克思、恩格斯高度赞扬了巴黎公社,认为"公社——这是社会把国家政权重新收回,把它从统治社会、压制社会的力量变成社会本身的充满生气的力量;这是人民群众把国家政权重新收回,他们组成自己的力量去代替压迫他们的有组织的力量;这是人民群众获得社会解放的政治形式,这种政治形式代替了被人民群众的敌人用来压迫他们的假托的社会力量"[①]。可见,公社将社会重新解救出来,使民众参与到国家政权中。这样,被异化的公权力才有可能重新复归人民。

如何实现公权力的复归?在马克思、恩格斯看来,无产阶级革命致力于砸碎以往一切形式的阶级统治,建立新型的人民民主专政政权,从而消解腐败赖以滋生的温床,把国家重新置于社会之中,彻底清除社会公权力的异化。当然,只有无产阶级政党才能充当完成这一伟大的历史使命的主体,他们自觉地将最

---

① 中共中央马克思恩格斯列宁斯大林著作编译局. 马克思恩格斯选集:第3卷 [M]. 北京:人民出版社,2012:140.

广大人民的根本利益作为自己的最终目标,致力于实现每个人的自由全面发展。历史使命赋予无产阶级政党以重任,他们聚合社会力量以抵抗国家,使公权力真正回归人民,国家与社会的关系复归其本原,这样才能消除权力异化的制度根源。

马克思、恩格斯对无产阶级革命根除腐败充满信心。他们认为终结腐败是可能的,是符合历史发展规律的,使公权力回归到人民手中是消除权力异化的制度根源。建立无产阶级国家政权,就能形成对国家和工作人员行为的监督和制约,这样的政府既是真正民主的政府,也是高效廉洁的政府。在此形态下民主制度摆脱了虚假性,有望成为杜绝腐败的民主制。

那么,如何实现真正的民主,防止腐败呢?马克思、恩格斯提出建立"社会共和国"和"无产阶级政府"的主张。社会共和国,就是在无产阶级政党领导下的共和国,既取代阶级统治的君主制形式,又取代阶级统治本身的共和国。[①] 实质是社会自己对社会事务进行管理的国家。在旧国家机器被打碎以后,公社把所有职务变成真正工人的职务,由无产阶级代替专职官吏从事社会管理工作。在此政府管理下,公权力才能告别异化,重回正轨,才有可能彻底告别腐败。

3. 腐败之治理:采取廉政措施对权力进行监督和制约

马克思、恩格斯是实践论者,从实际出发考虑反腐败问题,提出了一些有价值的思想。例如,加强群众对公职人员的监督,并依法可以随时撤换不称职人员,防止国家和国家机关从社会公仆变为社会主人;取消高薪制,公职人员只领取工人的工资等。实践证明,这些思想是人类反腐败思想史上质的飞跃。

(1) 建设"廉价政府"

马克思在《法兰西内战》中首次明确提出"廉价政府"的概念。廉价政府就是节约型政府、精简型政府和公开透明型政府,即精简节约、廉洁奉公、民主透明、为民服务的政府。马克思主张建设一个清除官员特权和贪污腐败的政府。他高度赞扬了巴黎公社关于廉价政府的构想、建设和实践,"公社实现了所有资产阶级革命都提出的廉价政府这一口号,因为它取消了两个最大的开支项

---

① 中共中央马克思恩格斯列宁斯大林著作编译局. 马克思恩格斯选集:第 3 卷 [M]. 北京:人民出版社,2012:98.

目，即常备军和国家官吏"①。可见，公社废除常备军而以人民军队取而代之，并使官吏工资等同于工人，这就极大地节约了开支，减少了浪费。马克思还把国家政权比喻成"寄生赘瘤"，而这个赘瘤成为腐败滋生的温床。所以把国家政权归还给"社会负责任的勤务员"成为公社目标之一。他主张要"取缔国家寄生虫的非生产性活动和胡作非为，从根源上杜绝把巨量国民产品浪费于供养国家这个魔怪"②。由此可见，唯有敛财型的国家被实干型的政府取代，腐败政府才有可能变成廉价政府。

（2）发展和健全党内民主

要防止腐败，首要的就是要防止党内腐败，其关键是发展和健全党内民主。马克思、恩格斯主张，在党内要严格实行人人平等原则，反对任何形式的个人迷信。

他们认为一个身居高位的人无权要求别人对自己采取不同态度。在面对同志们的称赞时说"我们两人都把声望看得一钱不值"③，"过分地赞扬我的活动是十分令人厌恶的，一切总归有个限度"④。可见，马克思、恩格斯在实践中也身体力行，言行如一。要保持无产阶级政党先进性必须紧密联系群众，自觉接受群众监督。恩格斯认为历史是人民群众创造的，而不是领袖人物创造的。领袖的伟大在于代表了人民利益，集中了人民智慧，依靠了人民力量。坚持实事求是原则是保持同群众联系的基本条件之一。一切从实际出发，理论联系实际，才能密切联系群众，预防腐败出现。当然，民众"不要再总是过分客气地对待党内的官吏——自己的仆人"⑤，还要敢于批评他们。恩格斯认为"批评是工人运动生命的要素"⑥。同时，马克思、恩格斯认为党内斗争是不可避免的，但是

---

① 中共中央马克思恩格斯列宁斯大林著作编译局．马克思恩格斯选集：第3卷［M］．北京：人民出版社，2012：101．
② 中共中央马克思恩格斯列宁斯大林著作编译局．马克思恩格斯选集：第3卷［M］．北京：人民出版社，2012：143．
③ 中共中央马克思恩格斯列宁斯大林著作编译局．马克思恩格斯全集：第34卷［M］．北京：人民出版社，1972：289．
④ 中共中央马克思恩格斯列宁斯大林著作编译局．马克思恩格斯全集：第32卷［M］．北京：人民出版社，1974：638．
⑤ 马克思．哥达纲领批判［M］．北京：人民出版社，2018：56．
⑥ 中共中央马克思恩格斯列宁斯大林著作编译局．马克思恩格斯选集：第4卷［M］．北京：人民出版社，2012：595．

必须遵循正确的和民主的原则。党在内部斗争中锻炼和成长是一个过程，需要遵循一定的客观规律，所以要采取正确的方法，既要有利于党的团结和统一，又要保持原则的坚定性。

（3）加强廉政措施

1871年，巴黎公社通过了废除高薪制，并取消高官的一切特权和兼职薪金等。恩格斯对此做出高度评价，他认为这些廉政措施营造了防止国家机关及其工作人员"由公仆变成主人"的条件，既从主观上压制了人们追求升官发财的奢望，又在客观上堵塞了腐败的路径。马克思、恩格斯对巴黎公社首创的"政务公开"也给予高度评价，将它视为防止腐败现象的一大法宝。同时马克思、恩格斯也非常重视普选制和舆论监督。他们认为普选制和舆论监督具有防腐的功能，"用等级授职制去代替普选制是根本违背公社的精神的"①。公社不仅实行选举制让群众参与国家管理，还实行对公职人员的监督制。公社成立了群众监察委员会，倾听群众呼声、回应群众关切，充分发挥报刊和群众团体的批评监督作用。马克思、恩格斯提出，报纸能够成为工人运动的喉舌，发挥监督和指导功能，因此要"在一切可能的地方占领阵地"。由此可见，舆论监督是反腐倡廉的利刃。报纸可以监督政府和企业的行为，确保其遵纪守法，保护工人的权益。

（二）列宁的反腐败思想

列宁是俄国革命的先驱，也是苏联的缔造者。在列宁的思想体系中，反腐败是一个重要的议题。列宁在领导俄国革命、建设和改革的伟大实践过程中，对如何保持和增强党的先进性和纯洁性进行积极探索，创造性地发展了马克思主义反腐败理论。列宁的这些探索是一笔丰厚的历史遗产，总结这份丰厚的历史遗产对我国反腐败斗争具有重要的指导作用。概括而言，主要体现在以下三个方面。

1. 实行工人民主制，健全党内民主生活

1921年3月，俄国在实行新经济政策的同时，俄共（布）十大通过了《关于党的建设问题》的决议，重点谈健全和扩大党内民主生活的问题，提出了

---

① 中共中央马克思恩格斯列宁斯大林著作编译局. 马克思恩格斯选集：第3卷［M］. 北京：人民出版社，2012：100.

"工人民主制"的概念。列宁认为，工人阶级应该成为国家的主人，而不是被剥削和压迫的对象。所以他提出一系列措施和制度来保障工人阶级的权益和参与权，从而建立起工人民主制。这是布尔什维克党在进入和平的经济建设阶段的时候，实行建立在民主基础上的工人民主制，保证全体党员都积极地参与党的生活和建设。

这种组织制度的表现形式是"实行普遍选举制、报告制和监督制"①；其实现形式是定期召开领导机关的公开会议、保障批评权利、密切党群联系、禁绝派别活动等；工作方法是对一切重要问题在全党的决议通过之前要展开广泛讨论，集体制定全党性的决议。党委会不仅要向上级组织，而且要向下级组织报告工作等。这是苏联共产党关于党内生活准则和党内民主的最好的一个决议。

列宁的工人民主制是一种旨在保障工人阶级权益和参与权的政治体制。其目的是反对正在滋长的官僚主义。列宁把官僚主义视为苏维埃政权的两大敌人之一，要求必须大力反对和消除。他认为，我们能赶走沙皇、地主和资本家，但是不能赶走和彻底消灭官僚主义，而"只能慢慢地经过顽强的努力使它减少"②。足见列宁对反对官僚主义的高度重视，并将重点放在中央委员会和党的主要领导人身上，彰显出列宁的深谋远虑。

2. 加强国家权力监督

列宁有关国家权力监督的论述散见于他的著作之中，其中蕴含的监督思想相当丰富，并形成了庞大的思想体系。他认为重视监督工作是实现社会主义社会协调发展的重要条件，主张建立一种自上而下、自下而上的多层次、全方位的监督机制。在国家权力监督体系的设计中，列宁以党内监督为主体，以人民监督为核心，以舆论监督为基础，以制度建设和机构建设为保障，旨在遏制党和国家机关工作人员中产生的腐败现象。

(1) 完善人民监督制度

俄国进入政权建设之后，列宁一直在思考如何保证人民民主政权的性质。他认为政权应当属于工兵农代表苏维埃，该政权要"使所有的人都来执行监督

---

① 中共中央马克思恩格斯列宁斯大林著作编译局. 苏联共产党代表大会、代表会议和中央全会决议汇编：第 2 分册 [M]. 北京：人民出版社，1964：54.
② 中共中央马克思恩格斯列宁斯大林著作编译局. 列宁全集：第 35 卷 [M]. 北京：人民出版社，1959：490.

和监察的职能"①。可见，人民群众有权利也有义务参与国家和社会各项事务的管理。十月革命胜利后，虽然在俄国已经建立起了人民政权，但是俄国并不具备实现"直接民主"的条件。因为多数人民群众不识字，"不识字就不可能有政治"②。列宁提出必须先教他们识字，然后根据实际条件逐步建立起真正体现人民当家做主的政权体系。

1917年11月27日，列宁主持召开全俄中央执行委员会通过并颁布了《工人监督条例》，其规定每一个工业区及每一家企业都要设立工人监督委员会，要求在全国所有企业中普遍实施工人监督，选出的代表均应对国家负责，维持严格的秩序和纪律。可见列宁非常重视工人对产品生产和分配的监督。虽不是国家层面的监督，却是工人直接参与国家管理的第一步，意义重大。赋予群众罢免权，实行撤换制，及时撤换不合格的公职人员，是直接、彻底和立即见效的民主原则。正如列宁所说，"罢免权，即真正的监督权"③。

（2）强化党内监督

选举和监督是民主的两大支柱，选举是起点，而监督是保障。针对苏俄党政内部贪污腐败、滥用职权、以权谋私等现象，列宁认为，必须实施对党的地方组织和党的干部进行监督，对政府的执政行为和施政过程进行全方位的监督，注意防范"侵入党内的官僚主义和升官发财思想，同党员滥用自己在党内和苏维埃职权的行为"④。足见加强党内监督刻不容缓。

如何建构有效的党内监督体系，列宁主张主要从以下三方面入手：一是赋予党的全国代表大会权力中心的崇高地位。党章规定"党的最高机关是党代表大会。代表大会由中央委员会召开"⑤。列宁建议全国代表大会实行年会制，通过年会执行监督，改选中央委员会成员等，"党的所有负责人员、所有领导成

---

① 中共中央马克思恩格斯列宁斯大林著作编译局. 列宁选集：第3卷［M］. 北京：人民出版社，2012：210.
② 中共中央马克思恩格斯列宁斯大林著作编译局. 列宁选集：第4卷［M］. 北京：人民出版社，2012：590.
③ 中共中央马克思恩格斯列宁斯大林著作编译局. 列宁全集：第33卷［M］. 北京：人民出版社，2017：110.
④ 中共中央马克思恩格斯列宁斯大林著作编译局. 苏联共产党代表大会、代表会议和中央全会决议汇编：第2分册［M］. 北京：人民出版社，1964：70.
⑤ 苏联共产党章程汇编［M］. 北京：求实出版社，1982：1.

员、所有机构都是选举产生的"①，并可以撤换。

二是必须赋予党内监督机构足够的权力。列宁在1920年就提议成立党内专门的监督机构——监察委员会。他认为有必要成立一个同中央委员会平行的监察委员会，由最能严格执行党的监督的同志组成。1921年3月，俄共（布）十大通过了《关于监察委员会》的决议，规定了监委会的职责。决议明确规定监委会与同级党组织的关系是平行的，对监察委员会的决议同级党委必须执行，不得撤销。在实践中，监察委员会对反对腐败和官僚主义起到了很大作用。

三是党务公开，最大限度地发扬党内民主。公开是实现党内监督的前提和基础，"没有公开性而谈民主制是很可笑的，并且这种公开性还要不仅限于对本组织的成员"②。针对一些党员干部出现的贪污腐化、滥用职权等问题，列宁开始思考如何通过党务公开实现对党的领导活动的监督。为充分调动广大党员参与的积极性，全党要坚持党务公开原则和党内平等原则，保障党员干部对党内事务的知情权、参与权，使其尽可能在信息对等的情况下开展民主生活。

（3）建立强有力的监督机构

为加强权力监督，苏维埃政权于1918年成立国家监察人民委员部。但是这一机关并没有清除苏维埃机关中的官僚主义。1920年2月，根据列宁的提议，国家监察人民委员部将国家监察部统一改组为工农检查院。工农检查院建立后，列宁发现其所发挥的作用没有达到预期效果，他"认为再没有比我们工农检查院这个机关办更糟的机关了"③。其原因是工农检查院缺乏独立性，实际上成了中央委员的"附属品"。

如何改组工农检查院？1923年在俄共（布）十二大上，列宁郑重建议中央监察委员会与工农检查院合并，以此把国家监督、党的监督和人民监督结合起来，形成强有力的监督机关。列宁认为，合并后的监察委员会与工农检查院应有足够的权威，使其有一定的人数出席政治局的每次会议。这些出席会议的委

---

① 中共中央马克思恩格斯列宁斯大林著作编译局. 列宁全集：第14卷［M］. 北京：人民出版社，2017：249.
② 中共中央马克思恩格斯列宁斯大林著作编译局. 列宁选集：第1卷［M］. 北京：人民出版社，2012：417.
③ 中共中央马克思恩格斯列宁斯大林著作编译局. 列宁全集：第43卷［M］. 北京：人民出版社，2017：385.

员们应该形成一个紧密的集体,该集体应该注意不让任何人的威信来妨碍他们提出质询、检查文件,以便做到了解情况并使各项事务严格按照规定办事。

列宁还设想通过加强中央监察委员会的权力,如上所述,通过确立中央监察委员会与中央委员会的平行关系,以保证中央监察委员会的独立性,才能保证对权力实施真正监督。他建议中央监察委员会与中央委员会一道每两个月召开一次会议,使两者"一起最终走上变成党的最高代表会议的道路",这样的权力配置格局有利于实现权力的分权制衡及实现对权力的监督。同时,列宁还要求监察委员会委员身份的独立,这些委员在工作中可以不受中央委员会决定的约束。

(4) 实行人民群众监督

人民群众监督是监督体系中范围最为广泛的监督。列宁认为,实行人民群众监督是反腐败最具实效的形式。十月革命胜利后,列宁曾设想由人民群众直接管理国家,但基于苏俄政治经济文化比较落后的现实,只能通过无产阶级的先进阶层来代表民众管理国家,这就有产生官僚主义和权力腐败的可能性。为此,列宁主张建立"多种多样的自下而上的监督形式和方法"[1],以防止苏维埃政权产生官僚主义和权力腐败。

一是吸收优秀的工人和农民参加行政监督机关。列宁认为,社会主义国家要完善人民的政治参与机制,全面发展社会主义民主,使群众的意志和要求在国家政治决策中得到充分反映。他指出,只有信任和依靠群众的力量,才能搞好监督工作。对于官僚主义、拖拉作风,关键在于"从下面""由下面"来进行检查。基于这一思想,列宁提出扩大中央委员会的人数,把中央委员会改为直接吸收工农优秀分子参加的民主领导机构。"几十个工人参加中央委员会,就能比其他任何人更好地检查、改善和改造我们的机关"[2]。这样,受到中央工作锻炼的人增多,减少因某种不慎造成分裂的危险,从而有助于保持健康、廉洁的执政党性质,防止权力滥用、出现腐败等问题。

二是赋予人民群众罢免权。列宁认为,为了贯彻苏维埃政权的人民性,必

---

[1] 中共中央马克思恩格斯列宁斯大林著作编译局. 列宁全集:第34卷[M]. 北京:人民出版社,2017:186.

[2] 中共中央马克思恩格斯列宁斯大林著作编译局. 列宁选集:第4卷[M]. 北京:人民出版社,2012:747.

须赋予人民拥有罢免权。这是人民群众对权力监督和行使权利的重要体现。只有实行选举人对代表的罢免权,才能被认为是真正民主的机关。列宁所讲的罢免权意蕴广泛,不仅罢免主体范围广泛,工人、农民、士兵与一切劳动者都可以自由地选出自己的代表,自由地罢免那些不为人民办实事的代表,同时罢免对象范围广泛,包括党的所有负责人员、领导人员、机构的工作人员以及苏维埃政权机关的工作人员,不允许有不受监督的特殊党员和特殊公职人员。可见,群众运用罢免权对党和国家机关工作人员的权力实行监督,极大地发挥了人民群众的权力监督职能,从而达到"官僚必须服从人民"的目的。[①]

三是虚心接受群众监督,并为群众监督创造条件。列宁提出,要制定接受群众来访的基本制度,定时接受群众来访,使人民群众能够了解政府机关的规定,并保证所有的来访都能得到切实的回应。如果来访者对处理结果不满意,可以向上级部门申诉。同时,建立接待来访巡视制度,国家监察部门有权参与信访的全程,并对信访的内容进行监督检查。此外,列宁还要求对那些推诿、怠慢、粗暴对待群众来信来访的人严惩不贷。从以上论述可以看出,人民群众信访接待制度的实行,有助于及时了解民意,在预防惩治贪污腐败方面发挥了积极作用。

(5) 发挥党报党刊的监督作用

列宁一贯重视党报党刊的作用,他强调,要充分发挥社会新闻舆论在遏制和预防腐败方面的监督作用。因此,俄共(布)八大做出决议,明确赋予党报党刊以监督的重要任务。报刊既是党政机关的传声筒,也是群众监督活动的坚强阵地。列宁指出,我们希望政府时刻受到本国舆论的监督,通过新闻媒体公布我们的想法,才能做到自觉接受监督。他要求报刊如实报道情况,对机关中的官僚主义应敢于批评;而对机关或部门成绩突出的人员则提出表扬。并责令工农检察院、中央监察委员会要采取措施,利用党报党刊来揭发、披露贪污受贿等犯罪行为。他认为党和苏维埃的报刊的最重要的任务之一,就是"公开揭露我国经济生活中的一切弊端",及时"指出苏维埃组织和党组织的错误和

---

① 郭红霞. 列宁的权力监督思想及其启示 [J]. 华中师范大学学报(人文社会科学版), 1999, 38 (3): 113.

缺点"。①

同时，列宁指出，党报党刊进行理论宣传要贴近群众生活，用人民读得懂的语言，多宣传一些鲜活案例，做到可供当众宣讲，也可供家庭阅读。只有"少唱些政治高调，多注意些极平凡的但是生动的、来自生活并经过生活检验"②的事情，才能更好地发挥舆论监督作用，调动群众参与苏俄社会主义建设的热情。

3. 加强法制建设

苏俄自政权建立伊始就饱受官僚主义的困扰，列宁认为，解决官僚主义与权力腐败问题，必须使用法律武器。我们的政权愈倾向稳固，"就愈需要提出加强革命法制这个坚定不移的口号"③。十月革命胜利之初，苏维埃政权就先后颁布了一系列法律和法令，如《关于贿赂行为》《关于消灭拖拉现象》等，对官僚主义、拖拉作风和经济方面的失职事件加以法律制裁。

一是设立专门的法律监督机关。建立检察机关是保障法制的重要举措，列宁在《论"双重"领导与法制》中提出要建立检察机关的观点。检察机关的设立可有效地防止腐败和滥用职权现象，如果没有能使人民遵守法权规范的机构，法权也毫无意义。在他看来，检察机关是维护法制统一、监督法律实施的最理想的机关或部门。检察权具有一般监督的职能、诉讼监督职能、监督法制统一的职能，可以有效地监督和制衡行政和司法部门的权力。该思想对依法行政、依法司法、依法办事意义重大。同时，列宁赋予检察机关三个特征：专职性、权威性和独立性。专职性，即检察长要做的事是使共和国对法制有真正一致的理解。这种专职性保证检察机关能独立行使职权，确保其工作的客观性和公正性。权威性，即检察机关有对地方机关的任何一项决定提出异议的权利与义务。这种权威性使检察机关能对违法行为进行监督和打击。独立性，即"地方检察机关只受中央领导"。另外，列宁还对检察干部队伍建设提出了要求，如必须坚

---

① 中共中央马克思恩格斯列宁斯大林著作编译局. 苏联共产党代表大会、代表会议和中央全会决议汇编：第2分册［M］. 北京：人民出版社，1964：580.

② 中共中央马克思恩格斯列宁斯大林著作编译局. 列宁选集：第4卷［M］. 北京：人民出版社，2012：9.

③ 中共中央马克思恩格斯列宁斯大林著作编译局. 列宁全集：第42卷［M］. 北京：人民出版社，2017：364.

持"宁可少些,也要好些"的原则;选人条件是经过选举产生,并对事业忠诚和具有强的办事能力等。[①]

二是各部门之间的分工合作。列宁指出,检察机关不是行政机关,故没有行政权,对任何行政问题都没有表决权,足见检察机关不具有对国家任何行政事务进行表决的权力。也就是说检察院只有抗诉权,而对错误的判决没有撤销权和改判权。换句话说,只赋予检察院程序法上的权力,处理实质问题的权力却没有,而赋予地方政权违法行为审判权的是法院。司法人民委员部是行政机关,赋予其对法院督促的任务。在列宁看来,督促、推动、整顿人民法院的工作是司法人民委员部的职责。为了保证对法院和法庭进行有效的监督,司法人民委员部全体部务委员都进行严格的分工,如谁负责进行示范性审判,谁负责民法的某某部分,谁负责监督某个省或某个区的法院和法庭及侦查人员等工作。[②]

三是监察机关的垂直领导和独立性。列宁认为检察机关的问题是"重要的法制问题",法制在一个统一的国家范围内,不能在不同地区实行不同法制。在苏维埃共和国各地保证法制的统一施行是检察机关的主要职责。检察机关如果由地方政权领导,就会受到地方影响而不能严格行使监督职能。因此,为保证检察权独立行使,检察机关应实行自上而下的垂直领导。中央检察机关直接受党中央的领导,地方各级检察机关分别受各自的上级检察机关领导并且受总检察长的领导,这样才能做到充分行使检察权,能够实际地抵制官僚主义,使全共和国和联邦真正统一地实行法制。

同时,为保证检察机关的独立性,应处理好党委和司法机关的关系。法律对全体社会成员具有普遍约束力。尽管检察机关隶属于中央机关,但任何组织和个人都不能凌驾于法律之上,更不能干涉检察机关独立的正常活动。任何组织和个人都必须受法律的约束,决不允许有凌驾法律之上的特殊党员。

## 二、中国传统反腐败思想

当代中国的反腐败理论扎根于中华传统文化的土壤之中,吸收借鉴传统廉

---

[①] 钟瑞添. 论列宁国家权力监督思想及其现实启示 [J]. 学术论坛, 2021, 44 (5): 21.
[②] 黄勇, 武彬. 列宁构筑"三位一体"权力监督体系的思想研究 [J]. 社会主义研究, 2013 (3): 21.

政思想。中国传统廉政思想蕴含着节俭、民本、尚贤、德治、法治等理念，奠定了中国廉政建设的理论基石。大力弘扬中国传统廉政文化，对研究当下中国反腐倡廉发展规律意义重大，其内容主要概括为以下五个方面。

（一）廉政思想

廉洁修身、勤俭内省是执政者所必备的道德素质，是执政者权力受制约、监督的典型思想。中国古代社会对"廉"的认识由来已久，西周就把官吏营私枉法、贪污受贿等列为"五过之疵"①。《周礼·天官冢宰》提出了"六廉"说②，把"廉"作为官员各项行为的基本准则，要求为官者讲廉洁无私心，执政为民。若官吏能够做到善、能、敬、正、法、辨，便是"廉吏"。

到了春秋战国时期，思想家们深入阐发廉政思想。儒家廉政思想主要体现在仁政思想中。孔子主张施"仁政"，以德为政。他强调为政者要崇尚节俭廉洁，反对侈靡奢华。孔子提出的"惠而不费""欲而不贪"就包含了节俭廉洁的思想，保持节俭可以涵养廉洁德性。孟子将不取不义之财视为廉，认为"可以取，可以无取，取伤廉"③。所以，为官者就是要有德讲廉，廉才能正，正才能为民。儒家思想的这种"仁"最终成为官员廉政的思想基础。

法家廉政思想带有明显的法治色彩。管仲提出"威不两错，政不二门。以法治国，则举错而已"④，足见管仲提倡法教并举、德法合一，是我国最早践行法治思想的政治家代表。他还强调"四维不张，国乃灭亡""礼不逾节，义不自进，廉不蔽恶，耻不从枉"。⑤ 这就告诉我们坚持廉洁，行为就自然端正。通过遵循廉不蔽恶的原则，我们能够建立一个廉洁公正的社会。韩非子主张"所谓廉者，必生死之命也，轻恬资财也"⑥。可见，法家将以法治国和道德教育相结合，加强监督，防止腐败产生。

道家廉政思想带有浓厚的无为而治的政治色彩。认为为政者只有无为而治，适可而止，才能做到方正、清廉。老子提出"圣人方而不割，廉而不刿，直而

---

① "五过之疵"，即惟官、惟反、惟内、惟货、惟来。参见孔丘，等．四书五经（上）[M]．陈戍国，点校．长沙：岳麓书社，2023：227.
② "六廉"说，即一曰廉善，二曰廉能，三曰廉敬，四曰廉正，五曰廉法，六曰廉辨。
③ 朱熹．四书集注［M］．王华宝，整理．南京：凤凰出版社，2016：282.
④ 房玄龄，注．刘绩，补注．管子［M］．上海：上海古籍出版社，2015：318.
⑤ 房玄龄，注．刘绩，补注．管子［M］．上海：上海古籍出版社，2015：1-2.
⑥ 王先慎，集解．姜俊俊，校点．韩非子［M］．上海：上海古籍出版社，2015：161.

不肆，光而不耀"①。这就告诉我们要把握合适的度，做事有原则，但不过分，合乎情理。庄子认为腐败现象根源在于人的贪婪，提倡人们应该追求内心的满足，而不是追逐物质的欲望，更不应该为了满足自己的欲望而不择手段地去争取。"不足故求之，争四处而不自以为贪。"② 庄子一生淡泊名利，追求虚静恬淡，其对后世产生深远影响。

纵观古代廉政思想，尽管在不同时期有着不同的内涵和形式，但其对当下中国特色反腐倡廉工作具有重要意义，有助于推进我国领导干部做到"清""正""廉""洁"。

(二) 民本思想

民本思想是中国传统哲学中的一个重要思想流派，强调以人民为中心，以满足人民的需求和利益为根本目标。"广爱民，施仁政"是中国传统廉政思想的核心要义，也是现代国家建设的重要指导思想。民本思想始于西周，形成于春秋战国时期。据史料，《古文尚书·五子之歌》是民本思想的最早体现。《尚书》以"民惟邦本，本固邦宁"确认人民为国家的根本。

古代思想家都十分重视民本思想，将其视为立国之本。老子提出"圣人无常心，以百姓心为心"的观点。这就告诉我们，领导者应保持一颗平常心，关注民生，推行仁政。孔子提出"仁"的思想，其基本精神就是"爱人"。这可以看作是民本思想的体现。孟子提出"民为贵，社稷次之，君为轻"的新思想③，可以说，孟子继承了孔子的仁政思想，认为仁政是稳定社会秩序的好办法。管子认为"政之所兴，在顺民心，政之所废，在逆民心"④，足见民心对国家的兴衰具有极端重要性。一个政党，一个政权，其前途命运最终取决于人心向背。荀子也看到人民力量的强大，提出"君者，舟也；庶人者，水也。水则载舟，水则覆舟"⑤。这段话警示统治者要明白自己的权力是来自人民，要为人民谋福祉，才能得到人民的支持和信任。

思想家还为统治者提出了一套完整的笼络民心的理论。譬如，孔子提出

---

① 黄友敬. 老子 [M]. 福州：海风出版社，2011：438.
② 庄周. 庄子 [M]. 长沙：岳麓书社，2016：168.
③ 朱熹. 四书集注 [M]. 王华宝，整理. 南京：凤凰出版社，2016：349.
④ 房玄龄，注. 刘绩，补注. 管子 [M]. 上海：上海古籍出版社，2015：2.
⑤ 张晚林. 荀子 [M]. 长沙：岳麓书社，2022：126.

"君子之行也，度于礼。施取其后，事举其中，敛从其薄"①。可见，孔子主张统治者要尽可能减轻百姓负担。孟子提出"得其民有道，得其心，斯得民矣"②。董仲舒提出"薄赋敛，省徭役，以宽民力"③。从以上论述可知，"仁政""爱民"是古时廉政建设的核心主旨，将"重民、爱民、贵民"作为执政者应树立的价值观，要求统治者勤政为民。这体现了权为民所赋，本质是为人民服务，受人民的制约与监督。这种民本思想是我国古代廉洁文化的精髓所在。

（三）尚贤思想

尚贤，是中国传统文化中的重要价值观之一，是一种对人才的尊重和推崇的行为准则。古代思想家都认识到贤臣对国家兴亡的重要性，他们提出"政在选臣""举贤才"的政治主张，将"不德不贵，无能不官，无功不赏"④确定为用人准则。能否做到"举贤才"直接关系到国家的存亡，所以注重选拔那些"清廉守节""贤良方正"之士。

孔子是最早明确提出"举贤才"主张的思想家。他提出"先有司，赦小过，举贤才"⑤，"大道之行也，天下为公，选贤与能"⑥。在孔子的思想体系中，"举贤才"被视为一种重要的治国原则；孟子认为"尊贤使能，俊杰在位，则天下之士皆悦而愿立于其朝矣"⑦。足见儒家具有推崇古代政治中的尚贤传统，他们把德行和才能视为选拔官吏的主要依据。

墨子在选贤用贤等方面提出了较系统的理论观点和具体方案。墨子主张"尚贤""夫尚贤者，政之本也"⑧，认为崇尚贤能的人是为政的根本。他肯定贤良之士是"国家之珍，社稷之佑"，主张选贤标准是"厚乎德行，辩乎言谈，博乎道术"⑨，即具有敦厚的德行、善辩的才能、广博的道术的人才可称为贤者。要确定其是否为贤者，必须"听其言""迹其行""察其所能"。他还提出"举

---

① 李梦生．春秋左传集解：下［M］．南京：凤凰出版社，2020：856.
② 朱熹．四书集注［M］．王华宝，整理．南京：凤凰出版社，2016：268.
③ 班固．汉书·食货志［M］．北京：中华书局，1962：1137.
④ 张晚林．荀子［M］．长沙：岳麓书社，2022：132.
⑤ 朱熹．四书集注［M］．王华宝，整理．南京：凤凰出版社，2016：137.
⑥ 陈澔，注．金晓东，校点．礼记［M］．上海：上海古籍出版社，2016：248.
⑦ 朱熹．四书集注［M］．王华宝，整理．南京：凤凰出版社，2016：228.
⑧ 墨子及其弟子．墨子［M］．吕昂，译注．南昌：二十一世纪出版社集团，2015：27.
⑨ 墨子及其弟子．墨子［M］．吕昂，译注．南昌：二十一世纪出版社集团，2015：25.

义不避贫贱""举义不避亲疏""举义不避远近"的用贤原则,以及"官无常贵,而民无终贱""有能则举之,无能则下之"的用贤策略。可见,尚贤任能,选好人、用好人,是治理好国家的根本。

曹操更视贤才为治国理政的根本保障,指出"将贤则国安也"①。李世民提出"任官为贤才"的思想。可见,爱贤、尚贤是许多贤王帝将强国安邦的准则。古代的"选贤任能"传统为当下中国的用人标准提供了遵循。因此,我们的官员录用和选拔制度、考核制度和监察制度等,都应充分体现选贤任能的原则。

### (四)德治思想

德治是一种政治理念,源于中国古代哲学家孔子的思想。德治是中国传统廉政思想的基石,传统廉政文化认为"德,国家之基也"②。道德教化是国家的基础,以德治国是传统社会国家治理的主要策略。子曰:"为政以德,譬如北辰,居其所而众星共之"③,"大道之行也,天下为公,选贤与能,讲信修睦"④。以德服人是孔子一贯的政治主张,儒家认为廉政治理应以德治为基础。儒家强调修身是治国的前提与基础,为官者必须注重自我修身,不断提升自己的道德素养,同时要通过廉政教化来提升为官者的廉洁从政能力。如封建社会形成的家规庭训教育、君子圣贤教育、官箴规劝和实物警戒教育。

儒家向来重"礼",认为"礼"能"经国家、定社稷、序民人、利后嗣"⑤。这里的"礼",既指道德原则,也指社会制度。儒家认为既要对为官者道德教化,又需要对其进行制度约束。传统社会把"礼"当作衡量人的行为的标准,强调"不知礼,无以立也"⑥,这就告诉我们不学会礼仪礼貌,就难以有立身之处,要求做到"非礼勿视,非礼勿听,非礼勿言,非礼勿动"⑦,强调了人们在社交场合应遵循的基本礼仪原则,从眼睛、耳朵、嘴巴、身体管束自己,由外在规范熏陶自己。把"君为臣纲,父为子纲,夫为妻纲"⑧等作为社会关系的

---

① 孙武.孙子兵法[M].曹操,注.北京:中国友谊出版公司,2021:10.
② 李梦生.春秋左传集解:下[M].南京:凤凰出版社,2020:502.
③ 朱熹.四书集注[M].王华宝,整理.南京:凤凰出版社,2016:51.
④ 陈澔,注.金晓东,校点.礼记[M].上海:上海古籍出版社,2016:248.
⑤ 李梦生.春秋左传集解(上)[M].南京:凤凰出版社,2020:31.
⑥ 朱熹.四书集注[M].王华宝,整理.南京:凤凰出版社,2016:191.
⑦ 朱熹.四书集注[M].王华宝,整理.南京:凤凰出版社,2016:128.
⑧ 孟维.三字经[M].青岛:中国海洋大学出版社,2021:11.

基本规范。

注重廉政教化提升为官者的廉洁从政能力。首先，把廉洁作为官员最基本的道德要求，强调"律己廉为首，立世德在先""礼义廉耻，国之四维"，把礼义廉耻作为治国的标准。其次，强调为官者必须洁身自好，提出"修身洁白而行公行正，居官无私，人臣之公义也"[①]。最后，强调官员必须提倡节俭，主张"生于忧患，死于安乐"和"节俭则昌，淫佚则亡"。可以说，以德治为核心的道德规范是古代社会实现政治清廉的精神纽带。

### （五）法治思想

重典惩贪是古代反腐中确保政治清廉的重要手段。古代思想家认为治国不能光靠说教，要提倡严刑峻法，靠法治手段治国。儒家推崇"德治"，但不排斥法治。孟子主张"徒善不足以为政，徒法不能以自行"。既要依法治国，也要以德治国，两者要紧密结合。董仲舒强调"刑者德之辅，阴者阳之助也"，他认为理想的治国模式应该是以德为主、以刑为辅。

法家是法治思想的积极倡导者，代表人物主要有管仲、商鞅、韩非子和慎子等。管仲是法家的先驱者，最早提出以法治国的主张，他提出"不法法则事毋常，法不法则令不行"[②]，"法制不议，则民不相私；刑杀毋赦，则民不偷于为善"[③]。这就体现了管仲对法的重视，依法统政、礼法并用。商鞅提出"法者，国之权衡也"[④]，"圣王者不贵义而贵法，法必明，令必行，则已矣"[⑤]。法是国家的秤，是社会的准绳，统治者要重视法律，制定法律要严明，颁布的法令要执行。韩非子强调治国要有法治，赏罚都要以"法"为标准，他提出"法不阿贵……刑过不避大臣，赏善不遗匹夫"[⑥]，"治民无常，唯法为治"[⑦]。韩非子鲜明地提出治国要崇尚法律，以法治国。慎子强调"民一于君，事断于法，

---

① 王先慎，集解．姜俊俊，校点．韩非子 [M]．上海：上海古籍出版社，2015：150.
② 房玄龄，注．刘绩，补注．管子 [M]．上海：上海古籍出版社，2015：97.
③ 房玄龄，注．刘绩，补注．管子 [M]．上海：上海古籍出版社，2015：86.
④ 商鞅，慎到，邓析．商君书·慎子·邓析子 [M]．田国梁，译注．南昌：二十一世纪出版社集团，2017：111.
⑤ 商鞅，慎到，邓析．商君书·慎子·邓析子 [M]．田国梁，译注．南昌：二十一世纪出版社集团，2017：111.
⑥ 王先慎，集解．姜俊俊，校点．韩非子 [M]．上海：上海古籍出版社，2015：44.
⑦ 王先慎，集解．姜俊俊，校点．韩非子 [M]．上海：上海古籍出版社，2015：575.

是国之大道也"①,"官不私亲,法不遗爱,上下无事,唯法所在"②。倡法治,做到公平执法,反对人治,主张立法要为公。

其他各家也主张法治。如墨子的法治理念,坚持以人为本,倡导依法治国,主张刑罚适当的平等观、刑政观。他提出"天下从事者,不可以无法仪;无法仪而事能成者,无有也"③。治国必须制定一定的法度,无法可依则事不能成,国不能治。他还主张"君不可以为法""君不可修法",这是对君权的限制,不仅将权力关进法律的笼子,同时法律的制定原则也坚持"法不仁,不可以为法"。可见,墨子的法治理念既是对"古之道术"的传承,也是当代法治建设的基础之一。

当然,我们应该客观地看到,在君主专制政体中,依法治国没有成为独立的治国方略,最终被"德主刑辅"的治国策略所替代。

综上所述,古代廉政文化建设为传统社会反腐败提供了强有力的精神支撑。我国传统廉政思想是中华民族最可宝贵的精神财富,这对我们今天党风廉政建设和制度反腐具有重要借鉴意义。

### 三、中国共产党领导人的反腐败思想

腐败是中国共产党长期执政面临的最大威胁之一。反对腐败、建设廉洁政治,是我党一贯坚持的鲜明政治立场。建党百年来,我党坚定不移推进党风廉政建设和反腐败斗争,开创了具有中国特色的反腐败道路,取得了反腐败斗争的压倒性胜利。探寻中国共产党领导人的反腐败思想,对推进新时代反腐败斗争具有重要意义。

#### (一)毛泽东的反腐败思想

毛泽东是伟大的无产阶级革命家,为党的反腐倡廉工作奠定了重要基础。他高度重视反腐倡廉,强调跳出"执政—腐败—垮台"周期率的途径是民主。民主制度可有效地监督权力,从而减少腐败和垮台的可能性。足见毛泽东对腐

---

① 商鞅,慎到,邓析.商君书·慎子·邓析子[M].田国梁,译注.南昌:二十一世纪出版社集团,2017:223.
② 商鞅,慎到,邓析.商君书·慎子·邓析子[M].田国梁,译注.南昌:二十一世纪出版社集团,2017:220.
③ 墨子及其弟子.墨子[M].吕昂,译注.南昌:二十一世纪出版社集团,2015:10-11.

败问题的深刻认识。他在长期的实践探索过程中形成了系统的反腐败思想，其内容非常丰富，可以说是我国反腐倡廉理论体系的起点和基础，他的思想和理论为我国反腐败斗争提供了重要的指导和借鉴，主要概括为如下四个方面。

1. 重视教育反腐，加强干部思想作风建设

毛泽东是中国共产党的伟大领袖，是中国革命建设的杰出导师。注重从思想上建党，是毛泽东反腐倡廉思想的一个显著特点。毛泽东一生十分重视党员的思想教育，他认为提高干部的思想素质是防腐保廉的前提，"掌握思想教育，是团结全党进行伟大政治斗争的中心环节"①。因此，必须重视对全党进行马克思主义思想理论教育，以抵制各种腐朽腐败思想的入侵。毛泽东曾多次向全党提出警示，提高党执政的忧患意识、责任意识，强调权力为人民的宗旨意识。为了建设一支高素质的马克思主义政党，井冈山时期就将"进行全党教育"作为党的重要任务。毛泽东认为，大公无私、克己奉公、埋头苦干的精神是可敬的，而自私自利、消极怠工、贪污腐化则是可鄙的。②延安时期也坚持把思想教育放在干部反腐教育首位，要求党员干部必须坚定正确的政治方向。毛泽东通过对白求恩、张思德等先进典型人物的弘扬，把做"一个高尚的人，一个纯粹的人，一个有道德的人"作为全体党员的终极价值追求。正是因为延安时期思想教育成效显著，该时期成为我们党历史上最清廉的时期。

新中国成立后，毛泽东更加重视对党员干部的思想教育工作。他强调，利用职权实行贪污和浪费，都是严重的犯罪行为。③为此，毛泽东通过整党整风推进反腐倡廉，加强党员干部的思想作风建设，从而有效预防了党员干部的腐化变质。可以说，用整党整风方式反腐倡廉是毛泽东的一大创造。整风就是整顿思想作风和工作作风，旨在加强党的自我净化、自我完善、自我革新、自我提高。在早期延安整风以及"三反""五反"教育运动中，毛泽东有针对性地开展马列主义理论教育、廉洁奉公等共产主义思想教育，抵制各种腐败意识和行为的侵袭。譬如，1950年5月中共中央发出《关于在全党全军开展整风运动的指示》，强调全党开展批评与自我批评，克服领导干部的居功自傲情绪、命令主义作风，以及少数人贪污腐化、政治上堕落颓废、违法乱纪等问题。1957年3

---

① 毛泽东. 毛泽东选集：第3卷［M］. 北京：人民出版社，1991：1094.
② 毛泽东. 毛泽东选集：第2卷［M］. 北京：人民出版社，1991：522.
③ 毛泽东. 毛泽东文集：第6卷［M］. 北京：人民出版社，1999：208.

月，毛泽东在《坚持艰苦奋斗，密切联系群众》中指出："共产党员就是要奋斗，就是要全心全意为人民服务。"① 要保持过去革命战争时期的那么一股劲儿，把革命工作做到底。可见，整风运动是从思想上、政治上、组织上加强党的建设的一种好形式。通过整党整风，对提高全党的马克思主义理论水平，改进干部作风，推进反腐倡廉建设和反腐败斗争具有重要意义。我们应继承和发扬毛泽东的这种精神，重视干部思想作风建设，坚决反对腐败现象，培养优秀的干部队伍，为中国的发展与进步贡献力量。

2. 注重制度法律法规防腐反腐，规范执政行为

毛泽东认为制度就是纪律、命令，所以十分重视制度建设。其制度反腐思想的核心在于严惩腐败，关键在于通过建立规范的制度和法律来约束公职人员的行为。井冈山时期毛泽东就制定了《井冈山反腐败训令》，展现了他对腐败问题的关注和解决之决心。此后又颁发了《关于惩治贪污浪费行为》的训令，规定贪污公款达500元以上者，处以极刑的最高惩治。可见，这些训令使当时的反腐斗争有法可据，也对腐化分子产生了巨大的震慑作用。延安时期，陕甘宁边区制定了《惩治贪污暂行条例》《惩治贪污条例（草案）》等。1941年5月，毛泽东还制定了带有根本法性质的《陕甘宁边区施政纲领》，要求严惩公务人员之贪污行为，共产党员有犯法者从重治罪。② 这些法规专门针对防范和惩治党员干部的腐败而立，严惩当时出现的各种腐败行为。于此，中国共产党领导的解放区的廉洁政治逐步形成，中国共产党也因此在人民心中获得极高的威望。

新中国成立后，肃清贪官污吏，建立廉洁政治，是党的一项既定方针。毛泽东强调，对于腐败犯罪行为，绝不姑息，必须依法治罪；对于大贪污犯，要"彻底干净全部地将他们肃清"③。他又亲自主持制定了一系列惩治贪污和浪费的法规。例如，《中华人民共和国惩治贪污条例》《国家机关工作人员奖惩条例》《惩戒违法失职公务员暂行条例》《中央关于处理小贪污分子的五项规定》《中央关于处理贪污浪费问题的若干规定》《关于三反运动中成立人民法庭的规定》等，这些为惩治贪污犯罪提供了法律依据，使反腐败斗争向着制度化、法规化方向又迈进了一大步。有了制度和法律，如执行不力也会使各种腐败犯罪

---

① 毛泽东. 毛泽东文集：第7卷 [M]. 北京：人民出版社，1999：285.
② 中共党史教育参考资料：第8集 [M]. 北京：人民出版社，1997：264.
③ 毛泽东. 毛泽东文集：第6卷 [M]. 北京：人民出版社，1999：195.

逍遥法外。毛泽东指出，对那些惩处贪污浪费不力的干部，亦应以失职论处，绝不宽恕。① 在反腐实践中，他还从重处理了一批渎职的执法人员，对党员干部形成强大震慑。

除了在制度上、法规上的规定之外，还建立反腐败机构。井冈山时期，毛泽东建立审计制度，审查稽核各级决算和财政收支，加强监督管理，促进廉政建设。新中国成立后，他还主张建立纪律检查委员会、行政监察机构等，在组织上、制度上为廉政建设提供了保障，足见制度建设在反腐倡廉建设中的重要作用。

3. 依靠民主监督，让人民群众监督政府

毛泽东十分重视民主监督工作。他认为我们党防止腐败现象滋生最有效的方式就是实行人民民主监督。因此，他对民主监督的形式有过许多精辟深刻的论述，并提出一系列人民民主监督的途径和方法。这在他的领导风格和政治理念中得到了充分体现。

一是强化党内监督。毛泽东提出"党要管党，从严治党"的重要思想，对党内腐败现象进行严厉打击。例如，1949年11月他提出建立中央纪律检查委员会；1955年成立各级党的监察委员会，对加强党内监督做出具体规定，并制定党内生活准则，规定党员有权检举、揭发任何违纪违法的组织或个人。

二是加强群众监督。毛泽东重视发挥群众的反腐积极性，鼓励群众积极参与国家和社会事务的监督和管理。瑞金时期，面对贪污浪费等腐败现象蔓延，毛泽东动员千百万群众广泛参与到反腐败斗争中来，成立反腐败突击队、工农法庭、轻骑兵等群众组织开展反腐，取得苏区反腐斗争的首次胜利。抗日战争时期，毛泽东强调共产党"应该受人民监督"②，体现了共产党在国家危难之际的政治担当。新中国成立后，他更是重视人民对党和政府以及领导干部的监督，提出"主要监督共产党的是劳动人民和党员群众"③，只有通过群众监督，才能确保党始终站在人民的立场上。1954年制定的宪法明确规定人民享有对党和国家机关工作人员的选举监督管理与罢免等权利，这就为反腐倡廉提供了制度上的根本保证。

---

① 毛泽东. 毛泽东文集：第6卷 [M]. 北京：人民出版社，1999：209.
② 毛泽东. 毛泽东选集：第3卷 [M]. 北京：人民出版社，1991：809.
③ 毛泽东. 毛泽东文集：第7卷 [M]. 北京：人民出版社，1999：235.

三是重视新闻媒体舆论的监督。发动舆论监督，也是毛泽东积极倡导的反腐方法。他指出要充分利用通讯社和报纸，及时纠正错误，发扬成绩。1950年4月，中共中央发出《关于在报纸刊物上展开批评和自我批评的决定》，强调在报纸刊物上展开对我们工作中一切错误的批评与自我批评。1953年结合当时整党建党的情况，他提出典型的官僚主义和违法乱纪的事例，都应在报纸上广为揭发①，要营造一种反腐倡廉的舆论氛围，加强党外监督。1954年，毛泽东提出舆论监督要实行"开、好、管"三字方针。"开"，即大力开展舆论监督；"好"，即舆论进行监督的态度是严厉的、诚恳的；"管"，即保证加强舆论监督的正确政治方向。毛泽东提出的三字方针在今天仍具有指导意义。

四是注重民主党派的监督。毛泽东重视共产党与民主党派的合作，秉持"长期共存、互相监督、肝胆相照、荣辱与共"的方针。"这是因为一个党同一个人一样，耳边很需要听到不同的声音。"② 共产党与非中共人士互相监督与合作，才不易发生官僚主义。毛泽东强调要专心听取和广泛采纳党外人士的合理建议，接受党外人士监督。还要求把中央的文件送给民主党派人士阅看，以便他们参政监督。共产党有了群众监督，再加上民主党派，党外监督就更得力了。从以上论述可以看出，毛泽东是十分重视民主党派参政监督作用的。

4. 发挥领导干部的表率作用，毛泽东本人更是率先垂范

领导干部带头廉洁奉公是政权稳定的基石。毛泽东曾说过，政治路线确定之后，干部就是决定的因素。"党是整个社会的表率，党的各级领导干部又是全党的表率。"③ 因此，要发挥领导干部的示范带头作用，这是加强党的执政能力建设、永葆党先进性和纯洁性的内在要求。

毛泽东十分重视领导干部在反腐倡廉中的表率作用。早在1929年12月，他指出，政治观念错误屡教不改的，不论干部及非干部，一律清洗出党。在七届二中全会上，毛泽东提出拒腐防变的重要法宝即"两个务必"以及六条针对高级干部的廉政措施。他要求领导干部"是十分廉洁、不用私人、多做工作、少取报酬的模范"④。越是困难的地方越是要去，与全国人民一道艰苦奋斗，共渡

---

① 毛泽东. 毛泽东文集：第6卷 [M]. 北京：人民出版社, 1999：255.
② 毛泽东著作选读：下册 [M]. 北京：人民出版社, 1986：790.
③ 邓小平. 邓小平文选：第2卷 [M]. 北京：人民出版社, 1994：177.
④ 毛泽东. 毛泽东选集：第2卷 [M]. 北京：人民出版社, 1991：522.

难关。由此可见，毛泽东注重强调领导干部的带头作用，同时对其提出更高要求。新中国成立后不久，由于环境条件的变化，一些干部陷入了贪污、浪费和官僚主义的泥坑，毛泽东强调，一定要警惕干部被资产阶级腐蚀发生贪污行为这一事实，注意揭发和惩处①，不要滋长官僚主义作风而形成脱离人民的贵族阶层。对于贪污犯，轻者批评教育，重者撤职、惩办、判处徒刑，直至枪毙，才能解决问题。② 足见毛泽东对贪污犯的态度，旨在加强党的纪律和权威。

毛泽东不仅严格要求干部，更是严于律己、廉洁奉公、率先垂范。战争年代，毛泽东经常素食淡饭，废寝忘食，忘我工作。延安大生产时，他身体力行，工作之余亲自参加开荒劳动。三年困难时期，他还带头不吃肉、不吃蛋，吃粮不超定量，穿衣的标准是"不露肉、不透风就行"。比如，他穿的两件睡衣，一件有73个补丁，另一件有59个补丁。由此可见，毛泽东是反腐倡廉、廉洁奉公的积极倡导者与践行者。他对子女、亲属严格要求，不许搞特殊、享优待。毛泽东强调，"我和我的孩子都不能搞特殊"，共产党的子女要同工农画等号。当年抗美援朝毛岸英牺牲时，他坚持让毛岸英与志愿军烈士一起埋在朝鲜。可以说，毛泽东在用自己的实际行动践行着他所倡导的品格与精神，赢得了全国人民的拥护和爱戴，赢得了历史的尊重。我们应弘扬毛泽东的廉洁奉公精神，坚决反对腐败，为实现社会公正、廉洁而奋斗。

（二）邓小平的反腐败思想

邓小平是中国改革开放的主要领导人之一，以邓小平同志为核心的党中央为反腐败斗争指明方向。邓小平反腐败思想植根于我国新时期反腐倡廉的伟大实践，是毛泽东反腐败思想的继承和发展。对反腐倡廉工作，邓小平一直持有清醒的认识。邓小平的反腐败思想，具体深刻、内涵丰富，是一个科学、严谨、完整的内容体系。

1. 关于"生死论"的政治高度

反腐败是关系党和国家生死存亡的重大问题。邓小平指出，腐败现象将会严重危害党和国家，必须将廉政建设作为大事来抓，"在整个改革开放过程中都

---

① 毛泽东. 毛泽东文集：第6卷 [M]. 北京：人民出版社，1999：190.
② 毛泽东. 毛泽东文集：第6卷 [M]. 北京：人民出版社，1999：191.

要反对腐败"①。他认为"要整好我们的党,实现我们的战略目标,不惩治腐败"②,确实是有失败的危险。可见,腐败是社会毒瘤,是影响国家长治久安的致命风险,直接关系到党和国家的生死存亡。

新的历史时期,邓小平提出以经济建设为中心是兴国之要,"离开了经济建设这个中心,就有丧失物质基础的危险"③。他强调,我们对刑事犯罪活动的打击是必要的,仅靠打击不能解决根本问题,把经济搞上去才是治本途径。足见反腐败不是孤立的,不是游离于经济建设之外独立的政治运动。这就要求我们对反腐倡廉工作进行科学定位,为经济建设提供保障。鉴于此,我国反腐倡廉建设始终坚持经济建设这个中心,使国家政治经济建设步入健康发展轨道。

同时,反对腐败要与坚持改革开放相结合。正如邓小平所指出的,一手抓改革开放,一手抓惩治腐败④,彰显出邓小平对改革开放和反腐斗争的战略谋划和坚定决心,这就为我们今后工作指明了方向。这里可以从两个方面加以理解。一是惩治腐败不是改变改革开放的政策,而是继续深化改革、扩大开放。⑤ 实践证明,唯有改革开放,才能有更深厚的物质基础对腐败防微杜渐;没有改革开放,闭关自守只能是死路一条。二是腐败要严抓、长期抓。对任何腐败分子,都必须"从严""从重"地处理,决不姑息。如邓小平所指出,要雷厉风行地抓,"按照法律办事。该受惩罚的,不管是谁,一律受惩罚"⑥。对歪曲现行经济政策,反社会主义的违法经济活动和犯罪分子,必须警惕,坚决斗争。⑦ 同时,还要有持之以恒的行动毅力,坚持"严打"方针不动摇。邓小平认为,打击经济犯罪活动是一个长期的、经常的斗争,"不能一次搞完,要长期搞下去"⑧。他在南方谈话中又强调在整个改革开放过程中都要反腐败。从以上论述可以看出,解决腐败问题必须要有雷霆万钧的手腕,以及持之以恒的毅力。

---

① 邓小平. 邓小平文选:第3卷 [M]. 北京:人民出版社,1993:379.
② 邓小平. 邓小平文选:第3卷 [M]. 北京:人民出版社,1993:313.
③ 邓小平. 邓小平文选:第2卷 [M]. 北京:人民出版社,1993:250.
④ 邓小平. 邓小平文选:第3卷 [M]. 北京:人民出版社,1993:314.
⑤ 邓小平. 邓小平文选:第3卷 [M]. 北京:人民出版社,1993:298.
⑥ 邓小平. 邓小平文选:第3卷 [M]. 北京:人民出版社,1993:297.
⑦ 邓小平. 邓小平文选:第2卷 [M]. 北京:人民出版社,1993:338.
⑧ 邓小平. 邓小平文选:第2卷 [M]. 北京:人民出版社,1993:409.

## 2. 关于"两手抓"的基本方针

反腐败必须坚持"两手抓,两手都要硬"。1979年,邓小平提出一手抓物质文明,一手抓精神文明;1982年4月提出一手抓改革开放,一手抓打击犯罪;1986年1月提出一手抓建设,一手抓法制;1989年提出一手抓改革开放,一手抓惩治腐败。从以上论述可知,邓小平在不同时期有针对性地提出"两手抓"思想,充分彰显了邓小平高屋建瓴、总揽全局的战略思想。

"两手抓"的核心是一手抓改革开放,一手抓惩治腐败。邓小平提出,当前我们面临的考验是经济能不能搞上去,党风和社会风气会不会垮下来,这是关系到我们党、国家前进方向和民族兴衰成败的重大问题。因此,邓小平在不同场合、针对不同问题多次提到"两手抓"问题,具体内容包括如下三方面。

一是抓改革开放。1978年,安徽省凤阳县小岗村实行的家庭联产土地承包责任制,拉开了中国改革开放的序幕。从那时起,邓小平就提出以经济建设为中心,坚持四项基本原则、坚持改革开放,逐步开辟了一条适合中国国情的中国特色社会主义道路。可以说,以经济建设为中心是兴国之要,四项基本原则是立国之本,改革开放是强国之路。邓小平强调要多做有利于改革开放的事情。他说,"不进行政治体制改革,不可能顺利进行四个现代化建设""外资合作经营要搞,各地的开放区可以搞"①。邓小平关于改革开放的思想,在中国特色社会主义建设的伟大实践中被证明是正确的,为实现中华民族伟大复兴提供了强有力的保证。

二是抓惩治腐败。1982年邓小平提出,我国实行改革开放不过一两年时间就有许多干部被腐蚀了。这种风气如果坏下去,就会形成贪污、盗窃、贿赂横行的世界,为此,我们要同一切不正之风做坚决的斗争。他特别强调中国反腐败斗争的长期性和艰巨性,认为整顿党的作风要伴随着整个社会主义现代化建设的进程走,"开放、搞活政策延续多久,端正党风的工作就得干多久"②。反对腐败,搞廉洁政治,不是搞一天两天,一月两月,这是一项长期的工作。针对当时的高层腐败,邓小平还提出要抓大案、抓整党。如1989年,他指出,要整好我们的党,特别是党内高层的腐败现象,新的领导要首先抓这个问题,这

---

① 邓小平. 邓小平文选:第3卷[M]. 北京:人民出版社,1993:314.
② 邓小平. 邓小平文选:第3卷[M]. 北京:人民出版社,1993:164.

也是整党的一个重要内容。① 从以上论述可以看出，邓小平对反腐败的高度重视。

三是处理好改革开放与反对腐败的关系。邓小平认为，我们党既坚持反腐倡廉工作的重要地位，又坚持对其进行科学定位，使其服务于改革开放这个大局，为改革开放创造条件，为经济建设提供支持。可以说，如果反腐败斗争失败，改革开放政策也会失败，现代化建设的进程就会中断。因此，要坚持改革开放和惩治腐败相结合。坚持"一手抓改革开放，一手抓惩治腐败"，邓小平提出的这"两手抓"思想，不仅推动了我国改革开放和反腐倡廉的历史进程，还实现了反腐倡廉建设与经济社会发展相适应、相统一，有助于两者统一于建设有中国特色的小康社会之中。

3. 关于"两个靠"的重要手段

反腐败要"两个靠"，即一要靠教育，二要靠法制。1985年，邓小平强调："我们主要通过两个手段来解决，一个是教育，一个是法律。"② 由此可见，坚持思想政治教育和加强法制建设是邓小平反腐倡廉的重要手段，也是从"反"腐败视角来解决贪污腐化和滥用权力的具体措施。

一是加强思想政治教育，筑牢拒腐防变的思想防线。邓小平认为思想道德防线是抵御腐败的第一道防线。如果党员干部思想道德方面出了问题，各种导致腐败的东西就会乘虚而入，结果就会坠入腐败的深渊。这就要求党员干部坚定马克思主义信仰，增强社会主义信念，建立起抵御腐朽思想的坚固思想长城。邓小平指出，"十年最大的失误是教育，这里我主要是讲思想政治教育"③。他要求一定要把共产党员教育好，中国要出问题，还是出在共产党内部。

为了解决思想反腐问题，首先，要加强理想信念教育。邓小平非常重视理想信念的作用，他认为共同的理想信念、铁的纪律是我们克敌制胜的力量之源。有些干部之所以在物质利益驱动下产生腐败行为，其原因在于理想信念出了问题。邓小平强调对党员干部进行理想信念教育的同时，还要对其进行全心全意为人民服务的宗旨教育。其次，要用整风精神开展党的建设。"端正党风，是端

---

① 邓小平. 邓小平文选：第3卷[M]. 北京：人民出版社，1993：313-314.
② 邓小平. 邓小平文选：第3卷[M]. 北京：人民出版社，1993：148.
③ 邓小平. 邓小平文选：第3卷[M]. 北京：人民出版社，1993：306.

正社会风气的关键。"① 这足见必须端正党风，树立廉洁为荣、腐化为耻的新风尚。党是整个社会的表率，党中央领导同志又是全党的表率，这就要求领导干部带头发扬党的优良传统，严于律己，率先垂范。最后，提倡发扬艰苦奋斗精神。艰苦奋斗是党的光荣传统，邓小平提出，共产党员应该保持艰苦奋斗的传统，这样才能抗住腐败现象。②他认为党员干部必须始终保持艰苦奋斗的政治本色，吃苦在前、享受在后的原则不能丢，"提倡艰苦创业精神，也有助于克服腐败现象"③。可见，通过教育党员干部倡导新风、树立正气，提高党性修养和廉政修养，筑牢思想道德防线，自觉抵制和反对各种腐败现象。

二是加强法制建设，筑牢拒腐防变的制度防线。反腐倡廉，法律是保证。邓小平认为反腐败"要靠法制，搞法制靠得住些"④。靠法制就是要用法律武器同经济犯罪行为和腐败现象做斗争，保证权力的正确行使。邓小平始终重视法制和制度建设，认为这是反腐倡廉的保证。

通过法制建设反腐败，邓小平提倡以下做法：首先，加强立法。邓小平指出，现在的问题是法律很不完备，很多法律还没有制定出来。因此，应集中力量制定刑法、民法、诉讼法和其他各种必要的法律。⑤ 如《关于高级干部生活待遇的若干规定》等党内廉政法规的出台。由此可见，邓小平对加强廉政立法的高度重视。其次，严格执法。邓小平提出公民在法律和制度面前人人平等。不管谁犯了法，都要有公安机关侦查，司法机关依法办理，对一些情节严重的犯罪分子须给予严厉的法律制裁。这就要求做到执法必严、惩治要严，确保腐败分子受到应有惩罚，从而遏制腐败蔓延势头。最后，大力加强法律制度建设。邓小平提出如何依靠法制消除腐败现象，法律制度建设是关键。在他看来，一个健全的法律制度是国家治理的基石。他主张解决腐败问题要从制度入手，因为制度问题更带有根本性，制度好可以使坏人无法任意横行，制度不好可以使好人无法行善。在整个反腐倡廉过程中，法制和制度都必须贯穿始终，构建一个制度健全、机制完善的反腐倡廉制度体系，以有效遏制腐败现象的滋生与

---

① 邓小平. 邓小平文选：第3卷[M]. 北京：人民出版社，1993：144.
② 邓小平. 邓小平文选：第3卷[M]. 北京：人民出版社，1993：290.
③ 邓小平. 邓小平文选：第3卷[M]. 北京：人民出版社，1993：380.
④ 邓小平. 邓小平文选：第3卷[M]. 北京：人民出版社，1993：379.
⑤ 邓小平. 邓小平文选：第2卷[M]. 北京：人民出版社，1994：146.

蔓延。

4. 关于"两个监督"的有效路径

反腐倡廉，监督是关键。邓小平反腐倡廉思想的特色是重视监督机制建设。这就要求突出"两个监督"，即党内监督和党外监督，具体表现在共产党内部的监督、群众监督与民主党派的监督。邓小平把实行监督视为有效防止和克服腐败的根本条件，这也是从"防"腐败视角来解决贪污腐化和滥用权力的措施。

一是加强党内监督。邓小平认为，只有党接受有效监督，才能使党的决策更加科学，防止和克服党内不良风气和腐败现象。他提出，"对于共产党员来说，党的监督是最直接的"①，"我们要重视党委内部的相互监督作用这个问题"②。这就为我们加强党内监督指明了方向。

党内监督的做法主要有四种。其一，运用直接的组织手段实施监督。邓小平指出，监督的关键在于发展党和国家的民主生活，发扬我们党的传统作风。监督的基础在于民主集中制的健全和民主生活制度化，这就要充分发挥党内民主，并使党内民主扩大到党外民主。其二，重视党委会内部的监督。邓小平提出对于党的各级领导干部，党委会内部的监督是最重要的监督。加强党委班子的自身监督，即党委成员之间的互相批评和监督，为此，要建立健全党内表决制度、党内个人负责制度，以及个人重大事项报告制度、干部离任审计制度等。其三，加强党组织生活会的监督。党员干部以党员身份参加党的民主生活会，汇报思想情况，开展批评与自我批评，是自觉接受党内监督的有效形式。其四，强化纪检机关的专门监督。党的纪律检查委员会是党内专门监督机构，其地位不可代替。纪检机关对所管辖的党组织和党员都有监督制约之职权，所以要完善党的纪检机关的领导体制，严密党内纪律处分的规定。③

二是完善群众监督。人民群众是反腐败的主要力量。邓小平主张建立强大的自下而上的群众监督体系。"扩大群众对党的监督，对党员的监督"④，特别是对领导干部的监督。要求把群众监督、举报制度和专门机关的工作相结合，

---

① 邓小平. 邓小平文选：第1卷 [M]. 北京：人民出版社，1993：270.
② 邓小平. 邓小平文选：第1卷 [M]. 北京：人民出版社，1993：271.
③ 郑文范，杨瑾，邱秀华. 邓小平反腐倡廉思想的当代价值 [J]. 东岳论丛，2016，37(6)：22.
④ 邓小平. 邓小平文选：第1卷 [M]. 北京：人民出版社，1994：271.

对贪污、行贿、盗窃以及其他乌七八糟的东西,"我们依靠人民的力量,一定能够逐步加以克服"①。在他看来,群众监督能够有效地防止腐败和滥权现象的发生。

如何依靠人民的力量?关键就是要发扬民主,保证群众对干部选拔任用的知情权、参与权、选举权和监督权,自觉接受群众监督。首先,要对群众监督及反映的问题,认真研究,正确处理,严禁互相推诿。其次,扩大人民的知情权。凡是能公开的,一律公开,如个人财产情况、公务活动经费使用情况等,均应公开供人民群众直接监督,同时也教育群众,使群众树立反腐败的信心和决心。

三是健全民主党派的监督。民主党派的监督是具有中国特色的监督形式。共产党与民主党派是新型的友党关系。通过民主党派的监督,吸取他们有益的意见和建议,可以使制定的方针政策更恰当,决策更正确。如邓小平所指出,共产党"更加需要听取来自各个方面,包括各民主党派的不同意见"②,以便发现我们工作中的一些所没有发现的缺点和错误,为我们党提供自身以外的监督。

为了充分发挥民主党派的监督作用,我们要广开言路,广开才路,"让各方面的意见、要求、批评和建议充分反映出来"③。同时必须为民主党派的监督提供明确的规章和制度保证。经过努力,共产党领导的多党合作和政治协商制度已成为我国一项基本政治制度,这就有助于推进执政党工作的科学化、民主化。

(三)江泽民的反腐败思想

以江泽民同志为核心的党中央带领全党探索反腐败斗争的新路子,提出一系列重要的思想和观点。江泽民认为,反腐败要作为一个系统工程来抓,标本兼治,"加强教育,发展民主,健全法制,强化监督,创新体制,把反腐败寓于各项重要的改革措施之中"④。足见新时期党风廉政建设和反腐败斗争的思路,为中国的反腐败事业奠定了坚实的基础。可以说,江泽民反腐败思想内容是十分丰富的,主要概括为如下五个方面。

---

① 邓小平. 邓小平文选:第3卷 [M]. 北京:人民出版社,1993:156.
② 邓小平. 邓小平文选:第2卷 [M]. 北京:人民出版社,1994:205.
③ 邓小平. 邓小平文选:第2卷 [M]. 北京:人民出版社,1994:187.
④ 中国共产党第十六次全国代表大会文件汇编 [M]. 北京:人民出版社,2002:54.

1. 坚持党的领导和依靠人民群众

廉政兴邦，腐败亡国。中国共产党自执政以来，采取了许多措施来惩治腐败，取得了世所公认的成绩。坚持党的领导和依靠人民群众，这是我们党的独特政治优势，是立足于新的历史起点和思想高度所做出的科学概括。因此，开展反腐败斗争，必须坚持党的统一领导与依靠人民群众。

一方面，坚持党的统一领导。江泽民提出，共产党是领导中国特色社会主义伟大事业的核心力量，是中国工人阶级的先锋队。"共产党和社会主义制度，是同任何腐败现象根本不相容的。"[①] 可见，中国共产党的性质和宗旨决定了它必须以反腐倡廉为己任，党只有惩治腐败才会得到群众的拥护，才能立于不败之地。

当前，我们绝大多数党员干部是廉洁奉公的，尽管腐败现象许多发生在党内，但腐败分子毕竟是极少数。所以我们党有勇气正视和解决好党内所存在的腐败问题。在我国，党风廉政建设和反腐败斗争必须由我党统一领导。"办好中国的事情，关键在我们党。"[②] 没有共产党的领导，就没有中国的社会主义。只有坚持共产党的领导，才能驾驭全局，做出符合中国国情和实际的反腐倡廉的战略决策和工作部署；依纪依法严惩腐败分子，保证反腐败斗争始终沿着正确的政治方向健康发展。可以说，离开了共产党的领导，就不可能切实解决腐败问题。

另一方面，依靠人民群众。依靠群众反腐是反腐败工作的重要途径和手段。人民群众既是腐败的最大受害者，也是反腐败的主力军。马克思主义认为，人民群众是社会物质财富和精神财富的创造者。江泽民提出，人民群众是我们党的力量之源和胜利之本。党执政后的最大危险是脱离群众，而人心向背是决定一个政党、一个政权兴亡的根本性因素。不坚决惩治腐败，党的执政地位就有丧失的危险。因此必须把维护群众利益作为党风廉政建设的落脚点。

反腐倡廉，既是党心所思，也是民心所向。反腐败斗争始终离不开人民群众的全力支持和积极参与，群众参与可为反腐败工作提供更多线索和证据。所

---

① 江泽民. 江泽民文选：第 1 卷 [M]. 北京：人民出版社，2006：323.
② 中共中央文献研究室. 江泽民论有中国特色社会主义（专题摘编）[M]. 北京：中央文献出版社，2002：573.

以要"走群众路线,实行群众举报和专门机关依法查处相结合"①,这是党在反腐败工作中的一项重要举措。通过充分发挥群众的监督作用,推动反腐败工作向纵深发展。我们党的一切重大决策部署都是依靠人民群众,走出一条既依靠人民群众又不搞群众运动的反腐倡廉新路子,不断取得反腐败斗争的新成效。我们坚信,在人民群众的强有力支持下,我们党一定能够依靠自身力量克服和消除腐败这个痼疾。

2. 加强思想教育

思想教育是我们党的优良传统。加强对党员干部的思想教育是反腐倡廉的重要防线。如江泽民所指出的那样,反腐倡廉,"教育是基础"②。腐败的产生,首先是思想的堕落。加强党员干部思想教育,主要从以下三个方面入手。

一是加强理论武装。理论上清醒,政治上才能坚定。要自觉加强对党员干部的马克思主义理论教育,党员干部要把系统掌握马克思主义基本理论作为看家本领,不断在更高、更深层次上提高思想理论水平,使其坚定正确的政治方向和走中国特色社会主义道路的信念,树立正确的权力观、地位观、利益观以及全心全意为人民服务的宗旨,建立牢固的思想道德防线。

二是开展"讲学习、讲政治、讲正气"和"三个代表"重要思想教育。譬如,在县处级以上领导干部中,以整风的精神深入开展"三讲"教育。"三讲"的核心是讲政治。讲政治,必须坚持讲学习,也要体现在讲正气上。这是我们党为加强自身建设而进行的一个新的创造性探索。同时,在农村基层干部中进行"三个代表"重要思想的学习教育,这有助于提高农村基层干部素质,增强农村基层党组织凝聚力和战斗力。"三个代表"是我们党的立党之本、执政之基、力量之源,其实质是我们党继续保持先进性,赢得人民拥护和支持,巩固执政党地位。深刻领会"三个代表"思想内涵,把握其精神实质,有利于提高农村干部的思想觉悟,为做好农村工作提供坚强思想保证。

三是开展警示性教育。以被立案查处的典型腐败案例作为反面教材开展警示教育,在县级以上领导干部中开展以胡长清等重大案件为反面教材的警示教

---

① 中共中央文献研究室. 江泽民论有中国特色社会主义(专题摘编)[M]. 北京:中央文献出版社,2002:431.

② 中共中央文献研究室. 江泽民论有中国特色社会主义(专题摘编)[M]. 北京:中央文献出版社,2002:436.

育。这些做法，效果明显，对广大党员干部牢固树立正确的世界观、人生观、价值观，切实加强对党员干部的教育、管理和监督，努力实践"三个代表"重要思想，提高自重、自省、自警、自励的自觉性，保持党的先进性以及预防腐败等发挥了重要作用。

3. 发展民主健全法制

江泽民认为，反腐败要"坚持把发展民主与健全法制结合起来"①，这是预防和治理腐败现象最可靠的措施。

一方面，要发展民主。没有民主就没有社会主义，就没有社会主义现代化。社会主义民主的本质是人民当家做主，国家一切权力属于人民。发展社会主义民主政治，是我们党始终不渝的奋斗目标。发展社会主义民主政治，就是要完善民主选举、民主决策、民主管理、民主监督的制度，即坚持和完善人民代表大会制度、共产党领导的多党合作和政治协商制度、民族区域自治制度和基层群众自治制度等。在民主治腐方面，积极推行政务公开、民主评议、民主推荐等，既鼓励党员积极参与党的决策和选举，又扩大人民群众的议政决策参与权，对预防腐败发挥了重要作用。

另一方面，发展民主必须同健全法制紧密结合，实行依法治腐。首先，健全党风廉政建设的法律、法规和制度。健全法制，应依据加强社会主义法制建设的总目标和加强党的建设的总部署，完善中国特色党风廉政和反腐败法规制度体系，建立牢固的党纪国法防线。如《中华人民共和国行政监察法》《关于加强党的作风建设的决定》《中国共产党纪律处分条例》等的颁布和施行。通过加强法制建设，把制度建设贯穿反腐倡廉各个环节之中，做到有法可依、有法必依、执法必严、违法必究，使反腐倡廉走上制度化、法治化的轨道。同时，加大执纪执法的力度。坚决查处严重违纪违法的大案要案，严厉惩处腐败分子。对于滥用权力、贪赃枉法的人，必须依法查处，决不能偏袒、姑息。另外，加强党风廉政建设和反腐败斗争，必须建设一支能战斗的高素质执纪执法队伍。江泽民要求做到"政治坚强，公正清廉，纪律严明，业务精通，作风优良"②，

---

① 中共中央文献研究室. 江泽民论有中国特色社会主义（专题摘编）[M]. 北京：中央文献出版社，2002：437.
② 江泽民在中央纪委二次全会上发表重要讲话强调 毫不放松继续推进党风廉政建设和反腐败斗争 [J]. 中国监察，1998（2）：4.

这就为建设一支政治上靠得住、工作上作风上赢得过的执纪执法队伍指明了方向。

4. 强化监督

江泽民指出，反腐倡廉，监督是关键。搞好监督，"要把党组织的严格监督与党员干部的认真自律结合起来"①，这是遏制和消除腐败的必然要求，也是从严治党的重要环节。江泽民在这方面的论述很多，归纳起来主要有以下四点。

一是党内监督。党内监督是党的生命线和根本保障。江泽民认为"越是领导机关、领导干部，越要有严格的党内监督"②。怎样严格党内监督呢？他认为，一方面是加强领导班子内部的监督。加强领导班子内部的监督与加强对领导干部的监督紧密相连，开展批评和自我批评是领导班子内部监督的主要方法，"三讲"和"三个代表"的学习教育是加强领导班子内部监督的好形式。另一方面是加强党的纪律检查委员会的监督。党的纪律检查委员会是党的专门监督机关。江泽民十分重视党的纪律检查委员会的监督作用，认为党的纪律检查机关不仅监督一般党员，而且监督党员领导干部，所以必须认真履行职责，严惩腐败分子与违法乱纪的人。

二是制度监督。当下，仍有少数干部在滥用公共权力，以权谋私、贪污腐化。因此，江泽民告诫全党要"健全党内和党外、自上而下和自下而上相结合的监督制度"③，足见强化制度监督的极端重要性。如何搞好制度监督？他认为要把"加强制度建设同加强思想政治教育结合起来"④，党员干部要做到自重、自省、自警、自励，规范行为、严以律己，用其党性和政治觉悟来保证制度的贯彻落实。同时，严格执行已有的行之有效的各项规章制度，并依据新的社会实践建立健全制度体制，确保制度监督工作的有效性和实效性。

三是人民群众的监督和法律监督。人民群众的监督和法律监督都是开展监

---

① 中共中央文献研究室. 十四大以来重要文献选编（中）[M]. 北京：人民出版社，1997：1692.
② 中共中央文献研究室. 十四大以来重要文献选编（中）[M]. 北京：人民出版社，1997：1691.
③ 中共中央文献研究室. 十四大以来重要文献选编（上）[M]. 北京：人民出版社，1996：42.
④ 中共中央文献研究室. 十四大以来重要文献选编（中）[M]. 北京：人民出版社，1997：1693.

督工作的重要环节。江泽民强调，领导干部自己手中掌握的权力是人民赋予的，所以要有接受人民群众监督的意识，自觉接受人民群众的监督，并真诚欢迎各方面的意见和批评。他认为"干部的优劣和是非功过，群众看得最清楚，也最有发言权"①。他还要求拓宽监督渠道，充分发挥人民群众监督的作用。同时，江泽民也十分重视法律监督。他认为遵守宪法和法律就是遵从人民的意志和服从党的领导，因此，党员干部的言行必须受到"法律的监督"②，并要求建立完善的法律监督和制约机制，以防范和惩处各种违法乱纪行为。

四是舆论监督。报纸、杂志、广播、电视等新闻媒介所形成的社会舆论具有重要作用。舆论监督的影响面大、来源广、公开性强，舆论监督是执政党自我完善和自我保护的有效手段。如果缺少舆论监督，就会弱化对权力的制约，影响反腐败斗争的深入开展。对此，江泽民强调"对消极腐败现象也要进行批评和揭露，发挥舆论监督作用"③。他十分重视发挥舆论监督的作用，提出要重视传播媒介的舆论监督，使各级国家机关及其工作人员置于有效的监督之下。他认为反腐败就要加强监督，采取包括舆论监督在内的各种监督手段，如"用法治的办法、用舆论监督的办法、教育的办法逐步地把它解决"④。可见，江泽民的舆论监督思想为加强和改进舆论监督提供了遵循。

5. 推进体制创新

创新是一个民族进步的灵魂，也是一个政党永葆生机的源泉。⑤ 针对腐败问题，江泽民提出要"实事求是地估计反腐败斗争的现状"⑥。腐败现象是侵入党和国家机关健康肌体的病毒，不能低估腐败现象的严重性与危害性。如果我们掉以轻心，任其泛滥，就会葬送我们的党和政权。⑦ 鉴于此，江泽民认为要从源头上预防和治理腐败，必须推进体制创新，即通过对体制机制和制度的改革，

---

① 江泽民. 努力建设高素质的干部队伍：在纪念中国共产党成立七十五周年座谈会上的讲话 [J]. 党的建设, 1996 (07)：4-8.
② 江泽民. 高举邓小平理论伟大旗帜 把建设有中国特色社会主义事业全面推向二十一世纪 [M]. 北京：人民出版社, 1997：84.
③ 江泽民同志视察人民日报社时的讲话 [J]. 人民论坛, 1996 (11)：5.
④ 新华社. 江泽民主席接受美国记者采访 [N]. 光明日报, 2000-09-05 (1).
⑤ 江泽民. 论"三个代表" [M]. 北京：中央文献出版社, 2001：46.
⑥ 江泽民. 江泽民文选：第1卷 [M]. 北京：人民出版社, 2006：319.
⑦ 江泽民. 江泽民文选：第1卷 [M]. 北京：人民出版社, 2006：323.

消除腐败现象滋生和蔓延的条件。不改革、不进行体制创新，很多问题的解决就没有出路，反腐败也不例外。"必须来个彻底改革，推陈出新。"① 这就为我们今后反腐败工作提供了指导。深化改革，创新体制是前无古人的事业，难免有失误，必须将其作为反腐败的长久大计认真进行研究，切实加以推行。

首先，将预防腐败寓于决策之中。凡出台重大决策，要深入调查，掌握第一手材料，把各方面的情况摸清吃透，既要详细地占有材料，又要善于抓住要点，展开充分论证，防患于未然，防止出现"先腐败再治理"的被动局面。其次，通过体制创新推进干部制度改革，加快干部制度改革步伐。江泽民指出，要按照民主、公开、竞争的原则推进干部人事制度改革，"从制度上杜绝跑官要官、买官卖官的事情发生"②。这就要求建立民主化、科学化的选人用人机制，健全干部选拔任用工作的民主监督制度，完善干部职务任期制、辞职制、用人失察失误责任追究制，从制度上杜绝用人的不正之风。建立干部激励机制和保障机制，把体制创新落到实处。最后，依法建立健全行使权力的制约机制。依法配置权力和职能，明晰权力边界，明确职责定位和权限，形成结构合理、配置科学、程序严密、制约有效的权力运行机制，推进机构、职能、权限、责任法定化，保证权力沿着制度化和法制化的轨道运行。

（四）胡锦涛的反腐败思想

以胡锦涛同志为核心的党中央开创党风廉政建设和反腐败工作新局面。胡锦涛指出，坚持标本兼治、综合治理、惩防并举、注重预防的方针，更注重治本、预防和制度建设，拓展从源头上防治腐败工作领域。③ 这些思想丰富和发展了中国特色反腐败理论体系，在实践上高度重视并深入开展党风廉政建设和反腐败工作。如注重查办违纪违法案件、纠正损害群众利益的不正之风、强化对领导干部特别是主要领导干部的监督、发展党内民主及保护党员权利等，树立了"为民、务实、清廉"的形象，推进了反腐倡廉工作新发展。

1. 加强领导干部的思想教育

思想是行动的先导。思想教育是反腐败的基础性工作，是干部拒腐防变的思想保证。胡锦涛认为，腐败行为发生是思想道德防线出了问题。这就要求加

---

① 江泽民. 江泽民文选：第2卷［M］. 北京：人民出版社，2006：397.
② 江泽民. 论"三个代表"［M］. 北京：中央文献出版社，2001：116.
③ 胡锦涛. 胡锦涛文选：第2卷［M］. 北京：人民出版社，2016：657.

强对广大党员干部的反腐倡廉教育,筑牢其拒腐防变的思想基础,提升其拒腐防变能力,使他们做到廉洁自律、以身作则,充分发挥先锋模范作用。

一是理想信念教育。加强理想信念教育对反腐败工作具有重要意义。领导干部筑牢思想防线,就要树立对马克思主义、中国特色社会主义的坚定信念,自觉做理想信念的坚定信仰者和忠实践行者。胡锦涛强调,要更加坚定党员的理想信念和增强党员的自觉性、主动性与责任感。回顾这些年党内发生的腐败案件,大多与干部思想防线没筑牢有关,这就亟须加强对党员干部进行理想信念、思想道德等教育,提升干部的思想道德素养和抵御腐朽思想侵蚀的能力。

二是廉洁从政教育。廉洁从政教育是党风廉政建设的重要内容,也是防范腐败的有效途径。胡锦涛要求干部"常修为政之德、常思贪欲之害、常怀律己之心",真正做到为民、务实、清廉,抓好干部廉洁自律,切实解决其廉洁从政方面存在的突出问题。《中国共产党党员领导干部廉洁从政若干准则》的颁布,对加强干部的廉洁从政建设,增强党的执政合法性和公信力,以及深入推进反腐倡廉建设意义重大。胡锦涛认为促进干部廉洁从政,必须加强教育,健全制度,强化监督,坚持自律和他律相结合。这就为促进领导干部廉洁从政提供了指导。

三是优良作风教育。优良作风是反腐倡廉的基础和保障,优良作风教育可以加强对腐败现象的警示教育,提高人们的反腐倡廉意识。胡锦涛提出,"领导干部作风建设是党的建设的一项战略任务,必须常抓不懈"[1],因此,要全面加强思想作风、工作作风、生活作风、领导作风建设,使领导干部始终保持高尚的精神追求和道德情操。在具体实践中,领导干部要大力弘扬优良作风,把群众的安危冷暖放在心上,多为群众做实事好事,认真纠正损害群众利益的突出问题。在全党大力弘扬密切联系群众的优良作风,以优良党风促政风带民风。

2. 坚持标本兼治、惩防并举的方针

中国共产党一直重视惩治腐败现象,如毛泽东的"运动式反腐"、邓小平的"依靠法制反腐",这些对惩治腐败取得了一定的效果,但无法从根本上清除腐败现象。随着反腐经验的积累,江泽民认为惩治腐败要作为一个系统工程来抓,

---

[1] 胡锦涛在中央纪律检查委员会第七次全体会议上发表重要讲话强调 全面加强新形势下的领导干部作风建设 把党风廉政建设和反腐败斗争引向深入 [N]. 人民日报, 2007-01-10 (1).

标本兼治，综合治理①，再到"坚持标本兼治、综合治理的方针，逐步加大治本的力度"②，表明我们党对反腐倡廉建设指导方针的认识不断深化。胡锦涛根据我国当前反腐倡廉建设面临的新形势新情况，在党的十六届四中全会上提出"标本兼治、综合治理、惩防并举、注重预防"的战略方针，这就为我国反腐败斗争指明了方向，是当前和今后一个时期的反腐倡廉工作长期有效的指导方针。

一是标本兼治、综合治理。胡锦涛在思考我党反腐倡廉建设工作的过程中，积极探寻从根本上破解腐败现象的治本之策。他认为只有抓紧治标，严惩各种腐败行为，才能为治本创造前提条件；只有抓好治本，从源头上铲除腐败产生的土壤，方可从根本上解决腐败问题。③ 足见治标和治本需内在统一、相辅相成，所以我们要掌握腐败发生的规律，在治标基础上深入治本，方能彻底消除腐败。党的十七大报告强调，"在坚决惩治腐败的同时，更加注重治本"④，这就为新时期开展反腐败斗争明确了基本思路。

二是惩防并举、注重预防。胡锦涛提出，要提高反腐倡廉建设的科学化水平，必须处理好惩治腐败和预防腐败的关系。惩治和预防是相辅相成、相互促进的两个方面，进行有效预防就要求严肃惩治，而严肃惩治又有利于有效预防。⑤ "惩治和预防两手抓、两手都要硬。"⑥ 由此可见，反腐败既要惩治于已然、防患于未然，也要注重预防，这样才能彻底铲除腐败滋生蔓延的土壤，巩固党执政的基础，实现党和国家的长治久安。

3. 加强反腐倡廉制度建设

加强制度建设是从源头上防治腐败的根本。胡锦涛指出，制度带有根本性、全局性，应将制度建设贯穿于反腐倡廉全过程中，形成用制度规范从政行为，按制度办事，靠制度管人的机制。因此，反腐败要"更加注重治本，更加注重

---

① 江泽民. 江泽民文选：第1卷［M］. 北京：人民出版社，2006：326.
② 江泽民. 江泽民文选：第1卷［M］. 北京：人民出版社，2006：573.
③ 中共中央文献研究室. 十六大以来重要文献选编（中）［M］. 北京：中央文献出版社，2006：596.
④ 中共中央文献研究室. 十七大以来重要文献选编（上）［M］. 北京：中央文献出版社，2009：42.
⑤ 中共中央文献研究室. 十六大以来重要文献选编（中）［M］. 北京：中央文献出版社，2006：605.
⑥ 胡锦涛. 加强以完善惩治和预防腐败体系为重点的反腐倡廉建设 努力为发展中国特色社会主义提供有利条件和坚强保障［N］. 人民日报，2008-01-16（1）.

预防,更加注重制度建设"①,这就为今后反腐倡廉打下了坚实的基础,开辟了更广阔的道路。

制度是现代社会的运行基石,也是反腐倡廉的保证。反腐倡廉制度建设,关键在建立,核心在执行。党的十六大以来,我们党制定和颁布了一系列法律法规制度,为反腐倡廉工作提供制度保障。譬如,中共中央为加强党内监督而制定的《中国共产党党内监督条例(试行)》,为提高党的执政能力而通过《中共中央关于加强党的执政能力建设的决定》,为加强党内纪律建设而颁布《中国共产党纪律处分条例》,等等。另外,还制定了《各级人民代表大会常务委员监督法》《政府信息公开条例》《行政机关公务员处分条例》《关于严格禁止利用职务上的便利谋取不正当利益的若干规定》《关于实行党政领导干部问责的暂行规定》《关于党员领导干部述职述廉的暂行规定》等文件,这些文件的出台为建设廉洁高效的政府提供有力法律支持,为加强干部的监督和管理提供具体的制度安排,更为打击腐败行为、加强党风廉政建设提供具体的制度安排和措施。可以说,这些党内法规制度建设为推进反腐倡廉提供了制度保障。

同时,胡锦涛也非常重视制度执行问题。制度的生命力在于执行,胡锦涛提出,要加大对违反制度行为查处力度,做到违者必究。在我党历史上也有严明纪律,高度重视制度执行的光荣传统。例如,毛泽东提出"三大纪律八项注意",干部带头模范执行,这就为我们树立了典范。制度制定如得不到贯彻执行,建章立制就会沦为"一纸空文"。制度执行的实质是落实到位,真抓实干,即要求做到的必须坚决执行,令行禁止的则坚决不做。提高制度执行力,领导干部要以身作则,敢于担当,做制度执行的表率,并强化他们的契约意识、法治思维,树立制度面前没有特权、制度约束没有例外的意识,提高遵守制度的自觉性。

4. 强化反腐倡廉监督

不受监督的权力,容易导致滥用,容易产生腐败。因此,党的各级干部要增强监督意识,自觉接受监督,带头开展监督,充分发挥党内监督、人大监督、群众监督及舆论监督的作用,实行全方位、全过程的监督,提高监督实效。

---

① 中共中央文献研究室. 十七大以来重要文献选编(上)[M]. 北京:中央文献出版社,2009:42.

一是党内监督。党内监督是全面从严治党的重要保障,胡锦涛把加强党内监督作为党的建设的重要环节紧抓不放。他认为要重点加强对领导干部、人财物管理使用、关键岗位的监督。①2003年12月颁布实施的《中国共产党党内监督条例（试行）》,标志着我党在党内监督制度建设方面迈出重要一步,为党内监督提供有力的制度保障。它对于加强党内监督、提高党的先进性和纯洁性、增强党的执政能力具有重要意义。2004年9月通过的《中共中央关于加强党的执政能力建设的决定》,强调把权力运行置于有效的制约和监督之下,保证把人民赋予的权力用来为人民谋利益,并要求认真贯彻党内监督条例,进一步加强党内监督。

二是人大监督。胡锦涛提出,加强人大监督以及各方面的监督,是发展社会主义民主政治的重要内容,也是维护人民群众利益、构建社会主义和谐社会的必然要求。人大对政府、法院、检察院进行监督,是宪法赋予人大的一项重要职权。人大作为国家权力机关的监督,是代表国家和人民进行的监督,其目的在于确保行政权、审判权、检察权得到正确行使。政府、法院、检察院要自觉接受人大监督,不断提高依法行政、公正司法的水平。②

三是群众监督。群众监督是最广泛、最有效的监督,是党外监督的主渠道,也是执政党保持廉洁的重要条件。党的十六大以来,胡锦涛高度重视群众监督工作。如《中华人民共和国政府信息公开条例》的颁布实施,标志着中国政府信息公开制度的建立和完善,它对提高政府信息公开的质量和效果,扩大人民群众的知情权、参与权,提高政府效能具有重要意义。同时,纪检监察系统工作方式不断创新,通过开展网络问政专栏,结合举报电话、举报邮箱等方式拓宽群众监督渠道。

四是舆论监督。舆论监督是我国监督体系中的特殊组成部分,是宪法赋予人民群众言论自由权利的重要体现,是新闻媒体的一项重要职能。舆论监督覆盖面广、参与者众,具有一种精神力量,能够对大众心理和社会生活产生很大影响。胡锦涛认为,新闻媒体是党和人民的喉舌,要牢牢把握正确的舆论方向。

---

① 坚持加强对干部的监督与发挥干部的主观能动性相结合：六谈深入学习贯彻胡锦涛同志在十七届中央纪委二次全会上的重要讲话[N].人民日报,2008-03-02(4).
② 中央就制定监督法听取党外人士意见 胡锦涛讲话[EB/OL].中国政府网,2006-08-28.

全社会都要正确认识和对待舆论监督,理解、支持舆论监督。各级领导干部要充分认识新闻舆论的重要作用,大力支持新闻媒体采访报道,正确对待舆论监督。因此,各级地方党委和政府要进一步强化开放意识、增强群众利益观念,理解和支持新闻舆论监督。

（五）习近平反腐败的重要论述

以习近平同志为核心的党中央把我党对马克思主义反腐败理论及实践推向新高度。习近平反腐败重要论述是习近平新时代中国特色社会主义思想的重要组成部分,它秉承马克思主义反腐败的政治立场、哲学观点和基本方法,立足于新时代反腐败斗争实际制定的反腐败战略与策略,指导中国反腐败斗争取得了显著成效,反腐败斗争压倒性态势已形成并巩固发展。其主要内容概括如下。

1. 反腐败地位论

反腐败关乎党和国家生死存亡和事业兴衰。反腐败则国家兴,容腐败则国家衰。习近平强调,如果任凭腐败问题愈演愈烈,最终必然亡党亡国,所以对其必须加以重视。这足见以习近平同志为核心的党中央对反腐败斗争的清醒认识和鲜明态度,主要从以下三个方面加以理解。

一是反腐败关乎党和国家生死存亡。习近平在党的十八届一中全会上指出,要"进一步搞好党风廉政建设""党内绝不允许腐败分子有存身之地"。在十八届中央政治局第一次集体学习时强调:"腐败问题越演越烈,最终必然会亡党亡国!我们要警醒啊!"[①] 由此可见,党中央对反腐败斗争的高度重视,充分彰显我党反腐的决心和定力。因此,要把"反腐败斗争提到关系党和国家生死存亡的高度来认识"[②]。此后他又多次强调做好反腐败工作的极端重要性,为此,我们要增强忧患意识,做到居安思危,把反腐倡廉作为一件大事来抓,毫不动摇地反腐败。

二是反腐败关乎中华民族伟大复兴。实践证明,中国共产党的正确领导是实现中华民族伟大复兴的前提和关键。如果党内出现腐败现象,就会严重干扰和妨碍中华民族伟大复兴的实现。因此,我们必须旗帜鲜明地反对腐败,更加

---

① 中共中央文献研究室. 十八大以来重要文献选编（上）[M]. 北京：中央文献出版社, 2014: 81.
② 中共中央文献研究室. 十八大以来重要文献选编（上）[M]. 北京：中央文献出版社, 2014: 81.

科学有效地防治腐败,努力建设一支政治坚定、业务精湛、作风优良的党员干部队伍。习近平强调党风廉政建设和反腐败斗争,是党的建设的重大任务。① 鉴于此,实现中华民族伟大复兴,中国共产党必须提升党的领导水平和执政水平,提升拒腐防变能力;必须走中国特色反腐倡廉道路,做到干部清正、政府清廉、政治清明,永葆共产党人的政治本色。

三是反腐败关乎人心向背。习近平认为,一个政党,一个政权,其前途命运最终取决于人心向背。离开群众的支持和拥护,注定导致失败。事实正是如此,人民群众是历史的创造者,是我们党的力量之源、胜利之本、执政之基。我们党从诞生之日起就是以无私奉献赢得群众、壮大起来的。进入21世纪,由于国内外环境的深刻变化,党内脱离群众的现象大量存在,特别是腐败问题等让人民群众深恶痛绝,严重损害了党的形象。我们应该清醒地认识到,如果不能很好地制止腐败问题,就会破坏党与群众的血肉关系,动摇人民群众对党的领导的信心。②

2. 反腐败动力论

在反腐败斗争中,必须依靠中国共产党的领导、人民群众的支持参与,这是反腐倡廉建设的力量源泉,可以为我们党的反腐败工作提供源源不断的动力,使其再接再厉,屡创佳绩。

其一,反腐败的基本动力来源于执政党的责任担当。中国共产党作为反腐主体,是由党的根本性质和宗旨决定的。我们党是以为人民服务为宗旨的先进政党,是与腐败现象不相容的。历史上因统治阶级贪腐导致政息人亡的例子不少,鉴于此,习近平强调"生于忧患,死于安乐"③,要增强忧患意识,做到居安思危,这种忧患意识体现了中国共产党人的一种责任和担当。当下中国正处于复杂的国际国内环境中,廉政建设迎来新的挑战,面对严峻的反腐败斗争形势,应以强烈的使命担当,安不忘危、存不忘亡、乐不忘忧,深入推进党风廉政建设和反腐败斗争,最终夺取反腐败斗争压倒性胜利。这种责任担当恰是中

---

① 徐京跃,周英峰.习近平在十八届中央纪委二次全会上发表重要讲话[EB/OL].人民网,2013-01-22.
② 张远新.习近平总书记反腐倡廉思想探析[J].探索,2014(2):27.
③ 中共中央文献研究室.十八大以来重要文献选编(上)[M].北京:中央文献出版社,2014:81.

国共产党人反腐败的动力之源,所以才会勇往直前,无往而不胜。

其二,反腐败的基本动力来源于群众对廉洁政治的期待。① 如上所述,领导我国反腐败斗争的重任只能由中国共产党来承担。人民对美好生活的向往是我们党的奋斗目标,腐败是污染党风政风民风的根源,是社会毒瘤。党的十八大以来,党中央顺应民意,坚决向腐败亮剑,以猛药去疴、重典治乱的决心,坚持反腐无禁区、无上限、无死角,反腐所向披靡,人民交口称赞。反腐败充分彰显党与人民利益的高度契合,这也是我们党敢于碰硬的底气所在。如党的十八大报告指出,反对腐败、建设廉洁政治,是人民关注的重大政治问题,也是我党一贯坚持的鲜明政治立场。

其三,反腐败的基本动力来源于我党对人民至上的价值追求。习近平认为,中国共产党根基在人民、血脉在人民。② 坚持人民至上,以人民为中心,是深入推进正风肃纪反腐的基本遵循。人民至上就是要牢记初心践行使命,为人民谋幸福,坚持人民群众反对和痛恨什么,就坚决防范和纠正什么;人民至上就是要密切党同人民群众血肉联系,牢牢扎根人民,始终把人民利益摆在至高无上的位置;人民至上就是要有呼必应,为民服务,党风廉政建设和反腐败斗争永远在路上。可以说,习近平人民至上的价值追求,为夺取反腐败斗争的最终胜利奠定了群众基础,也为中国的发展注入了强大的动力。

3. 反腐败制度论

党的十八大以来,以习近平同志为核心的党中央强调不敢腐的震慑效应充分显现,不能腐的笼子越扎越牢,不想腐的自觉不断增强,把惩治震慑、制度约束、提高觉悟一体发力,推动反腐败斗争取得新的更大成效。

一是构建不敢腐的惩戒机制。关键是要实现惩戒常态,震慑常在。高压惩腐,是反腐肃贪的前提,始终坚持严的主基调不动摇,让意欲腐败者不敢越雷池半步。据调查,2022年上半年,全国纪检监察机关共处分省部级干部21人,厅局级干部1237人,县处级干部1万人。③ 由此可见,我们党坚持严的主基调

---

① 吴健雄,刘峰.习近平反腐败战略思想研究[J].湖南师范大学社会科学学报,2016,45(4):61.
② 习近平.坚持人民至上[J].求是,2022(20):4-8.
③ 李钦振.构建一体推进不敢腐不能腐不想腐的长效机制[N].中国纪检监察报,2022-07-27(5).

不动摇，保持惩治腐败的强大力量常在。习近平强调，"无论皇亲国戚还是高官小吏，谁敢以身示法，都毫不留情"①。因此，我们要坚持无禁区、全覆盖、零容忍，受贿行贿一起查，"打虎""拍蝇""猎狐"一体推进，形成震慑效应。

二是构建不能腐的防范机制。制度克腐，是反腐肃贪的保障。扎紧防治腐败的制度笼子，让腐败者在严格监督中无机可乘。如习近平指出，要坚持用制度管权管事管人，让人民监督权力，让权力在阳光下运行，把权力关进制度笼子。② 党的十八大以来，我们党着力扎紧防治腐败的制度笼子，注重制度治党，强化权力监督与制约，形成了一整套比较完善的党内法规体系和反腐败法律体系。譬如，《中国共产党党内监督条例》《中国共产党问责条例》《中华人民共和国公务员法》等的颁布与实施，为强势反腐提供了有力的制度保障。同时，党中央重视发挥巡视利剑作用，使巡视制度焕发出活力与威力。党的十九大后建立的中国特色监察体系，实现了对公职人员监督、监察全覆盖。

三是构建不想腐的自律机制。自律拒腐，是反腐肃贪的根本。习近平提出，要坚持治标不松劲，不断以治标促进治本，既猛药去疴、重典治乱，也正以修身、涵养文化。③ 因此，要着力构筑拒腐防变的思想堤坝，用理想信念强基固本，补足精神之"钙"，铸牢思想之"魂"，严守思想道德防线。近年来，《中国共产党廉洁自律准则》《关于进一步加强家庭家教家风建设的实施意见》《关于加强新时代廉洁文化建设的意见》等文件的出台与印发，有助于党员领导干部自觉提升思想道德境界、自觉带头树立良好家风；恪守党纪国法，廉洁自律，秉公用权，廉洁从政；发展积极健康党内政治文化，引领廉洁文化建设；坚定信仰信念信心，筑牢拒腐防变思想防线。

四是一体推进"三不腐"体制机制。一体推进不敢腐、不能腐、不想腐，是新时代全面从严治党的重要方略，也是反腐败斗争的基本方针。习近平在省部级主要领导干部专题研讨班上的讲话中指出，"我们深入推进全面从严治党，持之以恒正风肃纪，一体推进不敢腐、不能腐、不想腐，党同人民群众的血肉

---

① 习近平在十八届中央纪委五次全会上发表重要讲话［N］. 人民日报，2015-01-14（1）.
② 习近平在庆祝全国人民代表大会成立六十周年大会上的讲话［N］. 人民日报，2014-09-06（1）.
③ 习近平在十八届中央纪委七次全会上发表重要讲话［EB/OL］. 中国政府网，2017-01-06.

联系更加紧密,党内良好政治生态不断形成和发展"①。这就为我们一体推进"三不腐"体制机制指明了方向。腐败是党内各种不良因素长期积累的结果,需要多管齐下、综合治理,把不敢腐的震慑效能、不能腐的制度约束、不想腐的思想自觉相结合,使干部因敬畏而"不敢"、因制度而"不能"、因觉悟而"不想",推动反腐败斗争取得压倒性胜利并全面巩固。② 不敢腐、不能腐、不想腐各有侧重,又相互作用、相互支撑。其中,"不敢"是前提,"不能"是关键,"不想"是根本,它们是一个有机的整体。我们党牢牢把握一体推进的原则,使三者同向发力、综合发力,统筹"一盘棋",不断地提升反腐败工作的整体质量和效能。

4. 反腐败方法论

以德治腐是根本,依法治腐是保证。以德治腐能够预防腐败,依法治腐能够惩治腐败。因此,反腐败应将以德治腐与依法治腐相结合,达到标本兼治之目的。以法治和德治并举,成为反腐倡廉的重要方法论。

一方面,德治反腐。"百行德为首",德治为法治基础。反腐败的关键在于德治。修身立德是为政之基,党员干部只有厚立政德,锻炼党性,才能筑牢信仰之基。在中国优秀传统文化中,"政德"是始终重要的为官标准。"当官之法,唯有三事:曰清、曰慎、曰勤。"③ 清、慎、勤是优秀传统文化中治理资源的承续,更为今天党员干部履职尽责指明了方向。

政德正则民风淳,政德毁则民风降。领导干部的政德好坏,是事关党的形象和创造力、凝聚力、战斗力的大事。在今天,立政德,就要明大德、守公德、严私德。德是立身之本,更是从政之基,养大德者方可成大业。明大德即筑牢理想信念,锤炼坚强党性。习近平认为干部应立根固本,坚定马克思主义信仰和共产主义信念。④ 公德是共产党人政治本色的直接体现,它包括公众之德、公权之德与工作之德。守公德即强化宗旨意识,为人民服务,做到心底无私天地宽。我们要坚持以人民为中心,依靠人民、造福人民、植根人民。百行德为首,

---

① 习近平在省部级主要领导干部"学习习近平总书记重要讲话精神,迎接党的二十大"专题研讨班上发表重要讲话[EB/OL]. 中国政府网,2022-07-27.
② 本报评论部. 一体推进不敢腐、不能腐、不想腐[N]. 人民日报,2022-06-30(10).
③ 孙昆鹏,杨志勇. 官箴的智慧[M]. 北京:中国长安出版社,2005:3.
④ 党史党建文汇[J]. 新长征,2016(01):32-35.

品洁人自高，私德关系到党的纯洁性。严私德即严格约束自己的操守和行为。习近平强调，领导干部必须自觉践行"三严三实"，时刻自重自省自警自励，切实把人民赋予的权力用于造福人民。①

另一方面，法治反腐。法治反腐是反腐败最有效的手段，是解决腐败问题的根本方式。习近平指出："要善于以法治思维和法治方式反对腐败。"② 这是我们党推进依法治国的重要举措。我们运用法治思维和法治方式反腐败，查处了一批大要案。无论是薄熙来案件的依法处理，还是对周永康案件的依法审判，都充分彰显出我们党法治反腐的理念。法治反腐是全面依法治国的必然选择，是提高我国治理现代化强有力的保障，今后，法治将长期成为我国反腐最根本、最重要的力量。推进全面依法治国必须发挥好法治反腐作用，深化标本兼治，坚决清除一切腐败分子，创造"不敢腐、不能腐、不想腐"的良好生态，保证干部清正、政府清廉、政治清明。

十八届四中全会决定勾勒出法治反腐蓝图，蓝图的中心点是约束、制约、监督权力，真正使人民民主发挥作用。这标志着我国反腐工作朝着法治化方向迈进，呈现出从运动反腐向制度反腐的转变，不敢腐、不能腐、不想腐的法治基础和制度基础进一步夯实，反腐法治化道路前景充满光明。踏上反腐法治化、规范化新征程，这预示着我国法治反腐新时代的到来。

**四、西方反腐败理论**

综观世界各国，由于社会制度、意识形态、历史文化与政治传统的不同，每个国家的反腐廉政建设也呈现出自己的特点。西方反腐败理论也蕴含着不少养分，挖掘其中的合理成分，为我国治理乡村"微腐败"，探索反腐防腐基本规律提供有益借鉴。

**（一）权力制约理论**

权力制约监督是西方政治思想史中的核心问题，它起源于古希腊、古罗马，成熟、完善于近代资本主义革命时期。通过对西方权力制约理论进行梳理，以

---

① 中共中央纪律检查委员会，中共中央文献研究室．习近平关于党风廉政建设和反腐败斗争论述摘编［M］．北京：中央文献出版社，2015：142．
② 中共中央国家机关工作委员会．学习习近平同志关于机关党建重要论述［M］．北京：党建读物出版社，2015：111．

期为我国权力制约体系构建提供参考。

第一，西方制约理论的萌芽最早可以追溯到亚里士多德。他在《政治学》中提出"人们互相依赖而又互相牵制，谁都不得任性行事"。从政体构成要素出发提出政治分工思想，即议事机能、行政机能、审判（司法）机能①，并提出权力制约的具体办法，如选举、限制任期、监督、法制等。亚里士多德的政治分工思想被视为分权思想的源头。伊壁鸠鲁首先提出了国家起源于人们相互间的契约、社会契约的思想。在他看来，国家就是一个社会互利的约定，即契约的产物。他认为"自然的公正，乃是引导人们避免彼此伤害的互相约定"②。他从"社会契约说"出发，主张限制统治者权力以保护被统治者。波利比阿是西方政治学说史上第一个明确提出制衡思想的人。他认为君主政体、贵族政体和民主政体皆非优良政体，唯有混合政体是优良政体。因为单一政体只能体现单一统治权力原则，所以要构建一个体现不同统治权力的混合政体。混合政体中的各种原则和因素变向作用和相互制约，来防止某种权力的过度扩张，使国家保持均衡状态和稳定局面。

第二，在近代资产阶级革命时期，洛克、孟德斯鸠等政治思想家创立了近代权力制约理论。洛克是近代分权学说的奠基人，他在《政府论》一书中指出，"对于滥用职权的强力的真正纠正办法，就是用强力对付强力"③。他还主张将国家权力划分为立法权、执行权和对外权，但由于执行权和对外权都由国王执掌，所以只是立法权和行政权分立。孟德斯鸠继承和发展了洛克的两权分立理论，提出立法权、行政权和司法权三权分立与制衡的重要思想。孟德斯鸠认为，"一切有权力的人都容易滥用权力"，因此"必须以权力约束权力"④，并主张不同的国家权力之间要相互制约以达到相对均衡的状态。可以说，孟德斯鸠奠定了三权分立这一西方权力监督与制约理论的基本框架，为当下中国加强权力制约与监督提供了遵循。

第三，美国独立战争胜利之后，汉密尔顿和杰斐逊等政治思想家构建起多

---

① 亚里士多德.政治学［M］.吴寿彭，译.北京：商务印书馆，1965：136-137.
② 伊壁鸠鲁.古希腊罗马哲学［M］.北京大学外国哲学史教研室，译.北京：商务印书馆，1961：347.
③ 洛克.政府论（下篇）［M］.瞿菊农，叶启芳，译.北京：商务印书馆，1995：95.
④ 孟德斯鸠.论法的精神（上册）［M］.张雁深，译.北京：商务印书馆，1961：154-157.

层次、多维度的分权制衡体系。汉密尔顿主张建立联邦共和政体，他认为共和制固有的弊病是民选议会权力太大。为了达到互相制约，汉密尔顿主张增强行政权和司法权，削弱立法权。如由总统来行使行政权，认为集权力于一人，最足以取信于人民和保障人民的权益。[①] 杰斐逊针对汉密尔顿扩大总统权力倾向，主张在美国建立代议制的民主共和国。为防止美国出现个人独裁的暴政，他主张实现立法、行政、司法的横向分权；实行联邦政府与州政府之间的纵向分权，反对中央政府过度集权，政府掌管国防外交等主权事务，各州掌管法律治安等一般事务；让人民参与政治监督政府工作，保障人民自由，限制政府权力。"双重分权"学说在美国的出现，也标志着分权论的终结。[②]

（二）公共选择理论

公共选择理论最早产生于20世纪四五十年代，源于现代经济学对政治经济学和经济政策的思考，主要研究通过民主政治过程将个人选择转化为集体选择的机制，是经济理论在政治领域和政府决策领域的应用和延伸。有学者将公共选择理论定义为应用经济学去研究政治学，也有学者认为它是利用经济学的工具解释传统上属于政治科学的一些问题。公共选择在本质上，就是一种政治过程。该理论的意义在于提供一种理性分析框架，用于评估政府干预的效果，并为政策制定者提供指导。这对于推动我国政府机构改革与职能转变具有一定借鉴意义。

个人主义方法论、理性人假设、交易的政治学构成公共选择理论方法论的三个主要因素。一是个人主义方法论。个人主义方法论的出发点在于个人，个人是唯一的最终决策者，一切公共行为都源于个人决策。[③] 集体行为的产生是个体行为的必然结果。当国家的政策制定与执行与公众利益产生矛盾时会形成"公共悖论"。官员在做出或执行公共决策时以个人利益为前提，致使政府无力抵抗来自政治利益集团的侵蚀，腐败则随之产生。

二是理性人假设。或称"经济人假设"，是西方经济学中最基本的前提。经

---

① 汉密尔顿，杰伊，麦迪逊. 联邦党人文集[M]. 程逢如，等译. 北京：商务印书馆，1980：391.
② 朱光磊. 以权力制约权力：西方分权论和分权制评述[M]. 成都：四川人民出版社，1987：122.
③ 金道政，袁国良. 论公共选择理论的缘起和研究方法[J]. 浙江社会科学，1998（5）：46.

济人有两大特征：利己性和完全理性。公共选择理论把经济人由经济领域分析推广到政府领域分析，认为每一个政治家都具备自利和理性的特点，依据个人偏好以最有利于自己的方式进行活动。官员在行使公权力时也会进行私人收益与私人成本的权衡，如果预期收益小于成本，就会使他们拒绝腐败；预期收益大于成本，则会引诱他们腐败。[1]

三是交易理论。公共选择理论借鉴经济学研究方法来研究政治——行政过程，把人们在政治领域的相互作用过程视为政治上的交易，认为政治是一个经济市场，政治的本质是利益的交换，是政治家们用手中权力、地位等进行相互交易、妥协的结果。最终公共政策的制定和执行，是作为群体决策的个人利益之间博弈和妥协产生的结果。除了博弈和妥协，腐败也是一种重要的政治参与方式，其具体形式就是政治寻租活动。由于国民和政府之间是委托与被委托关系，腐败是违背委托人即国家的意志而盗用公权力的行为，是一种既损害公权力的合法性又违反道德和法律的行为。

（三）委托代理理论

委托代理理论产生于20世纪60年代末70年代初，它是基于委托代理关系产生的，是现代企业理论的重要组成部分。对委托代理理论最早的论述可以追溯到亚当·斯密，现代经典的委托代理理论起源于伯利和米恩斯。随着理论不断丰富与完善，后来被广泛运用到我国行政管理中。该理论研究的核心是委托人和代理人信息不对称而产生的"委托代理问题"，实质是探寻委托人和代理人之间最优契约关系，减少信息不对称。

委托代理理论有三个基本假设：一是代理人的行为不易被直接观测到；二是代理人是"经济人"，追求自身效用最大化；三是委托人不直接介入生产活动，与代理人的信息不对称。[2] 因此，代理人可能出现因追求自身利益而与委托人利益相冲突的不良行为。其中，现实信息的不对称是代理关系中的关键弊端，也是腐败机会产生的根源。代理人能更好地实现委托人的利益和目标，同时又为寻求自身效用最大化提供便利与途径。假如代理人拥有信息优势，委托人则难以观测到代理人行为对其实行奖惩，并且当委托人和代理人的偏好不一致时，

---

[1] 朱茜. 公共选择理论视野下的反腐败制度研究 [J]. 天府新论, 2014 (4): 11.
[2] 王宝成, 陈华. 委托代理框架下激励问题的理论综述 [J]. 特区经济, 2005 (5): 357.

为追求自身效用最大化，代理人就会采取逆向选择和道德风险等行为隐瞒和欺骗公民，从而产生腐败问题。

委托人为防御代理问题关键在于如何界定代理人权责合理范围，可以从以下两方面入手。一是基于行为对代理人的行为实行监控。事先制定合理的代理契约，通过委托人对代理人的监督抑制代理人有损于委托人利益的行为。二是基于行为结果对代理人进行有效控制。事先制定合理的代理契约，并基于预期结果确定合理的利益分享机制和风险分担机制，最后根据结果评价其完成情况。

根据委托代理理论，公民作为委托人，将其管理国家事务的权力通过契约授予政府及其官员，政府官员有责任与权力对公共资源进行有效运用，因此政府官员成为代理人。在当前社会体制下，政府在对公共资源使用过程中，由于信息不对称、缺乏透明性、利益冲突等前提，政府决策在缺少有效监督的情况下，代理人出于对自身利益最大化的追求，滥用公权力，掌权者不可避免地会出现机会主义和官僚主义行为，造成权力寻租及腐败问题的出现，导致公众群体作为委托人的利益得不到保障，严重损害了公民的利益，导致委托代理的失灵。所以，只有代理人将委托人利益放在首位，才能解决代理失灵与腐败问题。

## 第三节　乡村"微腐败"治理的重要性和紧迫性

"微腐败"虽"微"，但具有巨大的破坏力，是影响中央决策部署在基层贯彻落实的最大"拦路虎"。"微腐败"严重降低党中央政策的落实效力和执行效能，致使党中央的一系列惠民政策难以真正惠及群众，既损害群众的切身利益，也挥霍群众对党的信任，是影响我们党长期执政和推进乡村现代化建设的"绊脚石"。因此，加强对乡村"微腐败"治理显得尤为重要和紧迫，必须坚决整治乡村"微腐败"，做到抓早抓小，避免"微腐败"演变为"大祸害"。

### 一、"微腐败"虽微但会孕育大腐败

"微腐败"是社会生活中最常见的腐败，它具有"微""近""多"等特点。"微腐败"虽微但会孕育大腐败。如小额贿赂、私下交易等，人们可能认为这种行为不会对别人和社会产生太大影响。如果这种现象被纵容和放任，就会逐渐

渗透到整个社会中，影响人们的行为准则和价值观，最终演变成大腐败的滋生土壤。

一方面，"微腐败"虽然微小，但本质仍是腐败。很多贪官认为自己犯的错误和贪污的金额，与"大老虎"相比只是九牛一毛，不至于"上纲上线"。但从本质来看，"微腐败"与大贪腐没有什么不同，都是通过滥用权力为自己谋取福利的行为，同样侵害人民群众的利益，破坏党和政府的公信力。

另一方面，"微腐败"可能会演变成为更大规模的腐败案件。一些看似无害的小腐败行为，往往会为大腐败埋下伏笔。许多贪官都认为"微腐败"是小问题，贪污的金额不大，只是拿一些小打小闹的好处费，即使有一次也不会产生太大影响。所以就会有打"擦边球"的想法，为自己捞一点好处。但"大老虎"也不是一开始就有的，大部分都是从小腐败开始，尝到一次甜头之后，就会有第二次和更多次，胆子也会变得越来越大，最终一发不可收拾，进而发展成为"巨腐"。

正如习近平所说，"微腐败"也可能会成为"大祸害"。[①] 可见，"微腐败"虽微，如不能及时整治，就会在社会中形成贪腐风气，久而久之这些小的贪腐行为就会演变成大腐败，给党和国家带来极大危害。所以我们不能小觑"微腐败"，应及时制止和打击这种现象，避免其演变成更严重的腐败问题。

## 二、"微腐败"侵蚀党的执政基础

"微腐败"严重侵蚀着我们党的执政基础。党的十九大报告指出："我们党来自人民、植根人民、服务人民，一旦脱离群众，就会失去生命力。"[②] 人民群众是我们党的执政基础。"微腐败"啃食的是群众获得感，挥霍的是基层群众对党的信任。"微腐败"看似微小，但人民群众对其感受最为真切。相对于离自己较远的"大老虎"的贪腐行为，人民群众更痛恨在眼前嗡嗡乱飞的"蝇贪"。从近几年查处的案例看，"微腐败"主要发生在教育、就业、医疗、住房、惠农资金管理使用、农村集体"三资"管理、乡村振兴项目等民生领域。这些领域都事关人民群众的切身利益，是人民群众最关心、最直接、最现实的问题。如

---

[①] 习近平. 习近平谈治国理政：第2卷[M]. 北京：外文出版社，2017：167.
[②] 习近平. 决胜全面建成小康社会 夺取新时代中国特色社会主义伟大胜利[N]. 人民日报，2017-10-28（01）.

果不能及时整治基层"微腐败"行为，人民群众的幸福感和获得感会大大降低，最终必然导致党和政府的公信力下降，侵蚀党在基层的执政基础。

一是破坏党的形象和威信。乡村地区是党的执政基础所在，乡村"微腐败"的存在与党的宗旨背道而驰。一些党员干部贪图小利，利用手中的权力谋取私利，这种因小失大的腐败行为，严重违背党的初心和宗旨，不仅容易引起群众的不满和抵触，还会影响党的执政合法性和稳定性。

二是损害党员干部的形象。一些乡村干部以权谋私、滥用职权、贪污腐化等行为，不仅使党员干部的形象严重受损，也令人民群众质疑党员干部的廉洁奉公，导致党在群众中的威信受到质疑。一旦党员干部形象受损，必然会影响群众对党的信任，削弱党的执政地位和号召力。

三是影响政府的执行力和效率。一些基层干部为谋取私利，故意拖延或歪曲政策执行，使得一些重要的民生政策无法顺利落实，这就严重影响了政策的有效执行，损害了政府的公信力，降低了群众对政府的信任度。

从以上论述我们可以看出，乡村"微腐败"侵蚀党的执政基础，岌岌可危，乡村"微腐败"治理刻不容缓。

### 三、"微腐败"对基层政治生态污染有"蝴蝶效应"

健康洁净的政治生态，是保持党的先进性、纯洁性，提高党的创造力、凝聚力战斗力的重要条件。习近平提出"惩治'蝇贪蚁腐'，让群众有更多获得感"。[①] 这就要求坚持向基层延伸，坚决惩治群众身边的腐败问题，瞄准教育、就业、医疗等民生领域的痛点难点开展集中整治。

基层政治生态作为一个大系统，并不是独立存在的，它与基层的经济、文化和社会等方面的发展相互影响，相互作用。"微腐败"是影响基层政治生态建设的主要因素，不仅妨碍基层政治生态的净化，也具有"蝴蝶效应"，可能会引发一连串的连锁反应，进而导致整个基层政治生态的恶化。从近年来的基层反腐案例看，"微腐败"对基层政治生态的污染表现在：换届选举，徇私舞弊；利用职权，谋取私利；信念滑坡，作风庸俗；拉帮结派，同流合污等。"微腐败"

---

[①] 深入推进党的自我革命 坚决打赢反腐败斗争攻坚战持久战［N］.人民日报，2024-01-09（01）.

对基层政治生态的污染,如同一只蝴蝶扇动翅膀,会产生"蝴蝶效应",严重影响基层的经济、文化和社会发展。

一方面,基层政治生态污染会扰乱市场秩序,破坏市场规则。部分官员利用手中的权力,在人情和面子的掩盖下,与一些企业相互勾结,进行暗箱操作,并从中获利,严重破坏了公平的市场规则,不断腐蚀良好的基层政治生态。另一方面,基层政治生态污染会导致不良社会风气的产生。如果不及时整治基层的"微腐败"行为,就会导致群众逐渐默认"办事必送礼"的潜规则,让基层贪腐之风更加盛行,形成"人人骂腐败、人人助腐败"的局面。在这样的风气之下,基层的政治生态只会更加恶化,对基层经济、文化和社会等方面的危害也会更大。

"微腐败"对基层政治生态的污染犹如一只振翅的蝴蝶,通过"蝴蝶效应"在基层政治领域造成广泛而深远的负面影响。因此,我们必须高度重视"微腐败"所带来的连锁反应,从源头上遏制"微腐败"的蔓延,切实维护基层政治生态的清明。

## 第四节 乡村"微腐败"治理的时代价值

进入新时代,以习近平同志为核心的党中央重视反腐倡廉建设,成效显著,但腐败问题并未根本遏制,还在向基层蔓延。因此,治理"微腐败"是党的十九大后反腐工作的重中之重,不容忽视。在当今社会,乡村"微腐败"治理的时代价值变得日益重要,它对于维护社会公平正义、建设美丽乡村具有重要意义,可以说是推动反腐败迈向治本的关键之举,净化基层政治生态的重要举措,实现廉洁政治目标的必然要求,提升基层治理现代化水平的内在要求,打造新时代社会治理格局的重要保障。

### 一、推动反腐败迈向治本的关键之举

治标和治本是反腐工作中的两种主要手段。治标是指严格执法,严惩腐败,遏制腐败现象蔓延的势头,主要针对出现的腐败现象进行治理,属于事后补救。治本是指通过强化制度机制,加强民主法治建设,深化改革等举措,从根本上

铲除滋生腐败的土壤和条件，属于事前预防。可以说，治标侧重于"惩"，为治本创造条件；治本侧重于"防"，从源头治理。治标和治本并不是彼此分开的，而是相辅相成、缺一不可，所以应同时采取治标和治本的方法，才能有效地解决腐败问题。这也启示我们反腐败不能孤立地单抓一方面工作而忽视另一方面工作。

依据"破窗理论"，认为如果任由社区中不文明现象发展，会引起更严重的后果甚至犯罪，足见社会环境的质量和社会秩序的维护对犯罪的预防至关重要。腐败问题也是一样的，如果不妥善解决，最终就会导致人民群众对党和政府的信任赤字。习近平强调，我国历史上因为统治集团腐败导致人亡政息的例子很多，如果任由腐败问题愈演愈烈，最终必然亡党亡国，[1] 因此要高度重视腐败问题。"微腐败"是我国基层社会常见的一种腐败现象，它是腐败的一个类别，虽然看似微不足道，但其所蕴含的危害却不容忽视。可以说，"微腐败"是行为主体由纵容自我走向腐化堕落的开始，如不加以重视，就有可能带来不良的影响或后果。一方面，侥幸心理使然。腐败主体会产生侥幸心理，觉得量小不容易被发现，或很难依法严办，就会恣意妄行，强化其腐败行为，致使"微腐败"演变为"大腐败"，这样就会带来严重的影响或后果。另一方面，从众心理驱使[2]。其他人员也会产生从众心理，效仿他人，从而由个人腐败转化为集体腐败。因此，治理"微腐败"相当于拧紧腐败的总开关，可以避免腐败扩散的倾向，有助于从源头上预防腐败，是我国反腐败斗争从治标迈向治本的关键之举。

## 二、净化基层政治生态的重要举措

必须"营造一个良好从政环境，也就是要有一个好的政治生态"。[3] 从习近平讲话中可以看出，我们党将政治生态视为从政环境、政治环境或官场生态。基层政治生态就是县级及其以下层面的政治生态，在整个政治生态系统中，基层政治生态居于基础性地位，起着兜底作用。基层政治生态是政治生态的基础

---

[1] 习近平在十八届中央纪委第二次全体会议上的讲话 [EB/OL]. 人民网，2013-01-22.

[2] HAUK E, SAEZ-MARTI M. On the cultural transmission of corruption [J]. Journal of Economic Theory, 2001, 107 (2): 311-335.

[3] 习近平. 坚持从严治党落实管党治党责任 把作风建设要求融入党的制度建设 [N]. 人民日报，2014-07-01 (1).

和基石，基层政治生态在很大程度上反映着一个国家整体政治生态情况，它的健康与否直接影响到上层政治生态的健康，因此必须予以高度重视。基层政治生态良好，基层民众对党和政府的满意度就高。基层政治生态净化，可以有效地消除腐败现象，促进政治生态的良性循环；反之，基层政治生态恶化，就会形成一种腐败风气席卷整个政治生态。基础不牢，地动山摇。基层政治生态建设是党的建设的基础性工程，是基层党建工作的起点，也是实现党根本宗旨的着力点。党的执政基础在基层，最突出的问题也在基层，所以必须净化基层政治生态。2023年，中共中央办公厅印发了《中央反腐败协调小组工作规划（2023—2027）》，明确要求推动反腐斗争向基层延伸，切实增强人民群众的获得感、幸福感、安全感，足见我党对基层政治生态的重视程度。

基层政治生态受到污染和破坏，其罪魁祸首是"微腐败"。在现实生活中，乡村"微腐败"通常以人情和面子为外衣，如治理不及时就会使人们潜移默化地接受人情、圈子等规则，这样就为"暗箱操作"、官商勾结、权钱交易提供了机会，形成不良的社会文化和社会风气，最终有可能会导致整个政治生态环境的恶化。从查处的乡村腐败案件看，"微腐败"主要集中在新农村改造、"三资"管理、惠农支农补贴、精准扶贫、土地流转等方面。由此可以看出，这些"微腐败"不仅啃噬基层群众的获得感，还败坏当地的社会风气。因此要营造风清气正的政治生态，必须有效治理乡村"微腐败"，净化基层政治生态，最终实现整个政治生态的净化。

### 三、实现廉洁政治目标的必然要求

廉洁政治是一个国家发展的基石。在中国传统文化中，廉洁就是洁身自好、不贪不占；在西方语境中，廉洁即不腐败。廉洁政治是政府官员在履行职责和权力时保持廉洁、清正的政治行为，它与腐败政治是根本对立的。其本质是以人为本、执政为民，目标是形成风清气正的政治生态，核心是保持党的先进性纯洁性，方法是全心全意为人民服务。廉洁政治是一个总体目标，即"干部清正、政府清廉、政治清明"，这是党风廉政建设和反腐败工作的战略目标，彰显出中国共产党坚定不移反腐倡廉的鲜明立场和决心。

国家廉政体系理论认为地方政府是国家廉政体系的重要支柱。① 实现廉洁国家建设目标，首先要有一个廉洁的地方政府。防止基层公务人员"微腐败"是廉洁政治目标的基础性建设，基层公务人员作为政府的执行者，其廉洁与否直接关系到政府形象与社会稳定。基层"微腐败"案件的多发易发，破坏了基层社会的政治生态和社会风气。党的十八大后，明目张胆地违纪违法现象大为减少，但并未从根本上得到遏制，乡村"微腐败"现象屡禁不止。若不严肃查处，必会导致基层政治生态的持续恶化。习近平指出，"对基层贪腐以及执法不公等问题，要认真纠正和严肃查处，维护群众切身利益，让群众更多感受到反腐倡廉的实际成果"，② 保证社会主义的优越性与稳定性。所以，社会主义开展反腐败斗争就是要有效地治理基层"微腐败"，通过严厉打击基层"微腐败"现象，既能净化基层政治生态，又能够对潜在的腐败分子起到威慑作用。当务之急是从"微腐败"入手以保证干部清正，只有确保了干部清正，才有可能实现政府清廉、政治清明。如上所述，实现廉洁政治是我国反腐败的目标。③ "干部清正、政府清廉、政治清明"目标由表及里、循序渐进，才能最终实现廉洁政治目标。

### 四、提升基层治理现代化水平的内在要求

国家治理现代化意味着"善治"。腐败是对国家治理现代化的最大挑战，与善治目标背道而驰。"蚁贪行为"致使国家整体治理成效遭到弱化，阻碍国家治理现代化进程。反腐败是国家治理现代化的重要内容，基层治理现代化是国家治理现代化的题中应有之义，对提高政府管理水平和能力具有重要意义。

基层是社会治理重心所在。党的执政基础在基层，最突出问题也在基层，应将抓基层打基础作为固本之策。基层是一个地域的概念，更是一个国家治理层级的概念。基层治理既是国家治理的内容，又是国家治理的基础，是连接国家和社会的重要场域，其作用重大。基层治理现代化的理论内涵包括坚持党委领导和政府负责、治理制度化、治理方式的"三治融合"、治理主体多元化、治

---

① 波普. 制约腐败：建构国家廉政体系［M］. 清华大学公共管理学院廉政研究室，译. 北京：中国方正出版社，2003：168.
② 习近平. 习近平谈治国理政：第2卷［M］. 北京：外文出版社，2017：167.
③ 任建明，马喆. 廉洁政治：概念与目标［J］. 理论与改革，2017（5）：10.

理手段的智慧化等。基层治理能否走向现代化，直接关系到国家治理现代化的进程。基层治理，关键要打造一支政治本领作风过硬的乡村干部队伍。

乡村"微腐败"与基层治理现代化息息相关，它直接影响基层治理的有效性和公信力，成为制约基层治理现代化的一大障碍。如有些基层干部涉黑涉恶，干扰和操纵基层选举；有些干部侵吞集体资产，欺压百姓；有些干部利用职权骗取低保户的补助资金等。调查发现，兰州市永登县低保办原主任赵永琏利用职权向当地13户贫困户索要钱款，累计索取55万余元。① 可以看出，这些行为严重干扰和阻碍了基层治理现代化进程。解决乡村"微腐败"问题既是基层治理现代化的需要，也是乡村振兴战略实施的需要。通过及时发现腐败问题，督促基层党组织对问题进行综合分析和专项治理，同时加强对基层治理的制度建设，建立健全监督机制，推进政务公开和信息透明等，让基层治理更加规范化、科学化、法治化，从而不断提升基层治理现代化水平。

### 五、打造新时代社会治理格局的重要保障

社会治理是国家治理的重要领域，在未来的社会治理中，要建立"共建、共治、共享"的新格局。党的十九大报告提出，打造共建、共治、共享社会治理格局。这就为今后我国社会治理的发展创新指明了方向和目标。共建，即共同参与社会建设，为社会治理奠定根基、提供方向；共治，即共同参与社会治理，是治理过程中亟待解决的议题；共享，即共同享有治理成果，是社会治理的"定盘星"。共建、共治、共享之间是相辅相成、相互联系的有机整体，其中，共建是前提和基础，共治是手段，共享是目的。打造"共建、共治、共享"社会治理格局是维护社会和谐稳定的保障，"坚持和完善共建、共治、共享的社会治理制度"是十九届四中全会提出的新目标，也是对新时代社会治理提出的新要求。这就为进一步加强和创新社会治理提供了基本遵循。

当下中国正处于实现中华民族伟大复兴的关键时期，新时代加快推进社会治理现代化，打造共建、共治、共享的社会格局，必须加强源头治理、系统治理、依法治理与综合治理，提高广大群众的主人翁地位，让群众积极参与乡村

---

① 程威."惩治'蝇贪'就是对我们的爱护"[EB/OL].中央纪委国家监委网站，2022-10-22.

治理，着力解决"微腐败"的源头性和基础性问题。实践证明，腐败与公众的政治参与有着密切联系，因而有必要通过增强公众的参与意识，建立完善社会治理的自治体系，即通过自治来治理乡村"微腐败"，调动广大群众和社会组织自主自治的积极性，把治标和治本结合起来，落实广大群众的知情权、参与权、表达权、监督权，打造人人有责、尽责、享有的"社会治理共同体"，从根本上遏制治理"微腐败"的发生，为新时代社会治理格局的形成提供保障。

# 第二章

# 乡村"微腐败"的形成途径

乡村"微腐败"的形成，不是一种简单无序和随机触发的行为，而是遵循某种特定的规律。其形成是一个过程，在某种触发机制作用下，腐败行为被扩大并不断强化，向深层蔓延。研究表明，腐败的产生是腐败主体、客体和机会这三个要素相互作用的结果。腐败主体是实施腐败行为的人；腐败客体，即腐败所作用的权利关系；腐败机会，即体制上的漏洞。这三要素是相互联系有机统一体，缺少一个腐败行为都难以完成。可以说，腐败机会是腐败行为中起主导作用的"旗舰要素"，能够强化主体的腐败动机，促使腐败动机转变为腐败行为。纵观乡村"微腐败"的形成途径，本章将乡村"微腐败"分为"微腐败"隐匿期、诱发期、发生期三个阶段。[①]

## 第一节 乡村"微腐败"隐匿期

乡村"微腐败"隐匿期涉及的维度主要有权力的支撑、腐败的欲望以及腐败机会三个方面。该时期腐败并没有发生，乡村干部只是具备了腐败发生的基本条件。如前所述，腐败的发生是腐败主体、客体和机会这三个要素相互作用的结果。因此，实施腐败，权力、私欲、机会这三个要素缺一不可。

---

① 李靖，李春生. 我国基层官员"微腐败"的生成机理、发展逻辑及其多中心治理[J]. 学习论坛，2018（7）：58.

### 一、权力的支撑

腐败是权力的异化,"微腐败"虽是微小权力引起的腐败,但一定要有权力。权力,即公共权力,是官员担任某种职务被授予与职位相对应的行政权力。其特点是不平等性、强制性,这就使得权力具有至上的权威和力量。其本质应体现公共利益,但权力运行过程离不开权力运行主体,当权力为一己之私利而被滥用时则造成腐败。在实际工作中,乡村干部由于具体职责规定较模糊,使得他们在权力行使上有很大的自主裁量空间,这就为腐败的产生奠定了基础。腐败与权力的关系是相伴而生的,两者是相互联系的有机统一体,具体体现在如下四个方面。

一是有权力就有腐败的可能。阿克顿勋爵曾说:"绝对的权力,导致绝对的腐败。"① 这就告诉我们,有权力就有滥用权力的可能,滥用权力就等于腐败。为什么权力容易产生腐败呢?主要是由于它涉及的内容是进行社会价值的权威性分配,是关系到人们切身利益的社会有价值的事物或资源,并且带有强制性。同时再加上人的自利本性,掌握权力的人就比其他人拥有更多机会获得这些资源,即处于别人有求于己的有利地位上,因此就容易产生腐败。可以说是使用和操作权力的特点为权力滥用提供了机会。

二是腐败必然是权力的腐败。人类政治发展的历史告诉我们,腐败与权力相连,是权力存在和运用的一种状态。腐败的核心在于权力主体的介入,在于权力的归属和运用背离了公共性质。其实质是公权力的滥用,即运用权力来谋求私人利益,只要公权力不受制约就会产生腐败,所以腐败主要是权力的腐败。

三是权力越集中腐败的概率越大。邓小平曾提出,权力过分集中的现象,就是把一切权力集中于党委,党委权力又集中于书记,尤其是第一书记。② 党的一元化领导,往往因此而变成了个人领导,这种权力使掌权者在从事以权谋私的行为时可以畅通无阻。近乎绝对的权力必然导致腐败,基层干部用权寻租,唾手可得。如江西万载县委原书记胡全顺在 2006 年至 2019 年利用职务上的便利,在承揽工程、工程款拨付、工程项目立项、职务调整、企业融资等方面为

---

① 阿克顿勋爵. 自由与权力 [M]. 侯建,范亚峰译. 北京:商务印书馆,2001.
② 邓小平. 邓小平文选:第 2 卷 [M]. 北京:人民出版社,1994:328-329.

他人谋取利益,非法收受他人现金1414万元。①

四是最大最难避免的腐败是权力过分集中——体制性腐败。体制性腐败是一个严重的社会问题,它是由于体制内部权力过于集中、监督不力、制度不健全等原因所导致的。体制性腐败会导致资源的浪费和分配不公,使得原本应该用于改善民生的资金流失,加剧贫富分化、社会不公。古今中外腐败与反腐败斗争的历史昭示,体制弊端大小是决定腐败现象滋生、蔓延程度的重要因素之一。在权力过分集中状态下,腐败现象具有高发性和多变性特点,以权谋私者会改变作案手段和方式,腐败现象的表现形式更多样化,更难以遏制。

## 二、腐败的欲望

人的需要在心理上表现为人的欲望。中国自古就有"食色,性也"的说法。本能欲望是腐败的根源性动力,腐败背后的最根本原因在于人的自利本性。马克思强调"人们奋斗所争取的一切都同他们的利益有关"②,足见对自身利益的没有节制的追求是产生腐败的主要因素。腐败的滋生与人们持续的物欲、权力欲、情欲与荣誉欲等密切相关,没有私欲,即追求私利的欲望,就没有私欲膨胀,私欲膨胀是导致以权谋私等腐败问题发生的根本原因。这里将与腐败相关的、普遍存在的不良意识进行总结形成典型心理。

一是低层次欲望恶性膨胀。低层次欲望是指那些功利性、狭隘的欲望,如对物质、享乐和权力的追求。当这些欲望恶性膨胀时,人们可能会采取不正当手段获取财富和权力,从而产生腐败。在经济全球化背景下,市场经济对中国传统价值观念带来巨大冲击,导致有些干部低层次欲望的恶性膨胀。根据马斯洛的需要层次论,生理需要是最基本的需要。在腐朽思想侵蚀下,生理需要无限膨胀,个体会牺牲高层次的安全需要来满足生理需要,而腐败则是手段之一。

二是个人和家庭利益至上。家族主义是与公众利益主义相悖的保守思想。家族主义认为家族关系和家族利益占据至高无上的地位,强调家族成员之间的经济互助,干部应负有供养家庭、帮助宗族中贫弱族人的义务。家族的经济负

---

① 胡佳佳,甘国飞.受贿1414万元 行贿60万元 江西万载县委原书记胡全顺获刑11年半 [EB/OL].中国法院网,2021-12-09.
② 汪安恕,秦记铎.马克思 恩格斯 列宁 斯大林论政治工作[M].上海:同济大学出版社,1990:51.

担成为一些干部腐败的动因，他们不得不收取一定灰色收入以周济亲族和应对人情来往。因此，家族主义仍构成当今中国腐败多发的催化剂，如领导干部利用公权力给亲属输送利益。根据中央纪委国家监委网站通报显示，每年都会查处一批领导干部滥用职权优亲厚友的案例。可以说，家族式窝案、家族式腐败同样是当今中国腐败的经常形态。

三是功利主义权力观。该观点是与科学理性相悖的政治实用主义，源于对自己、对他人和对周围世界的直接经验观察，是与我国几千年农业经济相联系的感性思维方式。功利主义权力观认为权力是为了让个人获得更多的财富和利益，其形成与个人占有社会财富相对不足有关。个人社会财富相对不足会激起个人对权力的极度渴望，从而获取最大化利益。腐败的产生，就是个体行为选择时功利主义权力观在起主导作用。可以说，这种对物质占有的强烈欲望是滋生腐败的重要心理因素。

四是"腐败认同"。"腐败认同"是个体或群体对腐败行为的接受和认可，它的存在对社会和国家发展产生严重的负面影响。当腐败成为一种"文化"被广泛接受时，个体对其免疫力降低。目前腐败现象所呈现出的普遍化、社会化趋势，更深层次因素在于它获得了一种社会文化心理上的更稳定支持，当前社会对腐败的认同，似乎会积淀成一种集体无意识。"腐败认同"的特点表现在认为腐败不可避免，见怪不怪；羡慕贪官，想仿而效之；是非颠倒，美丑不分等。研究表明腐败行为直接关联着较高的社会心理认同度，这种亚文化心理如果任其发展，机会适当就可能转化为腐败行为。

### 三、腐败机会

腐败机会，即体制上的漏洞，如监督乏力，或权力过度集中。我国的权力监督主要有人大监督、司法监督、政府系统内部监督、党内监督、群众监督、舆论监督等。由于我国权力间的约束作用主要源于权力纵向关系，因此我国侧重于自上而下的监督，如垂直管理、强化巡视制度。实践证明，必须结合事前预防、事中监督和事后惩处进行综合治理才能遏制乡村干部腐败。从当前党政内部系统监督来看，制度规则侧重事前预防，但也存在一些制度漏洞；事中监督与党政内部监督主体的主要工作职责存在矛盾，且事中和事后监督需动员公众参与，而反腐工作中泄露检举人信息会引发打击报复行为，致使群众监督难以有效推进。① 这就使腐败滋生蔓延有了可乘之机。

例如，在我国村民自治的最初实施过程中，权力分配如下：村党支部书记拥有领导权，村委会主任拥有执行权，村民会议拥有决策权，在村庄权力体系内部形成了权力的制衡。但在实际运作中，实行村"两委"一把手"一肩挑"，大小事都是由一个人说了算，再加上没有有效制约其权力的机构，这就造成了村干部使用权力缺乏科学性，不规范、随意性较大。

虽然乡镇政府、党委、纪委对村干部具有监督责任，但由于他们和村干部不在同一工作环境中，不能及时监督其行为。同时，"一把手"在村中形成了绝对的权威地位，拥有了更大的自由行动空间，致使"一把手"与副职之间权力悬殊，也不能对正职形成权力牵制，由此形成了"上级监督太远，同级监督太软"的局面。此外，村民也无力对村干部进行监督。由于城镇化过程中农村人口和精英大量外流，村庄内部只剩下老弱小，再加上村干部在权力行使过程中的不透明，村民也无法了解干部的权力行使是否合法。因此，村民群众对村干部的监督约束能力下降，这就为村干部贪污腐败提供了机会。中纪委网站日前刊文称基层一把手成为违纪违法高危群体，违纪违法主体多为乡镇党委书记、乡镇长、村党支部书记、村委会主任等。

## 第二节 乡村"微腐败"诱发期

这里涉及的维度是动机触发。该时期乡村干部已开始酝酿腐败行为，并寻找机会来发生腐败行为。腐败都是有意识的行为，我们将产生这种意识称为动机。动机是乡村干部腐败行为产生的前提，这里从思想误区、物质引诱、环境诱导等分析乡村干部腐败动机。

### 一、思想误区：乡村干部心理失衡

随着经济的快速发展、城乡居民生活水平的提高，人民对美好生活的向往日趋强烈，但基层公职人员收入依然较低，导致他们有获取灰色收入的想法。

---

① 文宏. 网络反腐：实证案例与内在机理［J］. 社会科学，2013（10）：25.

再加上受封建社会"官本位"思想影响,使乡村干部价值观念扭曲、信仰缺失,由此引发心理失衡。这种失衡心理可分为攀比心理、补偿心理与侥幸心理三种。

攀比心理是乡村干部腐败的主要诱因,其特征主要表现为虚荣心强、自我价值感低、追求物质享受等。攀比重在"攀",有贪心、盲目、刻意追求的味道。腐败在攀比心理下产生、升级,罪恶在攀比心理下形成、发展。盲目的攀比对乡村干部心理产生了负面影响,造成心理失衡。有些乡村干部看到"不如自己"的人提拔了,觉得"怀才不遇";有些乡村干部对工作兢兢业业、勤勤恳恳,工资、福利水平却不高,而周边一些大款住豪宅,坐豪车,生活奢华,这就会形成一种不平衡的攀比心理,继而采取不正当手段来获取利益,从而诱发腐败犯罪。攀比标准越高越易腐败,越影响社会稳定发展。

补偿心理是人们付出后希望得到回报的心理活动,其产生与个体的自我意识和自尊心密切相关。它是一种心理适应机制,个体在适应社会过程中总有一些偏差,就会寻找其他方面的成就和优势来加以强化,以求弥补。有些乡村干部认为自己工作业绩突出却未能得到丰厚的回报,就想从集体中多拿点好处,作为"能力补偿",以求心理平衡。譬如,重庆市城口县人大常委会原主任、党组书记于少东认为,自己辛苦一年的工资还抵不了锰矿老板们的几顿饭钱,就滋生了追求额外金钱的欲望,最终在腐败犯罪的路上越走越远。① 也有些乡村干部看到其他同志被提拔产生妒忌心理,于是就大肆收敛钱财,作为"替代补偿"。如河北省大名原县委书记边飞未当上市领导后,产生了不满情绪,就把权力视为自己捞取利益的资本,背离了党员干部的宗旨与使命,跌进了贪污受贿的深渊。②

侥幸心理就是偶然地、意外地获得利益或躲过不幸。它是一种逃避责任追究的冒险心理,是一种自我安慰。研究表明,侥幸心理贯穿于大部分贪官腐败的全过程,如果第一次受贿成功而没被追究,获利感觉就会强化侥幸心理,他们就有可能再次发生腐败行为。在当下中国基层,有些乡村干部认为基层的财务制度和监督制度存在很多漏洞,只要自己善后措施做得到位,就不会被发现。

---

① 朱海滔.警惕"补偿心理"成为干部堕落的"催化剂"[EB/OL].人民网理论频道,2017-04-12.
② 朱海滔.警惕"补偿心理"成为干部堕落的"催化剂"[EB/OL].人民网理论频道,2017-04-12.

正是在这种侥幸心理的影响下,一些干部的贪欲一步步膨胀,最终走向腐败的深渊。习近平强调领导干部要心存敬畏,不要心存侥幸。①

### 二、物质引诱:乡村干部产生逐利需求

乡村干部主动寻找腐败机会。从经济人假设看,乡村干部从"效用—成本"寻求个人效用最大化,他们通过政治利益交换经济利益,这也可能成为贪污的原始动力。学者罗伯特·克利特加德对贪腐动机的观点是"$C=M+D-A$",即"腐败=垄断+自由裁量权-监督问责"②,腐败的收益大小取决于公职人员牟利能力的高低,腐败者对收益与付出成本间的衡量是腐败达成的影响因素,而贪腐动机则源于权力大小、腐败机会及非法牟利的成本。③ 腐败个体在决定是否贪腐前,会先对其收益和成本代价进行衡量。一般来说,如果贪腐收益远大于成本时就会产生腐败动机;如果能获得足够多的利益时,即使惩处风险再大,也能"铤而走险"。④ 由此可见,受利益的驱使,人会追求个人利益最大化。如果经济条件不好,乡村干部为了改善经济状况也会产生追求灰色利益的动机。

在新时代乡村振兴战略背景下,要不断推动基础设施和医疗、卫生、教育等向镇区、乡村延伸,这就致使基层工作的任务更繁重,乡村干部需花大量时间完成上级组织下达的目标任务。但是乡村干部群体的收入较低,难以维持其追求高层次需求,这些都会影响乡村干部工作的积极性。在这样的大环境中,乡村干部极易产生心理上的不平衡,因此一旦外部环境提供了足够的物质资源,如危房改造、粮食补助、民政救济、扶贫资金、土地征用补偿等各项强农惠农补贴的发放,乡村干部就容易产生腐败的动机,通过寻求腐败来获得补偿。

有形的经济利益和无形的人际网络是乡村干部腐败动机的支撑。通过贪污受贿获得的经济利益是有形的,利用这些收益可弥补自己工资低的缺陷。无形

---

① 习近平在十八届中央纪委三次全会上发表重要讲话 [EB/OL]. 中国政府网, 2014-01-14.
② KLITGAARD R. Controlling Corruption [M]. New York: University of California Press, 1988: 1423.
③ 王郅强, 史懿吉. 农村基层集体贪腐形成的内在逻辑:以海南省 C 县土地贪腐案为例 [J]. 公共管理学报, 2017, 14 (4): 55.
④ 胡鞍钢, 过勇. 公务员腐败成本:收益的经济学分析 [J]. 经济社会体制比较, 2002 (4): 34.

的资源是一种人际关系,人际网络的大小是乡村干部整体实力的体现。乡村干部为拓展自己的人脉,就会在政策落实中优厚亲友,虽然不会获得直接的经济利益,但是拓展了人际资源。尽管乡村干部明知这些行为是违纪违法的,却仍然抱着侥幸心理,认为自己不会被发现或不会受到惩罚,这也是引发贪污犯罪的重要原因。

### 三、环境诱导:乡村干部建立利益联盟

有些乡村干部一开始并没有腐败的意愿,担心腐败被揭发,在群体的游说和诱导之下他们也会参与腐败行为。为获取更多利益,潜在腐败个体趋于采用合谋手段进行贪腐。在共同利益一致前提下,具备腐败动机的村干部都会参与这个过程。乡村干部腐败的显著特点就是群体腐败严重,窝案、串案频发。其原因在于如下两个方面。

一是通过群体诱导可以有效规避腐败被发现的风险。当下中国,现行制度对权力制衡的设计使权力趋于分散,所以通过联合才能达到腐败目的。基于共同利益,不同干部建立了利益联盟,他们相互配合,增加腐败成功的可能性。其实质是为了降低腐败暴露的风险,增强腐败的隐蔽性,是增加腐败查处难度的一种"抱团式"的"合谋"。再加上上下级之间的监督不到位,使其从正式行政关系变为非正式运作关系,从而形成合谋同盟。据调查,合谋对掩盖、隔绝腐败信息起到促进作用,并在很多乡村干部腐败的案例中屡见不鲜,也是近年来"微腐败"的一个发展趋势。

二是合谋建立"利益共同体"的另一优势是获取更大利益。合谋腐败是两个或多个人共谋进行腐败行为。这种行为包括行贿、贪污、滥用职权等。合谋腐败可以扩大腐败的范围并获得更多的利益,因此,处于不同位置的乡村干部联手合作,形成一个腐败共同体。团体成员遵从团体规则,相互合作,以隐藏其行为来获取利益。譬如,浙江省杭州市5年75名村干部落马,立案总数七成涉及村支书、村主任。同时,办一案带一串挖一窝的群体腐败现象屡见不鲜,涉及集体资金管理使用的案件占90.4%。[①] 由此可以看出,乡村干部已由单独向

---

① 马岳君,陈东升,刘波.村官群体腐败现象屡见不鲜[N].法治日报,2010-08-20(5).

合伙贪污违纪发展，甚至出现班子成员集体违纪现象。

## 第三节 乡村"微腐败"发生期

乡村"微腐败"发生期就是腐败的发生。此时乡村干部已经产生了腐败行为，并获得了一定收益。腐败行为的发生也有一个过程，从策划、实施到实施后的风险规避，都是在动机引导下借助腐败机会产生的。乡村"微腐败"的发生对乡村地区的社会稳定和经济发展都具有重要影响，其行为也会带来严重的社会后果。因此，我们不容小觑。

### 一、乡村干部"微腐败"的行为

动机是行动的直接动力。腐败发生前主要受腐败动机的影响，动机转化为行动离不开"成本—收益"比较，即腐败个体在决定是否贪腐前，会先对其收益和成本代价进行衡量。腐败成本即腐败后果，指腐败行为所带来的经济、社会和政治代价。经济代价指对非法收益的没收，社会代价指对社会信任的破坏，政治代价指对自己政治生涯的影响，此外还有对自己名誉的影响。如果非法牟利收入大于腐败成本，动机才转化为行动。

腐败发生是指腐败的实施过程，由动机向行为转化。乡村干部实施腐败行为的手段多种多样，但主要是通过"瞒上"和"欺下"等途径实施的。"瞒上"，就是通过欺骗上级政府的方式来进行，如虚报冒领，通过伪造资料、数据向上级政府骗取扶贫资金或项目补偿款。据中央纪委国家监委网站通报，一些乡村干部在任职期间，严重背离为人民服务的根本宗旨，虚报冒领扶贫资金、土地补偿款、挪用扶贫资金，通过不入账、做假账等方式逃避监管。"瞒上"的后果就是造成国家财产直接被乡村干部侵占，危害是侵蚀党的执政根基、破坏党内政治生态。"欺下"就是乡村干部克扣政策下放给村民的资金。如乡村干部截留侵吞低保资金、挪用群众土地流转承包费等，严重危害群众利益。此外，还有乡村干部向村民索要好处费等。这就是乡村干部为获取利益而实施的具体行动，他们既利用制度漏洞，自己又创造腐败机会，最终获得成功。

腐败实际发生后，乡村干部会不断重新审视腐败行为，及时进行自我调节，例如，自我观察、自我评价以及自我控制。这种自我调节主要表现为道德辩护，通过各种途径来消解腐败所产生的内心不安，尽力寻求证据来确认他们行为的合理性，使行为和态度一致。由于腐败违背了公认的社会价值与自我价值，他们要赋予应受谴责行为的合理性。为了降低贪腐风险，村干部还会拉拢周边人形成利益联盟。在这种联盟中，村干部和周边人互相支持构成一种利益共同体，这也是村干部腐败呈现窝案、串案频发的原因。

腐败行为的发生过程是一个复杂的社会现象，其行为产生的这三个阶段经常是交织在一起的，不能简单地分为腐败发生前、发生时、发生后，所以并不是说每次行为发生都遵循这样的顺序，有时从产生动机到发生行为只是一瞬间的事情。因此，腐败行为的发生是多种因素相互影响、共同作用的结果。

### 二、乡村干部"微腐败"的后果

"微腐败"会造成什么样的后果？"微腐败"轻则违纪违规，重则违法犯罪。"微腐败"所造成的社会危害不是一丝一毫、一朝一夕的，而是广泛而持久的。若不能及时整治、有效治理，小腐败终将变为大祸害。乡村干部的腐败行为带来严重的后果，可以从以下三个方面来考量。

（一）损害群众的切身利益

"人们为之奋斗的一切，都同他们的利益有关。"[1] 足见利益能够激发人们生活的积极性。利益是促使人们结成政治关系并开展政治活动的深层动因，基层群众的利益是他们赖以生存和发展的客观需要。该需要的满足依靠群众发挥自身主观能动性来创造物质财富和精神财富，同时也依靠党和国家的财政转移支付支持。在乡村振兴战略背景下，党中央实施精准扶贫、精准脱贫，坚决打赢脱贫攻坚战，即通过财政转移支付来满足贫困农民生存与发展的客观需要。然而，少数乡村干部"微腐败"却直接侵害农民的切身利益，虽然其贪腐数额不大，但由于其对象是亟待精准扶贫的贫困农民，对于他们来说无疑是"活命钱""救命钱"。

精准扶贫中所涉项目众多，如危房改造款、土地安置款、退耕还林款、冬

---

[1] 中共中央马克思恩格斯列宁斯大林著作编译局. 马克思恩格斯全集：第1卷[M]. 北京：人民出版社，1995：187.

春救助款等,这些往往成为乡村干部"微腐败"易发、高发的领域。譬如,甘肃省天水市清水县王河镇水刘村原村委会主任马应吉,挪用扶贫互助资金共计57万元,用于个人经营、生活开支和购买商品房;金昌市金川区宁远堡镇油籽洼村社区主任张博学,违规兼任残疾人专职委员和领取残疾人补贴27010元。[1] 由此可见,这些乡村干部的腐败行为侵害了群众的切身利益,致使精准扶贫的"初心"也就落了空。

(二)引发群众对党和政府的信任危机

乡村干部是基层政府与村民之间的桥梁,被称为执政党连接社会的"触点"。乡村干部廉洁与否直接影响基层群众对党和政府的看法,乡村干部与群众的关系亲疏,直接关系到党的执政地位的巩固。乡村干部从事贪污腐败活动,种种不良习气、不端行迹,损害了村民的利益,严重影响党和政府在群众中的威信,加剧政府与群众之间的信任危机。由于"微腐败"发生在群众身边,群众亲耳所闻、亲眼所见,其所造成的影响也最为直接。乡村干部的腐败行为极易诱发群众对党和政府的信任危机,基层群众对不同层级的政府形成的"差序信任"就是由于乡村干部腐败引发的。政府权威与公信力是权力合法性的基础,若不能有效保持政府公信力,就会使其陷入"塔西佗陷阱"。[2] 也就是说,党和政府执政合法性源于政治主体的信任与认同,当公权力失去公信力时,人们对政府和社会制度的信任就会减弱甚至丧失。这就告诉我们要警示政治主体对政治组织的信任危机,政治主体一旦丧失对政治组织的信任则会出现"合法性危机"。[3] 尽管基层干部官微职小,但代表的是党,是政府,是党和政府的代理人。党政腐败、党风政风败坏,必然损害党和政府的公信力。乡村干部也是党的干部,其一言一行会影响到党的形象,他们的腐败行为会直接损害党在群众心目中的良好形象,动摇党的执政基础,进而对党和政府产生信任危机。

(三)破坏基层政治生态

党的执政基础在基层,工作重心在基层,最突出问题也在基层。基层"微

---

[1] 甘肃省纪委监委.甘肃通报5起群众身边腐败和作风问题典型案例[EB/OL].中央纪委国家监委网站,2021-12-02.
[2] 马华,王晓宾.就职宣誓:国家治理现代化的构建[J].政治学研究,2016(6):99.
[3] 周师.精准扶贫中农村基层干部的"微腐败"及其治理路径[J].理论学刊,2018(1):55.

腐败"的发生,将引发一系列连锁侵权效应,损害的是基层政治生态。根据中央巡视组的47份巡视清单关键词显示,一把手、吃空饷、小圈子、跑官要官、任人唯亲、拉票、造假、打招呼、拉关系、唯分唯考等,是巡视清单中的高频词。[1] 概括而言,巡视清单反映的基层选官腐败问题,主要有违规提拔、"带病提拔"、买官卖官、跑官要官、"三超两乱"等。村民除享有民主选举权外,民主决策权、管理权和监督权都有名无实。党风政风与社会风气休戚相关。干部弄虚作假、瞒上欺下、贪赃枉法等腐败行为层出不穷,势必败坏当地的社会风气,更有甚者对其他地区造成消极示范,进而形成腐败亚文化。在这种亚文化影响下,乡村干部以权谋私,利用职务之便谋取私利的现象就较为普遍,人们也会对乡村干部的贪污索贿习以为常,这就严重破坏了社会公平正义,最终导致基层政治生态越来越恶化。

应该注意,乡村"微腐败"的三个阶段和五个维度不是依次进行的,也可能是同时或跳跃式、交叉式发生。贪腐个体是基于对客观实际理解的基础上,对风险收益后果做出策略选择,即决定是否参与贪腐行动,所以乡村干部腐败发生过程是策略选择的结果。社会认知理论认为人的行为是行为、认知和其他人的因素与环境因素共同决定的,其中,人的信念对行为和思想的影响更大。因此,乡村干部"微腐败"也是一种社会学习的产物,初次腐败的成功会助推其行为不断强化和发展。当前我国乡村干部的"微腐败"行为已经由最开始的"小打小闹"向严重侵吞国家资产演变。譬如,许多科级干部实际掌握着很多重大项目的审批权,还有一些基层干部实际掌握着国家巨额资产的分配权限,他们从逐步挪用、受贿向直接侵吞国家巨额资产演变,形成了"小官巨腐"的腐败现象。

---

[1] 罗争光,乌梦达.47份巡视清单背后,你可能不知道的基层选官腐败[EB/OL].新华社,2015-01-08.

# 第三章

# 乡村"微腐败"的实然考察

中央八项规定实施以来,自上而下的惩贪反腐及各类"微腐败"专项整治雷厉风行,反腐倡廉建设取得了显著成效,人们对廉政建设的满意度逐年提升,但乡村"微腐败"问题并未得到根本遏制。因此,本章对乡村"微腐败"的主要方式、特点及成因进行分析,以采取合适的路径机制防止其滋生蔓延,成为当下亟待解决的问题。本章选取10年来中央纪委国家监委网站《监督举报》栏中公开曝光的乡村"微腐败"典型案例和各省级纪检监察网站所涉及农村"微腐败"案例以及实证调查结果作为数据来源。这些为总结我国乡村"微腐败"的主要方式、特点与成因提供了重要依据。

## 第一节 乡村"微腐败"的主要方式

没有调查就没有发言权。本课题采取了线上与线下相结合的形式,调查对象涉及26个省、市(直辖)、自治区。调查对象包括东部较发达地区、中部地区、西部欠发达地区的农村和社区等。从问卷的发放与回收来看,共发放调查问卷1950份,回收问卷1900份,回收率接近97.4%。其中,线下发放纸质调查问卷1000份(其中在河南省发放调查问卷700份),收回930份,纸质调查问卷回收率为93%。在回收的问卷中,有效问卷900份,有效率90%;通过问卷星线上调研获得问卷950份,有效问卷910份,其中,有效率接近95.7%。从调研结果以及中纪委和各省级纪检监察网站通报的典型案例可知,乡村"微腐败"多种多样,其方式主要有:吃拿卡要、雁过拔毛、优亲厚友、索贿受贿、公款私用、失职渎职等。

## 一、吃拿卡要

吃拿卡要，是在履行行政管理、公共服务职能时向服务对象索要钱物、收取好处等。"吃"，就是接受服务对象的宴请；"拿"，是凭借手中权力不顾群众意愿强拿硬占群众的物品；"卡"，是有意刁难群众，给来办事的群众制造障碍；"要"，则是采取提要求、暗示等方式向群众要钱要物。这些行为的实质是公共权力异化为管理者"私权"的表现，甚至借机以权谋私。后果是严重侵害群众的切身利益，损害党和政府的形象，损害党群干群关系，降低了群众对正风反腐的获得感。

当前，在基层一些地方，一些乡村干部不能正确对待手中的权力，将权力视为"摇钱树"，认为给群众办事情就应得到回报，群众应该感谢。因此，在行使职权时处处设卡，利用为群众办事之机主动索要"好处费"，有的甚至提出"办成一件事给多少钱"的条件，成为吃拿卡要的典型代表。这种腐败方式之所以较普遍，是因为涉及面广、操作简单所致。根据调研数据显示，吃拿卡要占73.41%。由此可见，吃拿卡要现象较为普遍。如图3-1所示：

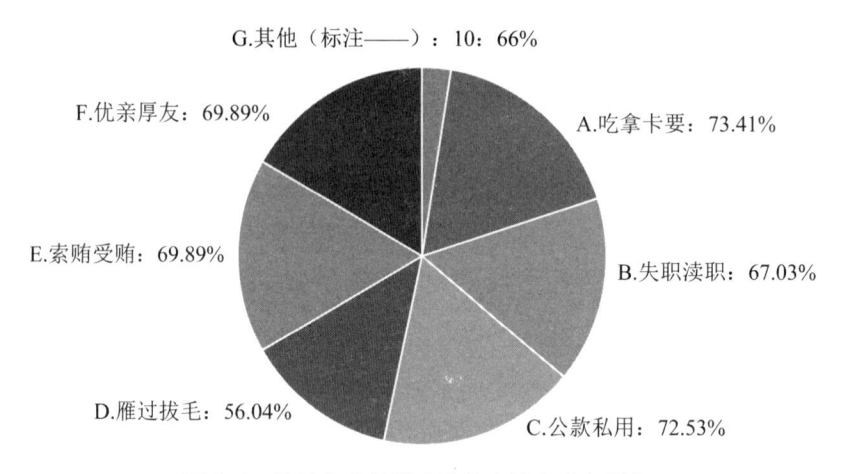

G.其他（标注——）：10：66%
F.优亲厚友：69.89%
A.吃拿卡要：73.41%
E.索贿受贿：69.89%
B.失职渎职：67.03%
D.雁过拔毛：56.04%
C.公款私用：72.53%

图3-1　您认为乡村微腐败的主要方式有哪些？

根据中央纪委国家监委网站通报案例统计，这类腐败方式在2015—2017年占比11.3%。[①] 广大群众对这种吃拿卡要现象极为痛恨。从实质上看，这类行为之所以屡禁不止，就是由于一部分干部背离了为人民服务的宗旨，将权力视为谋取私利的工具。一些干部还错误认为吃拿卡要是小节，即便是违纪也属于轻微。相比于其他形式的腐败，吃拿卡要容易与人情惯例等混为一谈，所以就造成一些干部在"吃"时来者不拒、"拿"时强词夺理、"卡"时理直气壮、"要"时心安理得。

禁止干部利用职权索取管理和服务对象的财物，是对干部廉洁自律的一贯要求。根据《中国共产党纪律处分条例》规定，在办理群众事务时吃拿卡要的，是违反群众纪律的行为，如数额较大则可能涉嫌索贿受贿犯罪。因此，干部要牢记为人民服务的宗旨，当好人民群众的公仆，强化纪法观念，增强服务意识，提升服务本领。同时，各级纪检监察机关也要以扎实有力的监督执纪问责，对吃拿卡要问题发现一起、严查一起、追责一起、通报一起，绝不姑息，使吃拿卡要者"吃"到后悔、"拿"必扎手、"卡"掉前途、再也不"要"。

## 二、雁过拔毛

雁过拔毛，是以侵占、套取、截留、虚报、冒领等方式从上级拨付的各种专项资金中捞取非法利益。其主体是掌握有相应权力的基层公职人员，通过各种手段侵吞国有资产、集体资产、社会资源等。它以直接贪污、寻租及造租等为行为特征，实际上就是"权力商品化"与"腐败合法化"的表现形式。根据中央纪委国家监委网站通报案例数据整理，2022—2023年湖南省乡村干部"微腐败"典型案例数量统计，如表3-1所示：

表3-1 此表根据中央纪委国家监委网站通报案例资料整理 （单位：起）

|  | 吃拿卡要 | 雁过拔毛 | 优亲厚友 | 索贿受贿 | 公款私用 | 失职渎职 |
|---|---|---|---|---|---|---|
| 2023年 | 7 | 18 | 2 | 3 | 5 | 12 |
| 2022年 | 4 | 6 | 0 | 9 | 1 | 3 |

---

[①] 徐铜柱. 资源与秩序双重维度下的村干部腐败及其治理研究[J]. 社会主义研究，2020（1）：97.

从表 3-1 可以看出，在近两年湖南省乡村干部"微腐败"案例中，雁过拔毛数量最多，其次是失职渎职。可见"雁过拔毛"也是一种典型的基层腐败现象。调查发现，雁过拔毛的形式多样，主要分为三大类型。

一是滥用职权、非法侵占型。这是村干部腐败中最普遍的表现形式。据中央纪委国家监委网站通报案例统计，"滥用职权、非法侵占"的方式占比28.8%[1]，足见村干部滥用职权、非法侵占现象在乡村事务治理中广泛存在。如2020年9月，安徽省六安市裕安区韩摆渡镇孙井村党员吴启平未经批准违法占地建450平方米钢构房屋用作百货批发仓库。[2]

二是虚报冒领、假账骗取型。欺上瞒下，通过虚报、多报家庭成员，私刻村民私章冒领、增设贫困户头、死人不销户等方式骗取国家扶贫、粮食等专项资金。据中央纪委国家监委网站通报案例统计，这种腐败方式占比达到21.3%。如2009年4月至2020年10月，四川省宣汉县双河镇天井村原党支部书记余家伟利用虚假账户冒领养老金共计13.9万余元。[3]

三是截留挪用、克扣私分型。利用扶贫款项、土地征用补偿等扶贫资金的便利，查扣截留款物，从中私分牟利。据中央纪委国家监委网站通报案例统计，这种腐败方式占15.5%。如2020年10月至12月，湖南省益阳市赫山区泉交河镇宫保第村原党支部书记杨谷泉截留村民医保缴费资金1.4万元。[4] 从以上论述可以看出，虚报冒领、克扣私分、挪用侵占等形式极为普遍，在乡村事务治理中广泛存在。

在司法实践中，雁过拔毛具有以下特点[5]：一是领域宽，牟利无孔不入。雁过拔毛现象是"无孔不入"，渗透于权力运行的各个环节。主要表现在视财政专项资金为"唐僧肉"，将集体"三资"变成"囊中物"，把群众当作"砧上鱼"。

---

[1] 徐铜柱. 资源与秩序双重维度下的村干部腐败及其治理研究［J］. 社会主义研究，2020（1）：95.

[2] 安徽省纪委监委. 安徽通报4起党员干部涉及农村乱占耕地建房问题［EB/OL］. 中央纪委国家监委网站，2022-04-24.

[3] 四川省纪委监委. 四川通报4起重点行业领域突出问题典型案例［EB/OL］. 中央纪委国家监委网站，2022-01-13.

[4] 湖南省纪委监委. 湖南通报8起乡村振兴领域腐败和作风问题典型案件［EB/OL］. 中央纪委国家监委网站，2022-05-27.

[5] 钟纪安. 问诊基层不正之风和腐败问题：关于基层"雁过拔毛"式腐败问题的调研报告［J］. 中国纪检监察，2016（7）：22.

二是主体广，遍布权力岗位。惠农扶贫政策具体执行者和实施者是职务犯罪案件的高发群体。腐败主体主要有村党支部书记、村主任、村小组组长、村建办主任，乡镇公职人员和县级民生方面工作人员，基层站所工作人员，以及其他人员，如驻村干部。三是增势猛，总量居高不下。数据显示，雁过拔毛式腐败问题总量大，增长势头猛。四是手段多，做事肆无忌惮。如"欺上瞒下冒领型""层层盘剥克扣型""内外勾结贪占型"等。五是窝案、串案多，贪污罪比重大。调研显示，扶贫领域窝案、串案多发，共同犯罪突出。由此可见，基层干部雁过拔毛行为导致国家惠民资金"惠官不惠民"，百姓利益严重受损，割裂了党和人民群众的血肉联系，危及基层政权稳定。鉴于此，这就要求通过突出重点，加大打击力度；强化问责，倒逼责任落实；完善制度，强化监督制约；打牢根基，注重固本培元等途径多管齐下，标本兼治，有效遏制雁过拔毛腐败现象的蔓延势头，推动全面从严治党向基层延伸，净化基层政治生态。

### 三、优亲厚友

优亲厚友，是执行政策向亲朋好友倾斜，使亲朋好友受到优待。如在旧城改造、集体"三资"、扶贫救济、土地征收流转等领域违规利用手中的权力为自己的亲属朋友牟利。实际上是一种变相地为自己、家族或利益集团牟取不当利益的方式，其表现形式较多，在不同政策、项目等适用与认定上得以体现。如低保户认定、贫困户认定、危房改造认定等，一些村干部把不符合条件的亲戚朋友纳入享受优惠政策范围，将真正需要的贫困户却排除在外，损害了真正贫困户之利益。例如，2011—2017年，宁夏回族自治区吴忠市利通区金积镇塔湾村原村委会副主任马某将不符合条件的儿子定为低保户；2013年，湖南省永州市宁远县舜陵街道办事处丙塘村原村主任李某将其母亲列入农村低保对象上报并得以通过，李某还以其母名义违规申领危房改造补助资金1.2万元。这类腐败方式在中央纪委国家监委网站通报案例统计中占7.4%。①

---

① 徐铜柱. 资源与秩序双重维度下的村干部腐败及其治理研究［J］. 社会主义研究，2020（1）：96.

优亲厚友的特点表现在以下四个方面：第一，"优""厚"动机主要是出于私利，如把低保名额都分给不符合条件的亲戚，以及在其他扶贫惠农、危房改造等方面为了私利而特别关照亲朋好友都属于优亲厚友的行为。第二，"优""厚"对象主要是亲多友少。中国的农村基层是一个人情味极浓的社会，所以"优""厚"自己的亲属现象尤为突出。第三，"优""厚"主体大多是村多镇少。在基层组织中腐败的高发群体，村支书、村主任涉案较为突出。第四，"优""厚"权力大都过于集中。国家实施的扶贫项目、下拨的扶贫资金，如何发放、发给谁，一般由村民委员会、镇对口站所和县农业农村部门对口的某几个人说了算，再加上缺少外部监督和自身防腐意识不强就很容易滋生腐败。

村干部优亲厚友是群众最易发现、最难释怀的"微腐败"，是必须直面与解决的现实课题。优亲厚友重在通过堵塞制度漏洞，做到事前精准监督，坚决遏制优亲厚友问题发生；保证扶贫政策落实过程公开透明，力争让扶贫工作的每一个环节都有据可查；扶贫工作凸显规章条例严守纪律红线，严查扶贫工作中违反相关规定的行为；严肃查处典型与群众监督双管齐下，鼓励广大群众主动举报优亲厚友行为，提高惩治概率。

### 四、索贿受贿

索贿，利用职务便利主动向他人索要或勒索并收受财物；受贿，利用职务之便为他人牟利收取感谢费、好处费、礼品等。索贿的特性主要表现在：一是主动性，行为人是主动地要求他人给予自己财物；二是索取性，即行为人利用职权向他人施加精神压力，迫使对方向其交付财物；三是交易性，表现为权钱交易的造意者、提起者。索贿与受贿都是接受贿赂，但两者犯罪手段相异，社会危害性也有所不同。索贿是公然向他人索取，情节更恶劣。刑法规定索贿行为要从重处罚。

在实践中，一些基层干部不能正确行使权力，在为群众办事时，以各种理由借口向群众索取、收受财物、好处费等，这是发生在群众身边的"微腐败"和不正之风，影响极为恶劣。人们在痛恶索贿受贿的同时，但有时迫于权势或情势，会情愿或者不情愿去助长这一行为。相比于贪污、挪用资金，索贿受贿更为外显。2016年，最高人民法院和最高人民检察院将受贿的起刑点由1997年刑法规定的5000元提高至3万元。据统计，村干部索贿受贿现象在中央纪委国家监委网站通报案例中占比19%。① 可见，乡村干部利用公共权力索贿受贿也是常见的腐败形式。

譬如，2014年至2017年，天津市北辰区双口镇线河二村原党总支书记刘印先后以购买轿车、房产等名义向梁某借款共计790万元，至今未还。② 2018年至2019年，福建省福清市城头镇彭洋村原村委会主任张秀平在美丽乡村建设中为工程承包方提供关照，并多次收受承包方送款合计6.5万元。③ 2019年2月至2021年1月，四川省攀枝花市盐边县红格镇昔格达村原党总支书记杨佐元在工程招投标等工作中收受人民币共计10余万元。④ 从以上案例可以看出，基层反腐败斗争形势依然复杂严峻，同时也凸显出基层干部作风建设亟待进一步加强。这就要求各级纪检监察机关保持反腐高压态势，从快从严查处，对照典型案例，深刻吸取教训，做到以案促改；深化扶贫领域腐败和作风问题专项治理，突出监督重点，坚持标本兼治，发现一起严肃查处问责一起，绝不姑息。

### 五、公款私用

公款私用，行为人未经批准或许可，违反规章制度私自动用公款，目的是挪用公款归个人使用或进行非法活动或营利活动。其形式主要有违规接待、报销个人消费、转移资金、公务差旅等。具体可分为：一是用公共资源构建有利于自己的关系网络，如公款请吃、违规接待、送礼；二是把公共资源当作自己的资源为个人享受，如报销个人消费、公务差旅；三是通过转移资金达到直接侵吞的目的。

挪用公款是比较常见的经济违纪违法行为，侵犯的是公共财产的不完全的所有权。这里要注意如下情形：一是挪用公款进行赌博等违法犯罪活动。如2020年7月至2021年5月，四川省红原县法院原干警胡涛在担任出纳期间，多

---

① 邹东升，姚靖．村干部"微腐败"的样态、成因与治理：基于中纪委2012—2017年通报典型案例［J］．国家治理，2018（Z1）：6．
② 天津市纪委监委．天津市通报5起群众身边腐败和作风典型问题［EB/OL］．中央纪委国家监委网站，2022-05-17．
③ 福建省纪委监委．福建通报4起群众身边腐败和不正之风典型案例［EB/OL］．中央纪委国家监委网站，2022-07-07．
④ 四川省纪委监委．四川省纪委监委通报5起工程招投标领域突出问题［EB/OL］．中央纪委国家监委网站，2022-06-06．

次将目标绩效奖金、执行案款、工会经费转入个人或第三方账户进行网络赌博，合计挪用公款 421 万余元。① 二是挪用公款用于经营、炒股、放贷等营利活动。如 2011 年 7 月至 2021 年 7 月，福建省长汀县策武粮站原站长傅文金利用职务便利，先后挪用公款用于个人营利活动，数额较大。② 三是挪用公款数额大于 5 万，超过 3 个月未还的构成挪用公款罪。如 2014 年至 2021 年，天津市武清区大良镇农业服务中心原副主任牛宝杰利用职务便利，多次支取工会经费共计 92 万元，用于炒股、消费等，且全部钱款归还时间均在挪用 3 个月后。③ 可见，此案例中牛宝杰已构成挪用公款罪。

在实践中，以下情形行为人可以认定为有非法占有公款的目的。一是截取单位收入不入账，非法占有，做财务假账加以掩饰且没有归还行为的；二是挪用公款后采取虚假发票平账、销毁有关账目等手段，做财务假账加以掩饰且没有归还行为的；三是挪用公款拒不归还，并隐瞒公款去向的；四是携带挪用公款潜逃的，国家工作人员或金融机构工作人员利用职务上的便利，挪用本单位或客户资金的，都要以挪用公款罪追究刑事责任。④

此外，还有一些干部特权思想严重，认为花些公家的钱算是得了福利。他们把公款当成"唐僧肉"，利用职权或职务便利，把应由个人支付费用的各种票据用公款报销。根据相关规定，这种用公款支付应由个人负担费用的腐败是一种违反党的廉洁纪律的行为，造成的恶劣影响不可低估，应当受到纪律处分，情节严重的将构成犯罪。

因此，对上述行为必须予以坚决防范和制止。公款姓公，一分一厘都不能乱动，广大党员干部都应当做到公私分明，严格按照规定办事，绝不能擅自挪用公款。应不侵害公家的利益、不占公家的便宜，避免酿成祸端，否则，就有可能受到党纪国法的严惩。

---

① 四川省纪委监委．四川公开通报 6 起问责案例［EB/OL］．中央纪委国家监委网站，2022-04-17．
② 福建省纪委监委．福建通报 5 起粮食购销领域严重违纪违法问题［EB/OL］．中央纪委国家监委网站，2022-01-17．
③ 天津市纪委监委．天津市通报 5 起群众身边腐败和作风典型问题［EB/OL］．中央纪委国家监委网站，2022-05-17．
④ 本书编写组．以案说廉：90 个群众身边"微腐败"典型案例剖析［M］．北京：中国方正出版社，2019：220-221．

## 六、失职渎职

失职渎职实质上是一种变相的腐败行为，典型表现为庸政、懒政、怠政。乡村干部作为党和政府与村民之间的联系纽带，承担着重要职责。但现实中有一些乡村干部对待工作"庸懒散浮拖"，不按规定履行自身职责，对上级政策落实不力，对村民利益诉求不以为意，拖拉应付，其本质就是失职渎职。这种行为从根本上讲是干部在工作中不负责任或疏于管理，贯彻落实上级决策部署不力，造成不良的影响或后果。"工作中不负责任"，就是不认真履行或不正确履行工作职责，敷衍了事；"疏于管理"，就是监督管理不到位，没有尽到应尽的责任；"贯彻落实上级决策部署不力"，就是上级决策部署在本地本部门没有真正得到贯彻落实和执行。这是典型的不作为懒政怠政行为，是官僚主义和形式主义的体现，严重影响上级决策部署的贯彻落实，影响政令畅通、地方稳定，降低了党和政府的公信力，给党和国家形象带来了负面影响。

例如，根据中央纪委国家监委网站通报，2024年4月全国查处违反中央八项规定精神问题统计。如表3-2所示：

从查处问题类型看，在履职尽责方面不担当、不作为、乱作为、假作为，查处问题3827起，占当月查处形式总数的87.7%。从查处级别看，查处县处级领导干部问题736起，查处乡科级及以下干部问题8953起。其中，乡科级及以下干部问题占查处问题总数的91.8%。可见失职渎职是基层干部中较为常见的现象。

失职渎职，既是个人主观意识在作怪，如理想信念滑坡，精神支柱缺失，责任担当缺乏，对群众反映强烈的问题久拖不决，不作为，乱作为，大搞"上有政策、下有对策"；同时也与监管不到位、监管不力有关。这就要求找准病因、对症开方，猛药去疴，重典治乱。一要严厉问责，让失职渎职者付出代价。不严厉问责，不足以震慑。针对懒政怠政等问题，做到发现一起，从严查处一起，并公开曝光，让其受到震慑。二是严格监督，让失职渎职者无处遁形。建立常态化监督机制，拓展监督广度、加大监督力度、提升监督深度，铺开执纪监督、舆论监督、社会监督和群众监督这张大网。三是严密制度，让失职渎职者受到约束。既要扎紧制度的笼子，实行层层把关，严密监管；又要强化制度执行，树立制度权威，对懒政怠政行为实行零容忍，坚决杜绝"破窗效应"。

表3-2 2024年4月全国查处违反中央八项规定精神问题汇总情况

| 时期 | 项目 | 总计 | 级别-省级 | 级别-地厅级 | 级别-县处级 | 级别-乡科级及以下 | 形式主义、官僚主义问题-贯彻党中央重大决策部署有令不行、有禁不止，表态多调门高、行动少落实差，脱离群众实际，造成严重后果 | 形式主义、官僚主义问题-在履职尽责、服务经济社会发展和生态环境保护方面不担当、乱作为、不作为，严重影响质量发展 | 形式主义、官僚主义问题-在联系服务群众中消极应付效率低下，损害群众利益，群众反映强烈 | 形式主义、官僚主义问题-文山会海反弹回潮，文风会风不正，督查检查考核过多过频、留痕过度，给基层造成严重负担 | 形式主义、官僚主义问题-其他 | 享乐主义、奢靡之风问题-违规收送名贵特产和礼金-违规收送名贵特产类礼品 | 享乐主义、奢靡之风问题-违规收送名贵特产和礼金-违规收送礼金及其他礼品 | 享乐主义、奢靡之风问题-违规吃喝-违规公款吃喝 | 享乐主义、奢靡之风问题-违规吃喝-违规接受管理服务对象等宴请 | 享乐主义、奢靡之风问题-违规操办婚丧喜庆 | 享乐主义、奢靡之风问题-违规发放津贴补贴或福利 | 享乐主义、奢靡之风问题-公款旅游以及违规接受管理服务对象等旅游活动安排 | 享乐主义、奢靡之风问题-其他 |
|---|---|---|---|---|---|---|---|---|---|---|---|---|---|---|---|---|---|---|---|
| 2024年4月 | 查处问题数 | 9755 | 1 | 65 | 736 | 8953 | 71 | 3827 | 275 | 31 | 159 | 68 | 2387 | 485 | 723 | 232 | 732 | 171 | 594 |
| | 批评教育和处理人数 | 13656 | 1 | 73 | 878 | 12704 | 123 | 5818 | 387 | 71 | 248 | 70 | 2743 | 732 | 1138 | 255 | 1086 | 256 | 729 |
| | 党纪政务处分人数 | 8916 | 1 | 48 | 571 | 8296 | 93 | 3463 | 224 | 14 | 106 | 52 | 2084 | 503 | 752 | 203 | 765 | 204 | 453 |
| 2024年以来 | 查处问题数 | 35257 | 4305 | 29013 | 2047 | 233 | 12724 | 797 | 119 | 526 | 228 | 1945 | 9671 | 2580 | 877 | 2792 | 658 | 2107 | |
| | 批评教育和处理人数 | 48676 | 4 | 328 | 3359 | 44985 | 395 | 19269 | 1062 | 212 | 739 | 248 | 10831 | 3103 | 4075 | 936 | 4252 | 935 | 2619 |
| | 党纪政务处分人数 | 34682 | 4 | 239 | 2360 | 32079 | 289 | 12703 | 648 | 66 | 400 | 204 | 8871 | 2238 | 2808 | 790 | 3116 | 772 | 1777 |

## 第二节 乡村"微腐败"的基本特点

乡村"微腐败"是相对于大腐败而言的,它是侧重于"微权力"的腐败,面向的是乡村基层群众,违法成本较低。近年来,乡村"微腐败"案件不计其数,"微腐败"现象依然突出,呈现出轻微性、内隐性、多发性、多样性、涉黑性、容忍度高、群体性等特点。尽管它不如大腐败案件那样引人瞩目,但也对乡村社会稳定和发展产生深远影响。深入剖析"微腐败"的特点,有助于我们正确认识"微腐败"。

### 一、腐败性质轻微性

腐败性质轻微性是乡村"微腐败"典型特征。轻微性指腐败行为多为小贪小腐,单个腐败行为的影响轻微,可以说是涉案情节较轻、损害程度较小,够不上大案要案。如党政人员的庸政、懒政、怠政等,这些行为因未达到犯罪程度,就导致司法惩治对"微腐败"失之宽、松、软。据调研数据显示,您认为乡村微腐败的基本特点是什么?其中手段多样占72.2%、形式内隐占71.65%、频率多发占61.43%和性质轻微占50.88%。可见这几种特点所占比例较高。同时,群体性腐败明显(45.6%)和容忍度高(36.59%)也是乡村微腐败的特点。如图3-2所示:

乡村"微腐败"中的"微"具有三层内涵:其一,权力的"微"。我们可以将"微腐败"等同于"微权力"的腐败,是指一些看似职位不高、权力不大的基层微权力领域发生的腐败现象,即常说的腐败领域里的"苍蝇"。乡村"微腐败"的主体多为乡村组干部,权力微小,决策和决定权较小,如下乡检查工作时接受单位的吃请等。由于微小权力缺少监督,政策落实易走样变形,直接损害群众利益。因此,要时刻牢记"千里之堤,溃于蚁穴"的历史古训。一些干部利用手中微权,捞点看似不起眼的好处,但其面广量大,与广大人民群众的联系更直接、更广泛,已经成为诱发腐败的直接动因。

其二,腐败程度的"微"。"微腐败"之"微",一般是指达不到犯罪程度的轻微违纪行为,即常说的"小害"。譬如,刻意隐瞒群众关心的重要事务,拒

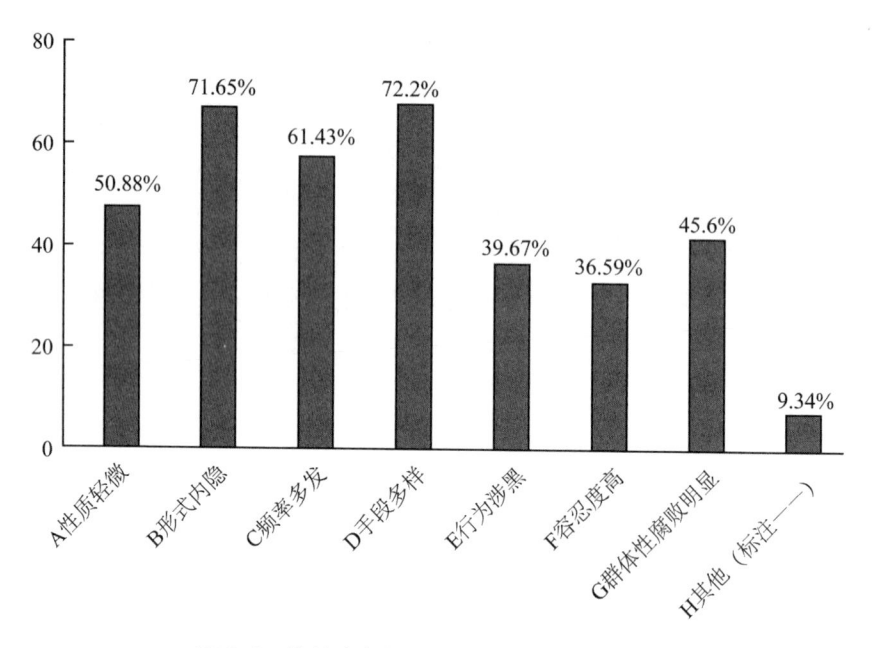

```
 80
          71.65%        72.2%
                61.43%
 60
    50.88%
                                              45.6%
 40                              39.67%  36.59%

 20
                                                        9.34%
  0
   A性质轻微 B形式内隐 C频率多发 D手段多样 E行为涉黑 F容忍度高 G群体性腐败明显 H其他（标注——）
```

图 3-2　您认为乡村微腐败的基本特点是什么？

不履行告知义务；收受烟酒、特产、礼品等，数额相对较低，只是轻微违纪；"虚报截留""克扣挪用"等行为，屡禁难止。但就数额来说，乡村"微腐败"的状况还达不到我国司法实践中贪污受贿 3 万元的起刑点。从以上案例可以看出，乡村干部没有利用手中的权力全心全意为群众服务，反而滥用权力，损害群众的切身利益，久而久之，必然会侵蚀党执政的群众基础，其危害不可小觑。

其三，实施对象的"微"。"微腐败"的实施对象，大多面向乡村底层无权无势的普通民众和弱势群体，他们与乡村干部打交道时往往处于被动的态势，缺乏维权的意识和渠道，成为沉默的"愤怒群体"，导致大量矛盾和问题积压。如对村集体资产、惠民项目、福利资源等的违规占用，损害的是群众和弱势群体的利益。

## 二、腐败形式内隐性

内隐性腐败是指那些不易被察觉或被人们忽视的腐败行为，具有隐蔽性和欺骗性。习近平指出，只要存在腐败问题产生的土壤和条件，反腐败斗争就一刻不能停。坚决惩治群众身边的"蝇贪"，坚持受贿行贿一起查，惩治新型腐败和隐性腐败。① 这就为我们今后反腐败工作提供了遵循。当前,反腐败斗争形势依然严峻复杂,越来越呈现出内隐性特征。概括来说,主要体现在以下三个方面。

一是巧隐形,腐败行为由"硬腐败"向"软腐败"转变。自从贯彻落实中央八项规定精神以来,对持续深化纠治"四风",纠治形式主义、官僚主义取得了显著的效果。然而,在实际工作中,虽然一些干部不再直接贪污受贿、收受礼金,但是懒政、庸政、怠政思想十分严重,主要表现为办事拖拉、推诿扯皮、漠视问题、敷衍了事。例如,有些干部对群众的合理诉求,相互推诿,拒绝办理。这种官员不作为现象时有发生,在基层群众中造成了不良的影响。"不贪不占,啥也不干""廉而不勤,勤而无效""占着位置不干事,拿着工资不出力""做一天和尚撞一天钟"等成为当下"微腐败"的生动写照。

二是悄侵占,腐败行为由公开转为私下。近年来,伴随反腐力度的加大,使新的反腐形式出现,有的甚至更加隐秘。吃拿卡要等腐败行为逐渐减少,但假公济私、优亲厚友等行为日渐增多。譬如,一些干部会把一些比较容易的、有丰厚利润的、影响效果较大的工作安排给自己的亲朋好友,以从中获取益处。还有一些干部遇到节日或者领导生日要请大家吃饭,喜事、丧事都要随礼等,并把请客、随礼、拜访等行为作为促进关系的必要途径。

三是伪装扮,腐败行为被穿上合法化的外衣。"微腐败"从某种程度上来说是看不见却约定俗成的规则。一些干部打着人情交往、礼尚往来的幌子进行着"微腐败"的活动。在现实生活中,无论变样上美味佳肴,或给名贵烟酒进行伪装,或以权谋私等,都是一种变相的腐败。即使给腐败穿上一层虚伪的外衣,仍然不能掩饰其危害性。我们一定要严防各种糖衣炮弹的诱惑,提高明辨是非的能力,把牢贪污腐败之关,防止出现腐败的口子,切不可"揣着明白装糊涂",与腐败现象同流合污。

### 三、腐败频率多发性

多发性指"微腐败"行为广泛存在于各行业、各领域中,具有一定普遍性。

---

① 习近平. 高举中国特色社会主义伟大旗帜 为全面建设社会主义现代化国家而团结奋斗:在中国共产党第二十次全国代表大会上的报告[N]. 人民日报,2022-10-26(1).

学者邵景均指出，在今后较长时间内，腐败在一些地方和领域仍处于易发多发状态。① 这就告诉我们不能掉以轻心，要做好长期作战的准备。微权力一旦被放任易形成"染缸效应"，快速发酵、滋生蔓延。基层权力相对集中、监管相对薄弱的单位和领域腐败问题易发多发，群众反映强烈。譬如，一些干部在帮人办事时吃拿卡要，接受服务单位宴请及礼品；违规套取或冒领扶贫资金、"三农"补贴、土地征收补偿款；借助手中权力违规为亲朋好友谋福利，以低风险、多频次换取高收益和更多利益。如前所述，由于腐败的数额还达不到我国司法实践中贪污受贿3万元的起刑点，这就导致"微腐败"惩治动机不足，而且量大面广，治标不治本。

长期以来，中国乡村坚持自治体系，或多或少与中央的联系不够紧密，且其自治能力较弱，偏远乡村更甚，在一定程度上导致干部管理乱象。此外，法不责众、法不责微原则也助长了"微腐败"的蔓延。在司法实践中发现，近年来乡村干部腐败案件易发多发。根据中央纪委国家监委网站通报数据整理，2016—2023年全国纪检监察机关处分县处级和乡科级及以下人员数统计，如表3-3所示：

表3-3 此表根据中央纪委国家监委网站通报数据整理 （单位：万人）

|  | 2016年 | 2017年 | 2018年 | 2019年 | 2020年 | 2021年 | 2022年 | 2023年 |
| --- | --- | --- | --- | --- | --- | --- | --- | --- |
| 处分县处级干部 | 1.8 | 2.1 | 2.6 | 2.4 | 2.2 | 2.5 | 2.1 | 2.4 |
| 处分乡科级干部 | 6.1 | 7.8 | 9.1 | 8.5 | 8.3 | 8.8 | 7.4 | 8.2 |
| 处分一般干部 | 7.6 | 9.7 | 11.1 | 9.8 | 9.9 | 9.7 | 8.3 | 8.5 |
| 处分农村、企业等其他人员 | 25.6 | 32.7 | 39 | 37.7 | 39.8 | 41.4 | 41.3 | 41.7 |

从表3-3看出，2016—2023年全国纪检监察机关处分县处级和乡科级及以下人员数量呈现出逐年攀升的发展趋势。通过研究发现，全国县处级和乡科级及以下人员受处分的数量在2016—2018年连续三年出现明显增长，2019—2020年受处分县处级和乡科级人数略微下降一些，而总体上保持较为平稳的增长态势。2019—2020年之所以出现下降趋势，其原因在于中央办公厅印发通知将

---

① 邵景均. 居安思危重在反腐败[J]. 求是，2010 (4)：34-36.

2019年作为"基层减负年",开展对基层"微腐败"的专项整治。因此,基层"微腐败"治理仍然任重道远。发生在群众身边的腐败和作风问题依然突出,乡村干部腐败形势不容乐观。所以,我们必须高度重视乡村"微腐败"易发多发问题,从思想上重视,认识上提高,下定惩治"微腐败"的决心,坚持"零容忍、全覆盖、无死角",坚定不移反腐败,持之以恒地推进"微腐败"专项整治工作。

### 四、腐败手段多样性

如前所述,乡村"微腐败"发生在各个领域,如扶贫政策、低保资源、房屋租赁、拆迁补偿、项目建设等民生领域。从中纪委和各省级纪检监察网站通报的典型案例和调研数据可知,乡村"微腐败"多种多样。一些党员干部采取吃拿卡要、雁过拔毛、优亲厚友、索贿受贿、公款私用、失职渎职等多种手段,进行"骗取国家特困生活补助金""骗取危房改造资金""侵占集体财物""侵吞征地工作协调款""违规发放粮食直补款"等多种违规违法行为,严重破坏公共资源配置的公正性,降低基层组织的公信力。主要表现在以下四个方面:

一是利用职务便利吃拿卡要。2018年至2019年,张家界市桑植县龙潭坪镇大洞堡村原党支部书记郑本业多次违规套取项目资金等用于村务开支,其中违规购买香烟、土特产2.9万元,滥发补贴0.5万元。2021年4月,郑本业违规向群众索要1万元作为村委会工作经费。[①]

二是采取虚报冒领、报假账等方式套取资金。例如,2012年3月至2018年6月,丽江市宁战河乡原民政干事卢振华冒用他人信息虚报套取农村低保和城镇低保、高龄补贴等民政资金70.11万元。保山市龙陵县龙山镇原主任杨洪锋虚报冒领耕地地力保护补贴,合计11076.72元,用于个人开支。[②]

三是以权谋私,非法获取利益。2008年4月至2019年4月,大连市金普新区三十里堡街道东山后社区违规向群众收取社会事务管理费合计148.22万元。2017年、2019年、2020年,庄河市步云山村下坎屯村民组组长林庆春违规套取

---

① 湖南省纪委监委.湖南通报8起乡村振兴领域腐败和作风问题典型案件[EB/OL].中央纪委国家监委网站,2022-05-27.
② 云南省纪委监委.云南通报4起群众身边腐败和不正之风典型案例[EB/OL].中央纪委国家监委网站,2022-06-30.

耕地地力保护补贴，套取补贴款共计3690.84元。①

四是利用职务为他人提供帮助，以礼金、红包等形式收受好处。2009年至2013年，天津市津南区双港镇北马集村原党总支书记游仪良帮助亲属承揽工程、以购房借款为名收受亲属给予的钱款160万元。②

除以上诸种情况之外，政治选举中的贿选、黑势力介入、打击报复等现象也存在，如在农村换届选举中，有些竞选人利用金钱、利益等收买选民；有些竞选人借助黑恶势力打击威胁竞争对手、威逼群众投票等，使选举失去公平性，严重危害乡村社会秩序和社会稳定。

### 五、腐败行为涉黑性

近年来，一些乡村干部与黑恶势力勾结，横行乡里，欺行霸市，无视法律，腐败猖獗。根据《南方周末》记者提取1992—2014年的146份网络可查的农村涉黑判决书做出的统计显示，在农村涉黑案件中，约有三成村干部参与涉黑。③ 这种现象玷污的是党和政府形象，破坏的是社会安全稳定，危害极大、民愤极大，必须高度警觉，及时发现，严厉查处。根据中央纪委国家监委网站通报数据整理，2018—2020年全国立案查处涉黑涉恶腐败问题曝光数统计，如表3-4所示：

**表3-4 此表根据中央纪委国家监委网站通报数据整理**

|  | 2018 | 2019 | 2020 |
| --- | --- | --- | --- |
| 查处问题数（万个） | 1.4 | 3.8 | 3.8 |
| 给予党纪政务处分（万人） | 1 | 3.2 | 3.8（批评教育帮助和处理6.2万人） |
| 移送司法机关（人） | 1899 | 4900 |  |

---

① 大连市纪委监委.大连通报3起群众身边腐败和不正之风典型问题［EB/OL］.中央纪委国家监委网站，2022-08-30.

② 天津市纪委监委.天津市通报5起群众身边腐败和作风典型问题［EB/OL］.中央纪委国家监委网站，2022-05-17.

③ 习宜豪，张维，赵玲瑜，等.农村黑恶势力146份样本真相 村官的"红"与"黑"［N］.南方周末，2014-08-07.

从表3-4可以看出，涉黑涉恶腐败问题不容小觑，也应作为群众身边腐败和作风问题专项整治重点工作。

理论界将乡村干部涉黑形式分为三类：一是"由红变黑型"，即乡村精英合法当选村干部之后涉黑。这些村干部未能守住法律的底线，面对触及自己利益的村民，滥用权力，走上了涉黑腐败之路。二是"由黑变红型"，即农村黑恶势力通过暴力胁迫等非法手段暗中操纵选举当选为村干部，"以黑变红"，再利用其村干部的外衣纵容当地的黑恶势力违法犯罪。三是"境外入侵"型。境外的黑恶势力借助代理人的力量窃取农村基层政权。

当前乡村干部涉黑腐败的获利手段有两种：一是依托乡村资源。如在自然资源储备较为丰富的村庄发生的村干部涉黑案件，具有区位优势的沿海村庄发生的村干部涉黑案件。二是依托乡村政权。涉黑村干部通过掌控乡村政权谋取私利。如征地补偿款、惠农救济金、集体资源等，能够带来利益的，涉黑村干部都不会放过。还会通过控制乡村基层民主选举程序，从而控制乡村基层政权，侵犯村民的合法权益，影响基层治理。

涉黑村干部实现自身庇护的手段有两种：一是腐败政府官员。涉黑村干部上台后通过非法手段谋取私利，随后利用这些财富腐败政府官员。一些抵抗力弱的人员拿到好处后，忘记了使命，背离了初心，这些官员就成为涉黑村干部的保护伞，甚至包庇纵容违法腐败分子。二是谋取政治身份。许多涉黑的村支书和村主任都是人大代表或政协委员。

## 六、腐败容忍度高

腐败容忍度指公众在多大程度上可以接受贪腐行为。腐败容忍度首先表现为一种态度，态度越强烈，越容易引发相应的行为。若一个国家和地区民众认为腐败是合理的继而接受腐败的人越多，其腐败就越严重；反之不亦然。腐败容忍度不只是纯粹的态度，还是一种行为表现。若一个国家和地区民众对腐败采取抵制行动的人越少，其腐败就越严重；反之不亦然。可见，腐败容忍度是态度和行为的综合体，它反映人们对腐败的接受程度以及人们反腐败的意愿和行动。有学者认为，在行为上，民众对腐败抵制程度高低影响当地的腐败现象，腐败抵制程度越高，腐败现象越低，反之不亦然。[①] 这就为今后反腐败工作提供

---

① 张远煌，彭德才. 民众的腐败容忍度：实证研究及启示——基于世界价值观调查数据的分析[J]. 厦门大学学报（哲学社会科学版），2017（1）：132.

了遵循。

村民对"微腐败"行为容忍度高,就是说,村民对乡村干部的"微腐败"行为表现是不反对的。一般情况下,腐败容忍度高,个人更容易无视腐败甚至参与腐败。[1] 民众对腐败容忍度高低将影响其对国家反腐工作的满意度,进而影响其参与反腐工作的积极性和国家反腐败成效。研究表明,部分民众对腐败重要性认识有待提高,尤其是对"微腐败"还缺乏清醒地认识,对腐败容忍度较高。如一些群众会主动给为其办事的基层干部送礼品、礼金等以示感谢。当然也存在这样的情形,平时他们非常痛恨官员获得不正当利益,但是当与自己利益相关时又希望靠关系、找熟人、走捷径。例如,子女入学、就业求职、工作调动等方面趋向于请托送礼。这样的利益关联增大了群众对腐败的容忍度,以实际行动助长腐败行为,成为干部"微腐败"的"合谋者"。

"微腐败"容忍度的高低与一部分地区的村民文化水平不高、不正村风、缺乏法治思维以及对相关政策不熟悉息息相关,也正是因为如此,就出现了村民对乡村干部"微腐败"行为的监督不到位,同时又习惯性认为收受礼金是人情往来,不会构成违法,这种腐败认知偏差及错误价值观为"微腐败"提供温床和沃土,

导致全民反腐的工作进程受到较大影响。此外,监管部门对待"微腐败"态度也有些暧昧,也助推腐败滋生。

### 七、群体性腐败明显

从行为主体的数量上看,一般是两个或两个以上乡村干部做出腐败行为。中国民间有句俗话"常在河边走,哪有不湿鞋",与其保持操守,不如随波逐流,即使查也法不责众。乡村干部正是受到了这种"从众""法不责众"的思想影响,腐败界限模糊,"相容"便成必然。根据上海调研的基层 167 件"微腐败"案件数据显示,群体性的窝案、串案违纪数量呈现增长趋势,腐败主体已

---

[1] RAZAFINDRAKOTO M, ROUBAUD F. Are International Datebases on Corruption Reliable? A Comparison of Expert Opinion Surveys and House Hold Surveys in Sub-Saharan African [J]. World Development, 2010 (8): 1057-1069.

由个体向团伙蔓延，涉案人员结成利益同盟，呈现出群体性，"窝案""串案"增多。① 以往的腐败案件多为村支书、会计等个人单独作案，但目前一些村干部集体违纪违法案件时有发生，如村支书、村主任建立利益同盟，共同挪用、贪污公款，共同渎职，共同侵吞集体资产等，出现"办一案、挖一串、带一窝"的现象。群体性腐败的背后，往往都有一个"小圈子"，他们拉帮结派，以寻租公权力捞取更多利益。其实质是以谋利为目的、以权力为纽带，相互抱团取暖，以关系取代原则、以私情替代公心，致使权力变味，法纪失尊。

近年来，"串案""窝案"等群体性腐败案件不在少数。譬如，据中央纪委国家监委网站通报，2014年5月，河南省濮阳县梨园乡梅寨村原党支部书记梅兴顺伙同其他村干部5人，通过虚报人口等方式，套取土地流转资金2.51万元并私分。其中，梅兴顺分得1.31万元，其他5人各分得1500元，其余4500元用于6人吃喝。②

此外，2019年10月18日，河南省渑池县开庭审理了一起乡村干部集体腐败典型案件，仁村乡雪白村村委主任、村监委会主任时任仁伙同其余6人，假借建设村综合性文化服务中心的名义，恶意套取国家扶贫项目专项建设资金9.4941万元共同私分，同伙的人中除1名是乡村致富带头人之外，其余5人全是乡村干部。③ 由此可见，乡村"微腐败"越来越呈现出集体共同腐败的特点。

## 第三节　乡村"微腐败"的严重危害

千里之堤，溃于蚁穴。当今社会，乡村地区"微腐败"问题愈演愈烈，已经成为制约农村经济社会发展的一大顽疾。乡村"微腐败"虽然看似微不足道，

---

① 陈琼珂. 上海这个区调研了167件"微腐败"案件，发现违纪违法最多的群体是……[EB/OL]. 上观新闻，2017-05-23.
② 中央纪委通报九起群众身边的不正之风和腐败问题典型案例[EB/OL]. 中央纪委国家监委网站，2017-06-20.
③ 三门峡广播电视台新闻中心. 渑池一起村干部集体腐败典型案件开庭审理7人被严惩[EB/OL]. 腾讯网，2019-10-18.

但其潜在的危害却不容忽视。它严重侵害广大农民群众的切身利益、败坏社会风气、削弱党在农村的执政根基、阻碍乡村治理现代化的推进。如不及时治理，将后患无穷。

### 一、侵害农民的切身利益

群众利益无小事。"微腐败"侵害农民的切身利益，啃食农民的幸福感和获得感。基层公职人员，作为国家治理体系中的基础力量，他们的身影遍布在民生的各个领域。随着乡村振兴的发展和各项惠民政策的落实，基层公职人员不仅参与公共资源的合理分配，还负责乡村公共设施的建设与维护，以及对人民群众的生产经营活动进行监管和服务，他们的工作直接关系到民众的日常生活和福祉。一些基层干部利用手中的权力吃拿卡要、虚报冒领、优亲厚友、截留挪用，不仅妨碍了党中央政策的落实，而且严重损害了农民的切身利益。据统计，2024年4月河北省共查处乡科级以下干部微腐败问题783例，江苏省查处乡科级以下干部微腐败问题462例，吉林省查处乡科级以下干部微腐败问题709例。① 可见乡村"微腐败"问题依然严重。如图3-3所示：

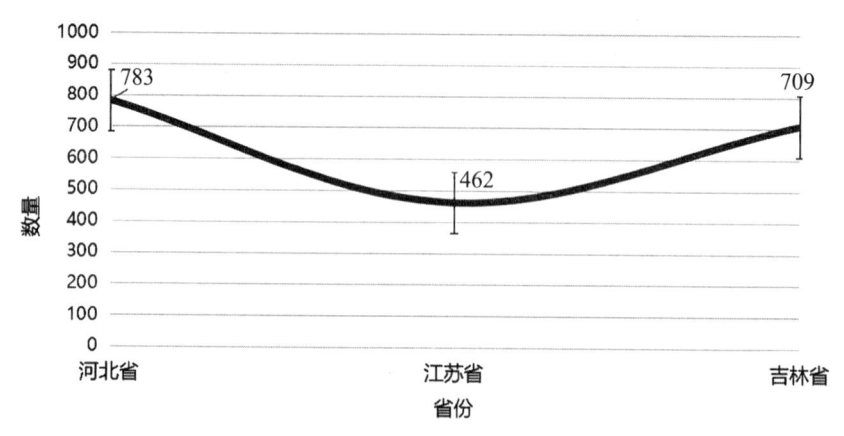

**图3-3 2024年4月河北、江苏、吉林省查处乡科级以下干部微腐败问题数量**

---

① 河北省纪委监委.2024年4月全省查处违反中央八项规定精神问题803起[EB/OL].河北省纪委监委网站，2024-05-31；江苏省纪委监委.2024年4月全省查处违反中央八项规定精神问题390起[EB/OL].江苏省纪委监委网站，2024-05-24；吉林省纪委监委.2024年4月全省查处违反中央八项规定精神问题257起[EB/OL].吉林省纪委监委网站，2024-05-14.

"微腐败"虽然看似微小,但其对农民利益的侵害是深远的。这主要体现以下几个方面:

一是导致资源分配不公。"微腐败"的蔓延造成乡村资源分配的不公平。基层公职人员在分配公共资源时可能会受到个人利益的驱动,假公肥私、优亲厚友,导致资源不能公平、合理地分配给农民。例如,农业补贴、扶贫资金等可能被挪用或分配不当,使农民不能足额获取补贴,甚至得不到补贴。这就严重挫伤了广大农民的获得感和满足感。

二是影响农村生活环境。这主要体现在农村基础设施的建设上,部分公职人员在基层公共服务设施建设工程中贪污腐败,致使工程建设偷工减料,质量难以有保证,甚至有些工程资金到位之后,却未投入建设,这严重影响农民的生活和生产环境,降低了农民的体验感和幸福感。

三是增加农民经济负担。农民在办理一些必要的行政手续时,部分基层公职人员存在"吃拿卡要"行为。也有一些农户为获得扶贫资金或其他优惠政策,不得不向村干部行贿,这就增加了农民的经济压力,损害了他们的合法权益,也削弱了他们对政府的信任。

### 二、严重败坏社会风气

"微腐败"具有隐蔽性、传染性和贴近人民群众生活等特性,如不及时整治将会严重败坏社会风气,使农村地区陷入"潜规则"的怪圈,阻碍乡村振兴事业的健康发展。

一方面,"微腐败"其实就是一种潜规则,扭曲正常的社会秩序。当"送礼"成为一种普遍的应酬方式时,就会形成一种"潜规则",这会致使人们不管遇到什么事情,都会想着托关系、走后门,通过这种不正当交换以维护自身利益。对于这样的"潜规则",人民群众既痛恨又深陷其中。长此以往,那些喜欢占小便宜的基层公职人员就会萌生贪腐的想法,人民群众也会逐渐接受和默认这种"潜规则",在全社会形成一种办事必须找关系、"送礼"的不良社会风气。这些不良风气的传播,严重败坏乡村的社会风气,破坏社会的公序良俗。

另一方面,"微腐败"还会助长一些不良风气的蔓延。社会风气的好坏与社会关键人群的行为息息相关。基层公职人员作为基层各项事业发展的管理者,基层公职人员作风的好坏,对良好社会风气的形成具有重要影响。"微腐败"虽然是小官小贪，看似是小打小闹，但其本质仍是腐败。而且"微腐败"贴近人民群众的现实生活，具有很强的传染性，基层领导者贪污腐败，就会在整个基层形成贪腐之风，基层公职人员上行下效，贪腐之风将不断扩大蔓延，党风政风每况愈下，社会公认的价值观和道德标准也会受到侵蚀，如此循环下去，将严重败坏社会风气，大大降低了基层政府的公信力。

**三、削弱党在农村的执政根基**

"微腐败"啃食农民的利益，败坏社会风气，损害党在人民群众中的形象，久而久之会削弱党在农村的执政基础。习近平指出，"一个政党，一个政权，其前途命运取决于人心向背。"[①] 这一论述体现了马克思主义的人民立场，高度契合"得民心者得天下"的优秀传统文化，更彰显出中国共产党始终坚持人民至上，把人民放在心中最高位置的核心价值理念。人民群众是我们党执政的根基，是中国特色社会主义事业顺利向前发展的力量源泉。而"微腐败"会严重影响党在人民群众中的形象，导致人心背离，破坏党群关系，削弱党在农村的执政基础。主要体现在以下两方面：

一方面，"微腐败"损害了党和政府同群众的密切联系。基层最贴近人民群众的生活，基层公职人员与人民群众打交道最多，人民群众对基层公职人员的贪腐行为看得更真实，感受更直观。民生领域事关人民群众的切身利益，是与人民群众关系最直接、最现实，且人民群众关注最多的领域。从近些年的案例来看，"微腐败"发生最多的领域就是民生领域，这就损害了农民的切身利益，必将引发农民的不满情绪，影响党在农村的执政地位。

另一方面，"微腐败"扭曲了基层权力运行的廉洁高效。一些基层干部存在着贪污小额资金、优亲厚友等行为，这严重损害人民群众的利益，也破坏了基层政权的公信力。在基层只要是公职人员的贪污受贿，无论数额大小，久而久之，都会影响党在人民群众心中的形象，进一步阻碍基层民主发展，削弱党在农村地区的执政根基。

---

① 习近平．决胜全面建成小康社会 夺取新时代中国特色社会主义伟大胜利［N］．人民日报，2017-10-28（01）．

### 四、阻碍乡村治理现代化的推进

乡村治理是国家治理的有机组成部分，乡村治理现代化事关国家治理现代化的目标实现。乡村治理现代化是推进乡村振兴、实现共同富裕、建设社会主义现代化强国、实现中华民族伟大复兴的关键环节。推进乡村治理现代化是遏制"微腐败"的重要举措。而"微腐败"是提升乡村治理能力的绊脚石，严重阻碍乡村治理现代化的推进。

一方面，加剧了农村资源配置的低效率。腐败行为的产生与治理能力有密切联系，治理能力低下就会导致腐败，而腐败也会进一步影响治理能力的提升。腐败行为会导致公共资源配置失衡，使公共资金和资源无法真正惠及广大农民，乡村建设与民生投入偏离实际需求，这就制约了乡村基础设施建设、公共服务供给等现代化建设的步伐。

另一方面，侵蚀了基层干部的责任意识和服务意识。据全国纪检监察机关统计，2023年1月至9月，"立案现任或原任村党支部书记、村委会主任4.6万人"。[①] 足见，乡村"微腐败"仍然相当严重。乡村治理现代化是国家治理现代化的"最后一公里"，也是国家治理现代化的"短板"。村干部作为农村各项工作开展的领导者，在乡村治理现代化推进的过程中发挥着重要作用。一些村干部将手中权力当作谋取私利的工具，背离了全心全意为人民服务的根本宗旨，责任意识和服务意识淡薄，导致基层治理效能下降，严重阻碍乡村治理现代化的推进。

## 第四节 乡村"微腐败"的成因分析

党的十八大以来，国家全面从严治党向基层下沉，治理乡村"微腐败"已经成为党风廉政建设和反腐斗争的工作重点。乡村"微腐败"是一个过程，也是一个结果，分析其成因对我们治理"微腐败"具有重要意义。究其成因，主

---

① 中央纪委国家监委通报2023年1至9月全国纪检监察机关监督检查、审查调查情况[N]．中国纪检监察报，2023-10-29（01）．

要有思想、制度、文化与环境等方面，是主客观条件共同作用的结果，具体分析如下。

## 一、思想层面

内因决定外因。"微腐败"滋生首先是基层干部思想出了问题，如道德素养不高、官本位意识严重、法治意识淡薄等，折射的是基层干部自身思想道德素质薄弱的现实。据调查显示，您认为乡村微腐败形成的原因有哪些？其中乡村干部道德素养和法治意识不足占75.05%、乡村干部官本位意识严重占70.66%。民主选举、管理、监督、反腐倡廉等制度不完善占67.03%、中国传统的人情文化、圈子文化、特权思想占65.6%以及社会环境造成的伦理规范缺乏占51.1%。可见乡村干部道德素养和法治意识不足是最突出原因，占比最高。同时，其他因素如特权思想、人情文化等也影响乡村微腐败形成。如图3-4所示：

| 选项 | 比例 |
| --- | --- |
| A 乡村干部官本位意识严重 | 70.66% |
| B 乡村干部道德素养和法治意识不足 | 75.05% |
| C 民主选举、管理、监督、反腐倡廉等制度不完善 | 67.03% |
| D 中国传统的人情文化、圈子文化、特权思想 | 65.6% |
| E 社会环境造成的伦理规范缺乏 | 51.1% |
| F 其他（标注——） | 8.9% |

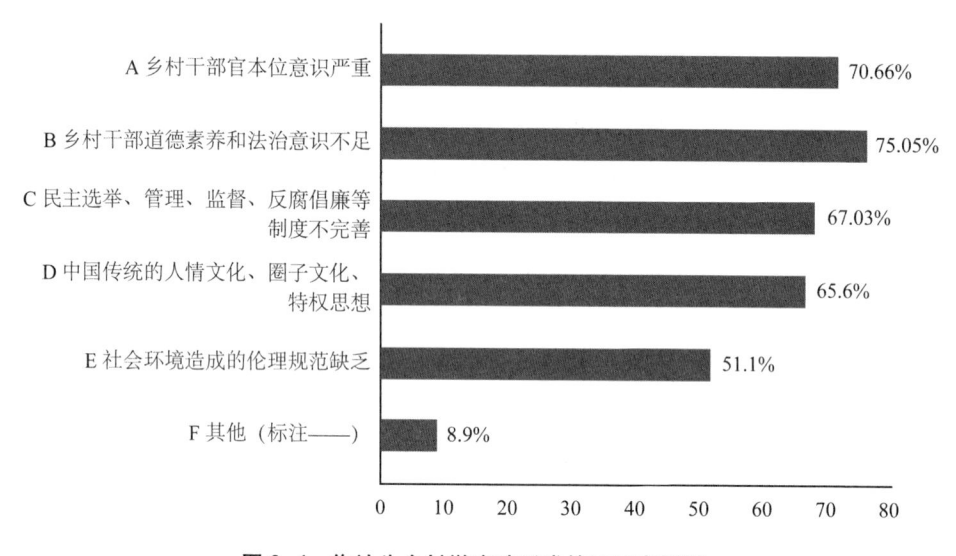

图3-4 您认为乡村微腐败形成的原因有哪些？

### （一）官本位意识严重

传统社会的"官本位"是一种以官为本、以官为贵、以官为尊为主要内容的价值观。官本位意识把是否为官、官职大小作为衡量个人社会价值大小的首要标准，认为做官升官才是利益获取的根本途径，其放之当代社会所带来的必然后果就是特权腐败。

当下，党政干部中的官本位意识主要表现为官僚主义作风、"唯上是从"和"曲意逢迎"心理以及特权意识；民众中存在的官本位意识主要表现为慕官敬官畏官心理、臣民意识和盲从心理以及望子成"官"心理等。这就造成个别干部的官僚主义作风、独断专行的行为更加肆无忌惮，助长官员以及整个社会的不良之风。其危害主要表现为助推治国理政中的"人治"色彩，阻滞法治思维发展；侵蚀正确的群众观、权力观，致使官僚主义和形式主义滋生；固化以官为本的思维定式和群体心理，促使"做官情结"蔓延；诱发腐败，导致官民对立，滋生执政风险；异化地方政府的职能定位，使其逐利行为和"唯上"取向明显等。

官本位意识同中国共产党立党为公、执政为民的执政理念，以及以人为本意识、法治意识、开拓创新意识等，存在着深刻矛盾。我国法律明确规定人民是国家的主人，公职人员应始终坚持全心全意为人民服务的宗旨。然而中国传统的"官本位"在一些人的观念中根深蒂固，"朝中有人好做官"的思想挥之不去。在这种"官本位"错误思想的影响和支配下，这些"官员"们滥用职权，不择手段，以官牟利，滋生"微腐败"，如贪污型腐败、行贿受贿型腐败、买官卖官型腐败等不断产生，严重制约了基层民主实践的发展。

（二）道德素养不高

马克思主义认为，道德本质上是人的一种社会特质。爱因斯坦把道德视为"一切人类价值的基础"。干部道德的含义包括三个方面：从为政的角度讲，干部道德是一种政治道德，即坚持以全心全意为人民服务为宗旨规范自己的道德行为；从为人的角度讲，干部道德是其做人应具有的思想品格，即做一个高尚的人、纯粹的人、有道德的人和有益于人民的人；从社会分工角度讲，干部道德是一种特殊的职业道德，即遵守职业纪律、为民执政、为民谋利、为事公道、勤恳敬业。道德素养是个人在道德上的自我锻炼及由此达到的较高的道德水平和境界。人们的道德准则有四个层次：自私自利的境界、公私兼顾的境界、先公后私的境界、大公无私的境界。

当前基层干部队伍中存在的种种问题，尤其是腐败问题，固然是由多种因素造成的，但其深层的原因是干部道德追求，即道德价值观念的问题，可以说是道德素养下降、道德品质堕落造成的。据调研显示，少数党员干部理想信念动摇、宗旨意识淡薄占40.65%，一些基层党组织软弱涣散占29.03%。① 基层干部道德素养存在问题的原因可以归纳为：市场经济发展伴生的社会价值取向问题，民主法治不够健全，多元文化思潮对基层干部道德观的挑战。尤其是多元文化思潮对其价值观和道德观的深刻影响。随着社会利益的分化突显，必然产生多元化的社会思潮，如实用主义、民粹主义、左派思潮、新儒家思想、人道主义、科学主义、民族主义等，不同的思潮体现不同的价值观和道德观，不同的价值观体现不同人的态度和看法，从而产生各种思想的冲撞。因此，要防止某些激进主义对基层干部价值观、道德观的负面影响。

### （三）法治意识淡薄

法治意识是人们关于法治的观点、看法、心理及思想体系的总称，如规则意识、权利义务意识和程序意识。习近平强调，要提高全体人民特别是各级领导干部和国家机关工作人员的宪法意识和法制观念。② 法治意识是法治的内在驱动力，培养良好的法治意识是提高领导干部法律素质的关键。那么干部应强化哪些法治意识呢？如社会主义意识、法律权威意识、依法执政意识、权力与责任意识等。然而在具体实践中，一些乡村干部的法治意识有待于进一步提升，譬如，对法、法律缺乏全面、正确的认识，认为法律是用来统治别人的工具，是约束普通人的行为、限制其权利的，而管理者可以置于法律统治之外；"法治"就是变着法儿治，"法治"就是"法制"；对公民基本权利不够尊重甚至漠视，只对上负责，不对下负责等。③ 这就导致干部脱离群众，无视党纪国法，肆无忌惮地以权谋私，将本该分给村民的各种资金截留、挪用、骗取、侵占，忘记了全心全意为人民服务的宗旨，严重损害了村民的利益。

同时，公民也是依法治国的主体，是法治建设的推动者和享用者。公民的法治意识是法治国家、法治政府和法治社会的基础，直接制约和影响着法治建设的进程。因此，要把提升公民法治意识作为一项基础性、长期性工作抓实抓好。在现实生活中，广大村民受教育程度普遍较低，他们不熟悉相关法律知识，

---

① 赵泉. 当前领导干部道德观与法律政策导向研究[J]. 理论学刊, 2014 (6): 88.
② 习近平. 在首都各界纪念现行宪法公布实施30周年大会上的讲话[EB/OL]. 人民网-中国共产党新闻网, 2015-07-20.
③ 鄂振辉. 我国领导干部的法律理念与法治意识[J]. 北京行政学院学报, 2011 (5): 95.

法律法规意识也比较淡薄,对乡村干部"肆意敛财"的违法行为无法辨别甚至参与其中。当自身利益受到侵害时更不懂如何采取法律途径维护自身合法权益,许多时候只能"哑巴吃黄连,有苦说不出"。

**二、制度层面**

体制机制不健全是基层"微腐败"滋生的制度因素。从理论上讲,民主政治发展是治理腐败的利器。从实践上看,民主能够遏制腐败,但"民主制度"有弊端也会催生腐败。如基层民主制度不完善,监督制约机制的欠缺,法律法规缺陷等为"微腐败"的滋生提供了空间。

(一)农村民主选举制度缺陷导致的贿选操选

"微腐败"的滋生与我国现行的政治体制机制有密不可分的关系。选举是民主政治的基础,它决定民主政治的深度和广度。一个村庄的真正民主选举,比那些教科书更能教人们懂得民主的价值和作用。我国法律规定,村民委员会主任、副主任和委员由村民直接选举产生。村民委员会的选举具有很强的程序性,如果在具体操作过程中出现偏差,民主自治就会流于形式。当下中国,由于农村基层民主选举制度和操作程序还不够完善,如村委会选举参与度低、村委会选举公正度差、村委会选举的程序流于形式等,农村民主选举存在的问题就日益突显,如拉票贿选、暗箱操作、暴力威胁,甚至黑恶势力、村霸操控选举等。这些违背组织原则、破坏民主选举的违纪行为,阻碍了民主政治建设的进程。

当前在基层组织选举中,拉票贿选破坏选举的案件时有发生。在一些经济比较发达的地方和城郊周边地区,村干部选举竞争激烈,贿选金额可高达数百万元。据调查显示,在一些干部眼中,一切都可以明码标价,职务、身份皆能买卖。花钱买选票、送礼买交椅,已成为一些干部笃信的官场潜规则。民主选举制度的缺陷,使一些靠贿选操选赢得选举的人当选为"村官"。可以说,贿选操选是选举制度的异化,是"民主肌体上的毒瘤"。他们用钱拉票或买官之后,再靠贪腐赚回"买官成本",这就为"村官"的寻租腐败埋下了伏笔。如果任其腐败滋生蔓延,就会伤及党的执政基础,不根除就是养痈成患,自毁长城。

(二)农村民主管理制度滞后造成的过度集权

由于农村传统管理模式的影响,使村民自治异化为村委会自治,甚至"村官"自治。权力导致腐败,绝对权力导致绝对腐败。① 我国农村许多地方都是村党支部书记和村委会主任"一肩挑",这就导致基层权力相对集中。权力高度集中是导致个人专断和腐败的温床。由于民主管理制度的缺失,导致许多村民代表会议形同虚设,基层干部虽然权力不大,却是实实在在的权力,他们在资源分配、民生福利、审批等事项中拥有绝对的话语权,这些都为"村官"提供了滋生腐败的条件。长期以来,政府在运用公共权力时都是"人治""法治"并存,基层干部以言代法、以权代法的现象更是时有发生。据统计,乡村干部违法违纪案件中"一把手"所占比重较大。如 2018 年至 2019 年 4 月,广东纪检监察机关共立案村(社区)党支部书记、村(居)委会主任 3200 多人。②

近年来,随着乡村振兴战略的实施,国家对乡村建设投入增大,权力下放。尤其是党的十八大以来,国家强农惠农富农支持力度加大,全面实施精准扶贫、精准脱贫方略,使得大量利好政策和项目资金向农村下沉,权力下放到基层,这就导致农村基层权力更为集中、自由裁量权过大。那么掌握第一手资金、项目资源的乡村基层干部,"以权谋利"的机会就相应增多。譬如,一些乡村干部利用职权强占、霸占集体资源、财产,套取各类救济金、补助款,侵占、挪用集体资金,如基础设施建设款、土地征用款、惠农补贴、民生项目等。这些干部把集体资金和财产当成"唐僧肉",随意掠夺侵占霸占,使原本扶持"三农"发展的利资却落入"人民公仆"的口袋,这就严重损害了村民的利益。

(三)农村民主监督制度乏力形成的"权力失控"

民主监督指村民个体及相关组织对村干部权力运作的监控与制约。③ 由于农村基层组织权力高度集中,致使村级民主监督渠道堵塞。从当前一些农村基层治理的实际情况来看,一些民主监督制度运作捉襟见肘,部分地方基层甚至成为"摆设",可见,监督机制形同虚设,难以真正有效发挥其监督制约功能。农村民主监督制度主体主要以村民、村干部和乡镇党委和政府为主。但是,在村民自治过程中,村干部被认为是"国家权力干部",村民被公认为是被管理的对

---

① 阿克顿. 自由与权力:阿克顿勋爵论说文集 [M]. 侯建,译. 北京:商务印书馆,2001:342.
② 石静莹,罗有远. 广东从严查处村级党组织一把手违纪违法行为 [N]. 南方杂志,2019-06-17.
③ 张扬金,于兰华. 农村民主监督制度的损耗与补益:政治知识与政治道德的视角 [J]. 伦理学研究,2014(1):78.

象，在村务公开和政务公开时，就会出现"以点带面，避重就轻"的现象，导致信息不对称，基层群众无法实现对基层干部的有效监督。村民作为村级组织最重要的民主监督主体，却处于监督的弱势地位，监督成本较高、监督举报的渠道窄塞，又加上文化素质偏低、民主法制观念淡薄、担心村干部打击报复等因素，导致民主监督效果不是很理想，问题也得不到有效解决。

同时，上级组织监督滞后、同级监督乏力。"村民自治"使上级组织对村级组织监督疲软乏力、流于形式。上级组织对基层的监督一般采取走访、听汇报等形式，所以上级对相关问题、情况了解得不够深入。再加上同级监督较弱，相互监督乏力，权力界限模糊，监督独立性不够等，导致"村官"权力出现严重错位和失控。权力缺乏监督制约必然会走向腐败。乡村振兴战略实施过程中，大量专项资金下沉到农村，由于监管不力，就给了村干部可乘之机，所以极易产生腐败。可以说，许多村级组织出现的"权力失控"，是助长村干部敢于不择手段聚敛财富的重要制度根源。

（四）农村反腐倡廉制度缺失产生的法律真空

根据立法解释，把农村干部定位为从事公务的人员，但这种定位解释并不能真正堵严防止"村官"腐败的漏洞。村民自治是初创于基层群众的自行实践，具有相应的自治管理职能，如扶贫项目和资金监管。基层工程建设项目开发、集体自有资金使用等，这些可直接为村干部带来非法"收益"。在我国基层反腐法律法规中，虽然反腐法律和文件数不胜数，但由于过于宽泛，使许多法律法规不能充分发挥作用，反腐效果不甚理想。

虽然2010年全国人大对《中华人民共和国村民委员会组织法》进行了部分修订，但对村民委员会职能定位、村民自治事项范围规定不够全面，对村民委员会选举的规定还不够健全，村民会议制度、村民代表履职尽责的规定不够完善，民主协商、村务公开、村务监督等方面规定尚有欠缺，尤其是对贿选、操纵选举等敏感问题缺乏程序规范和操作方法。一些腐败"村官"利用法律法规上存在的漏洞，利用职权向扶贫资源、资金等领域渗透，与行贿人暗中勾结、中饱私囊。譬如，在集体土地征用拆迁过程中以权谋私，收受贿赂；在农村基础设施建设过程中弄虚作假，损公肥私；在土地开发利用等集体资源、资产过程中营私舞弊，非法获利；在低保户确认等管理过程中优亲厚友、吃拿卡要、虚报截留等。从以上论述可以看出，由于基层反腐法律尚不健全、村民自治制度还不够完善,导致相关惩治无从推进,效果不佳。

### 三、文化层面

中国拥有丰富的文化传统和独特的文化魅力,对当代社会仍然产生着深远的影响。其独特的文化底蕴深刻影响着人民的生活和思想,在中国社会中,人情文化、圈子文化、特权思想等文化习俗与"微腐败"的发生密不可分。

#### (一)中国传统的人情文化

人情文化在中国社会中占据着重要地位。自古以来,中华民族是讲究人情与人情交往的民族,人情文化是中国人重要的待人处世之道。什么是人情?人情是一个在中国文化中非常重要的概念,它是一种中国人与生俱来的情感体验和伦理传统。"人情"大致包含以下四种涵义:一是人之常情;二是人之感情;三是恩惠、情谊;四是个人与他人进行社会交换时用来馈赠对方的资源,如金钱、财富、感情、权力、知识、信息、劳务、能力、声望等。

人情文化呈现出以下四种特征:一是关系性。人情文化通过感情来维系人际关系,体现了人类社会中的混合性关系属性。二是血缘性。家是以血缘关系为纽带组合而成的,这种缘于血缘关系泛化了的亲属关系,如亲戚,导致中国人人情关系的血缘化和扩大化。三是地缘性。因地缘而生的同乡、邻居等混合性人际关系的放大扩展,致使中国人情文化具有广泛的地缘性。四是伦理性。过分突出人情文化而忽视法纪调控,人情的偏盛导致法律受到挤压,就难免出现"人情大于国法"的情况。[①]

回报原则是人情交往中最基本、最重要的原则。目前盛行的人情风体现在"帮"与"报答"上,找靠山、走后门、托人、求情已成为中国人的日常行为。有些人将人情关系的经营看作是一种投资,期待着日后回馈。人情的奇妙之处,是把一切利益关系甚至权钱交易都掩盖在温情脉脉的面纱之下。在政治生活领域,由人情引发的问题是"权钱交易"。一些官员会为一定的利益或出于人情而利用职权、名望回报相关人员。原有亲情人情异化为工具理性的实现方式,成为利益驱动的手段,使"寻租活动"大行其道,约定俗成的人情原则在一定程

---

① 涂可国.儒学、人情文化与人际关系的优化[J].东岳论丛,2011,32(8):37.

度上取代法律规范,就容易滋生腐败,败坏社会风气。① 这种行为被群众认同并大肆传播,从而导致"微腐败"蔓延。

(二) 圈子文化的盛行

圈子文化是传统文化的一个重要特点。圈子是人们生活中不可或缺的一部分,是有共同爱好或为某个目的而联系在一起的人群。有圈子就会产生圈子文化,圈子文化有广义和狭义之分,广义的圈子文化源远流长,是一个中性概念,是指圈子中生发的具有独特性质的风俗习惯、信仰观念;狭义的圈子文化指一群人在特定领域或共同兴趣下形成的一种非主流文化,是人际交往异化的产物。笔者提及的圈子文化指的是狭义上的概念。圈子文化既是一种社会文化,又是一种社会心理,其内涵主要包括"重关系"的"自己人"意识,"重情义"的"人情"法则,"重伦理"的"礼节"观念和"重互助"的"关照"思想。② 其凸显表征为拉帮结派、漠视法治、利益输送;迷惑性、中心性、组织性;文化的排他性和处事的非原则性以及宗派活动和地方保护主义。③

圈子文化在社会中扮演着多重角色,是传统社会的交往方式和现代社会的生存方式。近年来,查处的不少腐败案件都是窝案,这无疑是畸形圈子文化造成的恶果。据调查发现,腐败案件尤其是家族式、塌方式腐败背后有圈子文化的阴影。习近平强调,"有的干部信奉拉帮结派的'圈子文化',整天琢磨拉关系、找门路"④。圈子文化已成为个别干部违法乱纪、贪污腐败的一种手段和途径,其消极作用主要表现在以下三个方面。

一是圈子文化诱致腐败现象并产生扩散效应。圈子文化使公权力转化为私人权力、公共财产转化为个人财产,加上任人唯亲、官商勾结、官官相护等,皆为滋生腐败提供温床。圈子文化还会产生扩散效应,导致腐败现象在整个社会中迅速蔓延,败坏整个社会风气。

二是圈子文化是诱发腐败窝案的大染缸。研究表明,一个地区、部门的腐

---

① 任映红. 当前农村人情文化的负面效应和正向功能:以温州农村为例 [J]. 浙江社会科学, 2012 (1): 133.
② 冯国锋. 圈子文化的伦理探析 [J]. 伦理学研究, 2021 (6): 116.
③ 邱少明. 刍论党内"圈子文化"及其消弭进路 [J]. 理论导刊, 2015 (5): 42.
④ 中共中央文献研究室. 十八大以来重要文献选编 (上) [M]. 北京:中央文献出版社, 2014: 769-770.

败现象并不是个人腐败,而是由一个圈子造成的腐败。圈子文化的危害在于滋生、扩散、加剧腐败,最终形成腐败窝案。可以说,圈子文化已经成为腐败蔓延横行的帮凶与工具。

三是圈子文化是恶化官场生态的催化剂。现实官场中圈子文化的存在,导致官员之间的利益输送和权力寻租,甚至提拔干部"不是选贤任能、实事求是,而是讲圈子、看亲疏"[①]。这就使清正廉洁的好干部遭到冷遇、排挤甚至打压,既损害公共利益又损害政府的形象和权威。基层发生的买官卖官、拉票贿选等也是通过各种圈子完成的,因此,圈子文化成为引发"微腐败"的重要文化因素。

(三) 特权思想的影响

特权思想在中国社会中也是比较普遍的现象。《辞海》将特权解释为政治上、经济上在法律和制度之外的权利。特权,即特殊的权利,是一种"法外之权",它是一种不公正的现象,会导致社会不平等和分裂。搞特权也就是特殊化,不受法律和制度约束的权利。特权思想是一种失衡的积极主动的思想观念,它的存在往往导致社会的不公平和不平等,其原因在于特权主体积极行使自己的权力,谋取私利。特权思想滋生着特权行为和特权现象。当前特权思想、特权现象的表现形式主要为思想上"狂妄自大",权力上"唯我独尊",舌尖上"奢侈浪费",作风上"简单粗暴",生活上"享受特殊"。[②]

干部特权思想产生的原因主要是受封建等级思想的影响,权力观错位、背弃党的群众观等。特权思想、特权现象的存在,极大地损害了党和政府的形象,不受约束的特权思想和特权现象会产生诸多危害,如助长权力崇拜、破坏党群关系、妨碍社会公正、放纵腐败行为等。特权思想是消磨意志、助长贪念、膨胀私欲的水分和土壤。"有权好办事",人们似乎越来越看重权力的魔力了,追逐官位、追逐权力就成为时下人们热门的话题。有权力的用权力,没权力的找关系,极大地助长了权力崇拜。邓小平指出,搞特权,搞特殊化,"势必使我们的干部队伍发生腐化"[③],就是帮助党的敌人腐蚀我们的党。由此可见,特权对

---

① 张立新. 官场"圈子文化"的危害与治理 [J]. 中国党政干部论坛, 2015 (3): 109.
② 刘祥锋. 特权思想、特权现象的表现、成因与治理对策 [J]. 领导科学, 2013 (18): 18.
③ 邓小平. 邓小平文选: 第2卷 [M]. 北京: 人民出版社, 1994: 332.

腐败起着催化剂与推动力的作用,当公共权力变成特权时,就会滋生腐败。我们党的干部受到党纪政纪处分,根源与其特权思想严重有关。[①] 哪里有特权哪里就出现腐败,特权中包含腐败,腐败通过特权实现,都是为私欲而滥用权力。

在制约监督机制不完善的政治环境中,近年来享受特权的干部呈现出行政级别低化趋势,一些基层干部开始追求和享有特权,如探寻超越法律制度之外的特殊权利或利用这种特权谋取不正当利益。更有甚者,少数人视特权思想和特权现象为正常现象。如果一个社会羡慕特权,抱怨没机会搞特权,怎能激浊扬清?但是这种不正确的价值观又为特权思想及现象的合理性提供了文化支撑。

### 四、环境层面

社会环境一直是腐败诱因的重要维度。当下中国正处于社会转型期,旧的社会体制已经瓦解,新的社会体制尚未建立,整个社会缺乏合理的伦理规范。当前我国的经济结构、文化形态、人们的生活方式和价值观都发生着巨变。可以说,社会转型期的宏观环境为基层"微腐败"滋生提供了环境支持。

(一) 社会转型期经济发展加速各种价值观的碰撞

当下中国正处于社会转型期,随着社会主义市场经济发展,各种利益的调整和分化促进各种价值观的碰撞和冲突,这是一个不可避免的现象。这种价值观的变化也引发一系列社会问题,如家庭矛盾和婚姻危机,贪污腐败和社会不公等。

一是中国传统价值观与现代价值观的冲突。传统价值观是一个民族对客观事物的意义和重要性的惯性评价标准和看法。中国传统价值观并不是单一的,而是以儒家思想为基础,融合各种思想观念而形成的。在国家层面上,中国古代强调德治,以三纲五常要求民众自律,强调社会和谐稳定,以维护君主统治。在个人层面上,更注重修身克己,严格遵守道德要求,体现重人伦轻自然、重群体轻个体、重义轻利的特点。但它却带有很大的狭隘性、保守性和落后性,和现代市场经济的开放性、多元化价值观相对立。

二是计划经济价值观与市场经济价值观的冲突。计划经济价值观是以社会、

---

① 周安伯. 腐败现象之思想根源——特权思维剖析[J]. 江苏社会科学, 1995 (2): 64-67.

集体为本位和中心的价值观，要求人们必须无条件地服从集体和国家要求，该价值观与市场经济的发展是不协调的。市场经济价值观强调个体的自由选择和市场竞争，个人的利益和自由被视为最高价值，每个人都应有权利追求自己的利益和幸福，使个体独立性、自主性不断增强，造成原来的计划经济价值观受到挑战。

三是中西方价值观的冲突。中西方文化的差异导致价值观的冲突。如中国文化注重社会稳定和集体利益，西方文化强调个人权利和民主制度，这种差异在国际关系和政治冲突中导致分歧和对立。伴随着改革开放的持续推进，一些不同于中华民族传统的、非马克思主义价值观逐渐被一些人所接受和信奉，它们正充填着传统价值观失落后留下的空白区域。人们只顾个人需要，不顾他人需要；只要个人自由，不要组织纪律；只讲个人利益，不讲集体利益、国家利益、他人利益等成为一部分人的生活准则。

在此社会大环境下，人们面对重新审视定位自己价值观念的严峻考验。原有的大批固守旧的思想观念的官员心理失衡，他们利用自己手中的权力，对经济利益展开疯狂追求。再加上我国原有经济体制被打破，新的经济体制尚不完善，惠民补贴、扶贫救济、低保社保等大批财源和权源的出现，这就为权力寻租提供了机会。可以说，各种价值观碰撞成为腐败现象蔓延的"催化剂"，使一些人利用个人主义理念来谋取私利，从而滋生腐败现象。

（二）社会转型期伦理道德失范加剧腐败的形成

伦理道德规范是社会发展和稳定的基石。伦理道德规范，产生于人类长期的伦理道德生活实践，是人们在社会伦理关系和日常生活中的行为准则。中国传统伦理规范是中国伦理思想家们依据实际的伦理道德生活的需要建立起来的，是统治阶级根据自己的意愿、为维护自己的特殊利益而设定的。尽管伦理规范中包含着阶级压迫的内涵，但也反映着人类最一般的伦理生活本质。

伦理道德失范是指人们在行为上违背了社会公认的道德规范。社会转型期是一个国家或社会发生重大变革的时期，此时期价值观念、行为规范等都会发生较大变化。在我国社会转型时期，原有的伦理道德体系被打破，而新的伦理道德体系尚未完全建立起来，在这种情况下就容易引起人们的道德失范。伦理道德失范主要表现为两方面。

一是中华民族优良传统美德的丢失。在我国改革开放走向世界，经济由计划转向市场的今天,为什么一些年轻干部经不起金钱的诱惑,走上犯罪的道路呢?原因就是他们的"道"和"德"出了问题,思想上出了毛病。中华民族优良传统美德的丢失使他们忘了自己是人民的公仆,忘了手中的权力是人民赋予的。为满足个人私欲,有的假公济私,有的以权谋私;还有的甚至利用党和人民给予的权力大肆贪污受贿。

二是集体主义价值观的丧失。集体主义价值观是个体将集体利益置于个人利益之上的一种价值观,这种价值观强调团结、合作和共同利益。其内容是正确认识和处理个体与集体之间的关系,从而达到自我利益与社会共同利益的有机结合。随着市场经济的深入推进,极端个人主义、拜金主义、享乐主义等成为一些人的生活哲学。当个人利益和集体利益发生矛盾时,现在很多人过多的关注个人利益,每个人都是为自己考虑。在这样的社会环境下,一旦掌权者也这样的话,腐败就变得不可避免了。

(三)中国特有的历史传统为腐败行为产生提供土壤

中国作为一个拥有悠久历史的国家,其特有的历史传统为腐败行为产生提供土壤。如官僚主义、封建主义、礼尚往来和人情主义传统等,这些因素共同作用使腐败现象屡禁不止。

中国的官僚主义传统为腐败行为提供温床。官僚主义长期以来一直被认为是腐败的温床。在传统官僚主义体系中,权力集中、官员权力过大、审查制度不完善是显著特征。权力集中容易导致官员利用职权谋取私利,再加上审查制度不完善,导致腐败行为更难以被揭露和惩处。另外,官员掌握着大量的资源和权力,也为腐败问题埋下了隐患。因此,官僚体系中潜藏着种种腐败行为,如贿赂、滥用职权等。

中国的封建主义传统为腐败行为滋生提供条件。中国经历封建社会较长,封建统治的思想和制度根深蒂固,如皇权至上、等级分明等,这些对人们的思想影响较大。人们对上级的忠诚和服从成为一种常态,这就容易产生权力至上、利益至上的观念。在封建社会中,权力和资源集中在少数精英或统治者手中,而民众则处于弱势地位,缺乏监督和制衡。这种不平等的分配制度更容易滋生腐败。

中国的礼尚往来和人情主义传统为腐败行为产生提供土壤。在我国,礼尚往来和人情主义传统深深植根于人们的行为准则中,人们常常通过送礼和互相帮助来维系人际关系。这种情感联系也渗透到政治领域，为腐败行为提供温床。亲戚关系和个人关系往往成为权力分配和资源分配的重要因素，使得贿赂和其他形式的腐败行为变得司空见惯。在现代社会中，很多腐败分子通过私人关系换取权力和地位。这种"以礼为幕"现象使腐败行为更隐蔽和难以被揭露。

# 第四章

# 国内外乡村"微腐败"治理的做法及其启示

腐败是一种社会历史现象，是一个世界性的痼疾，任何国家和地区都不同程度地存在腐败问题。反腐败是包括中国在内的国际社会的共同历史课题，一些国家和地区都积极探索反腐败的方法和途径，并取得有益经验。他山之石，可以攻玉。积极吸收借鉴人类创造的一切文明成果，为我所用，逐步提升党领导反腐倡廉水平和拒腐防变能力，使我国的反腐事业少走弯路。鉴于此，本章对国内外乡村"微腐败"治理的有益做法进行积极探索和研究，旨在为当下中国乡村"微腐败"治理提供参考。

## 第一节 国内乡村"微腐败"治理的做法及启示

腐败是必须治理的人类社会毒瘤，我国国内一些地区率先开展乡村"微腐败"治理，并取得了显著成效。如浙江省"清廉村居"创建，河南省"微权四化"廉政体系建设，即权力清单化、履职程序化、监督科技化、问责常态化廉政治理等，为坚决惩治基层腐败，推进农村基层党风廉政建设贡献力量。

### 一、国内乡村"微腐败"治理的主要做法

纵观国内乡村"微腐败"治理的主要做法，本章主要梳理了具有代表性的浙江省"枫桥经验""宁海经验""后陈经验"，以及河南省淮阳"微权四化"建设的经验等，并从中获取有益的启示。

## （一）浙江省"清廉村居"创建

浙江是中国革命红船的起航地，是"习近平新时代中国特色社会主义思想的重要萌发地"①。习近平在此工作期间，注重教育崇廉、制度保廉、监督促廉，领导和推动浙江走出了一条治理腐败的新路子。清廉村居建设是浙江省提出的清廉浙江建设向基层的延伸，通过加大力度整治群众身边的"蝇贪"，构筑民主自治、权责明晰、公开透明、监督有力的权力运行机制，打造清廉理念深入人心、清廉制度完备有效、人人自觉崇清守廉的清廉社会。浙江省以清廉村居建设为载体，以家风家训、村规民约、清廉文化、历史文化特色为切入点，在建设中加入"廉以修身""廉洁用权""廉政监督"和"廉政文化"元素，引导村民提高廉政意识和治理水平，确保基层生态风清气正。

### 1. "枫桥经验"：自治、法治、德治相结合的乡村治理体系

党的二十大提出在社会基层坚持和发展新时代"枫桥经验"，健全城乡社区治理体系。② 这就为基层社会治理现代化探索找到新的方向，也为乡村"微腐败"治理提供了指导。"枫桥经验"是党领导人民创造的一套有效的社会治理方案，是中国乡村善治的典范和旗帜。浙江省诸暨市枫桥镇位于诸暨市东部，是全国文明乡镇，更是"枫桥经验"的发源地。早在20世纪60年代，浙江省诸暨枫桥的干部群众就创造了"枫桥经验"，可以说是基层干部群众的一大创造。2004年5月，在时任浙江省委书记习近平的倡导下，浙江省委做出建设平安浙江的重大决策部署，"枫桥经验"逐渐发展成为社会管理的典型经验。2013年以来，浙江省按照"枫桥经验"依靠和发动群众的做法，大力推行自治、法治、德治相结合的基层治理机制。"枫桥经验"经过新一轮转型发展形成新时代"枫桥经验"，其内容是在开展社会治理中实行"五个坚持"，即坚持党建统领、人民主体、"三治融合"、共建共治共享、"四防并举"。③

"枫桥经验"之可贵，在于坚持人民主体地位，做到"一切依靠群众，一切为了群众"。从治理主体看，"枫桥经验"始终坚持多元主体协同共治，即坚持

---

① 谢伏瞻."八八战略"的理论贡献和实践意义［N］.浙江日报，2018-07-11.
② 习近平.高举中国特色社会主义伟大旗帜 为全面建设社会主义现代化国家而团结奋斗：在中国共产党第二十次全国代表大会上的报告［N］.人民日报，2022-10-26（1）.
③ 宗成峰，朱启臻."互联网+党建"引领乡村治理机制创新：基于新时代"枫桥经验"的探讨［J］.西北农林科技大学学报（社会科学版），2020，20（5）：3.

党的领导、政府负责、社会协同、群众参与；从治理格局看，坚持共建共治共享的社会治理格局；从治理手段看，"枫桥经验"坚持人防、物防、技防、心防"四防并举"；从治理路径看，坚持自治、法治、德治"三治融合"的主要路径。也就是说，构建以自治为基础、法治为保障、德治为先导的乡村善治体系，从而有效遏制乡村"微腐败"。笔者将自治、法治、德治相结合定位为新时代"枫桥经验"的精髓。

（1）自治

自治强调人的主体性和参与性，人民群众是治理主体又是治理客体。自治能够激发群众的自主性和积极性，让群众自己创造自己的幸福生活。1963年，党和国家在农村进行社会主义教育运动（简称"社教"运动）中，枫桥坚持发动和依靠群众，创造性地运用说理斗争来改造、教育"四类分子"①，成功地把"四类分子"改造成了社会主义新人。枫桥镇的"社教"运动实践得到毛泽东充分肯定并高兴地说"这叫矛盾不上交，就地解决"，形成了以就地化解矛盾为主要内容的"枫桥经验"，自此，"枫桥经验"开始走向全国。改革开放后，以人民公社体制为核心的乡村治理模式开始瓦解，人民公社体制虽然强化了国家对农村的控制，但以强制性的制度规范并未得到广大农民的认可，农村的生产效率并没有得到明显提高，人们普遍过着贫困的生活。再加上这种权力集中的体制严重阻碍了社会主义民主政治的发展，我国就开始了对农村治理方式的改革，家庭联产承包责任制的推行从根本上动摇了原有的人民公社体制，新的治理模式逐渐产生。党和国家开始注重基层民主政治发展，1982年宪法确立基层群众自治制度标志着村民自治制度的建立，明确以"村民自治"形式将"政社分设"探索宪法化、制度化，为村民自治提供了坚实的法律保障。1983年，中共中央发出《关于实行政社分开建立乡政府的通知》，提出要把政社分开，建立乡政府。到1985年，延续20多年的人民公社体制终于退出了乡村治理的历史舞台。为改变农村公共事务管理真空的局面，以"四个民主"②为内容，农民进行自我管理、教育、服务的村民自治应运而生。从此，枫桥各村开始设立村民委员会，以自治为基进行村民自治的实践探索。

一是以自治激发人民群众的创造力。群众是"枫桥经验"的创造主体，其

---

① "四类分子"指地、富、反、坏分子。
② "四个民主"指民主选举、民主决策、民主管理、民主监督。

参与和作用被充分重视。在形成、发展"枫桥经验"的每一个时期，都离不开枫桥群众的自觉参与。发动和依靠群众是"枫桥经验"的精髓所在、灵魂所在。譬如，在"社教"运动中，枫桥群众意识到通过摆事实讲道理而不是武斗方式来化解阶级矛盾，是群众智慧促成了"枫桥经验"的诞生。党的十一届三中全会开启了农村综合改革的序幕，枫桥群众更加积极参与到乡村治理实践中来。正是群众参与让"枫桥经验"从地方精致的"盆景"上升为全国精彩的"风景"。新时代，广大群众不断探索乡村治理新举措，从治安领域扩展到经济、政治、文化、社会、生态等领域，并出现了社区"枫桥经验"、海上"枫桥经验"、网上"枫桥经验"等，使得"枫桥经验"时代内涵更为丰富。①

二是加强村民自治制度建设。枫桥镇建立村级民主议事制度、村民代表大会制度等，让群众在决策过程中发表意见、提出建议，激发村民的参与热情。以枫源村为例，枫源村是"枫桥经验"的重要萌发地，它率先实施"三上三下"②民主决策制度，具有民主治村的典型意义。该民主决策制度共包括三大步骤，"一上一下"主要起到收集议题的作用，村"两委"会通过深入群众，征求群众的反馈意见；"二上二下"的作用是酝酿方案，村级班子通过召开民主恳谈会，深入讨论，完善方案；"三上三下"的作用是审议决策，召开党员会议审议方案，最终由村民代表会议表决通过后实施。该村又出台了"三公开"制度，即民主测评、表决结果、实施方案当场公开，从而与村民群众自治的"四个民主"有机统一起来。同时，枫桥镇积极推行村级小微权力清单制度，推动村级事务精细化管理。实行村主职干部实绩考核制度和村干部问责机制，并专门组织村级事务监督委员会实施监督等。

三是不断培育实现自治的组织载体。社会治理中各类社会组织充分参与是"枫桥经验"的重要特征，尽管村民委员会是法定自治组织，但村民自治事无巨细，仍要发展更多的农民自治组织。据统计，目前，枫桥镇拥有镇级社会组织50家，村级社会组织173家，参与人数有1万多人。③涉及公共服务类、人文

---

① 王杰，曹兹纲. 乡村善治可持续的路径探索与理论启示：来自"枫桥经验"的思考[J]. 农业经济问题，2021（1）：123.
② "三上三下"是枫源村创立的一项全民参与民主决策的制度。参见裘斌. 治村型乡贤主导下"三治融合"的拓展和创新：基于枫桥镇枫源村的探索[J]. 甘肃社会科学，2019（4）：164.
③ 李振贤. "枫桥经验"与当代中国基层治理模式[J]. 云南社会科学，2019（2）：54.

教育类、慈善救助类、行业协会类等领域。这些社会组织为村民自治提供了新的实现形式，如社会组织有助于完善公共服务体系。政府要打通公共服务的"最后一公里"，需要社会组织予以承接，使公共服务更加精确有效。社会组织还有利于乡村善治，"枫桥乡贤联合会"通过提供参事议事新平台积极参与乡村治理，从而有效遏制腐败的产生。

（2）法治

"法者，治之端也。"法治是社会治理的途径，强化法治，就是善于用法治思维和方式为社会"构筑底线"。可以说，"枫桥经验"的发展历程就是一部推动基层法治建设的历史。改革开放前，虽然我国法治建设曾经遭到破坏，但枫桥镇仍然坚持依法治理，成功将"四类分子"改造成为社会主义新人，并形成"枫桥经验"。改革开放后，枫桥镇继续坚持法治为本，积极建设法治政府。从1977年枫桥制定《治安公约》到1990年制定《村规民约》，再到2008年《村民自治章程》和《村规民约》的制定与完善，目的是推进乡村法治建设，提升乡村法治水平。其间，基层平安综治工作实践为《浙江省社会治安综合治理条例》等立法提供实践素材，村务监督委员会和"三资"管理工作实践为制定《中华人民共和国人民调解法》和修订《中华人民共和国村民委员会组织法》奠定基础。同时"枫桥经验"自身也逐渐被吸纳进党内法规体系，如2018年实施的《中国共产党农村基层组织工作条例》第20条，直接将其纳入条文之中，这是"枫桥经验"第一次上升为法律条文，极大丰富了中国特色社会主义法治体系。[1] 足见"枫桥经验"发端于、孕育于尚无法治的社会背景，为中国法治之路的实践提供了样本。

一方面，枫桥镇持续推进依法行政、建设法治政府。法治是乡村自治秩序的底线和根本准则，包括各种正式的乡村会议规则和村规民约都必须体现法治精神，以法治方式调节各种利益关系、规范各类行为。枫桥镇政府坚持依法全面履行政府职能，推进"四张清单一张网"[2] 建设，注重治理法治化。建立健全依法决策机制，完善重大行政决策法定程序，积极推行政府法律顾问制度，

---

[1] 张文显，等. 新时代"枫桥经验"大家谈[J]. 国家检察官学院学报，2019，27（3）：35.

[2] "四张清单一张网"是指政府权力清单、政府责任清单、企业投资项目负面清单、财政专项资金管理清单和政务服务网。

全面推进政务信息公开，扎实推进执法规范化建设。据统计，浙江全省深入实施基层依法治理，93%的村配备了法律顾问，95%的村达到村务公开、民主管理规范化建设标准。① 由此可见，一个法治的政府在枫桥镇已经形成并不断完善。

另一方面，枫桥镇注重大力培育法治社会。加强法治理念宣传教育，培养全体村民对规则的敬畏意识。基层法治的重点是提高基层群众的法律意识和法治观念，培养法治思维，养成尊重法律规则的习惯。因此要进一步完善普法工作机制，不断提高人民群众的法治素养，浓厚基层民主法治氛围。通过开展各种形式的法律服务活动，丰富宣传法治理念的方式方法；通过对村"两委"班子成员、党员、村民小组长等的法治教育，让这些人员了解更多的法律知识，提高他们的法律意识和法律素养；同时落实普法责任制，大力推进法治长廊等乡村法治文化阵地建设，营造全社会尊法、学法、守法、用法的良好氛围。这样，枫桥群众的法治意识明显增强，法治理念不断提升，大大提升了乡村治理的品质。

（3）德治

德治是以德为主导来治理社会，强调道德和品德的重要性。德治是一种软法，是一种在日常生活中获得自觉产生的自律，强化德治就是强化道德约束，规范社会行为。德治不会从天而降，需要培育，需要"润物细无声"的教化、社会精英的率先垂范、政府的表彰宣扬以及"群起而攻之"的舆论导向，以营造有道德感的社会风气。② 枫桥镇作为浙江首批历史文化名镇，其历史文化底蕴深厚，例如，璀璨的理学文化、厚重的古越文化、浓郁的师爷文化、灵秀的山水文化以及悠久的耕读文化等。这里人文荟萃、群贤辈出，"枫桥三贤"③ 更是著名。枫桥文化为乡村善治奠定文化基础，孕育并滋养"枫桥经验"形成发展。如上所述，1963年，党和国家在农村进行"社教"运动中，枫桥对待"四类分子"注重以文化人、以理劝人、以德服人，成功改造"四类分子"。改革开放以来，枫桥镇更加注重德治为先，强调道德教化作用。

---

① 张文显，等.新时代"枫桥经验"大家谈 [J].国家检察官学院学报，2019，27（3）：7.
② 徐勇.推进自治法治德治融合建设，创新基层社会治理 [J].治理研究，2018，34（6）：8.
③ "枫桥三贤"指的是王冕、杨维桢、陈洪绶。

其一，加强乡村文化建设，让传统文化和现代文化比翼齐飞。"枫桥经验"是德治的经验，具有丰富的德治文化底蕴。中华优秀传统文化、革命文化和先进文化是"枫桥经验"的文化根脉。因此，枫桥镇十分重视从中华优秀传统文化中汲取营养和智慧，坚持古为今用、推陈出新。注重继承和创新革命文化，如"枫桥三贤"中的王冕素以清廉著称，2018年，诸暨市纪委、监委深挖历史传承中的清廉元素，将枫桥镇栎桥村建成市级清廉教育基地。基地展示诸暨枫桥代代相传的清廉人文，呈现新时代全面从严治党新形势、新要求和当地的生动实践，由古溯今，激浊扬清。并大力弘扬社会主义核心价值观，强调先进文化引领。实施公民道德建设工程，激励人们向上向善、孝老爱亲；加强思想道德建设，提高人民思想觉悟和文明素养；推进诚信建设和志愿服务制度化，强化奉献精神、底线思维；普及科学知识，弘扬时代新风行动，抵制腐朽落后文化侵蚀。[①]

其二，鼓励乡贤参与乡村治理。枫桥镇历来注重弘扬乡贤文化，历代也是贤才辈出，孕育了王冕、杨维桢、陈洪绶、汪寿华等一大批人才。其中，杨维桢、王冕、陈洪绶被后人尊称为枫桥"三贤"。枫桥乡贤通过搭建乡贤参事会、三贤文化研究会、孝德文化协会等平台整合社会力量，激活社会资本，突出贤能治理。譬如，乡贤参事会汇聚本村的老党员、道德模范、企业法人等贤能之才，发挥他们影响力，助力乡村的引才引资、决策咨询、民意表达、邻里协调、乡风文明、慈善公益、公序良俗等。三贤文化研究会旨在进一步挖掘文化文脉，发展文化产业，引进文学创作、书法绘画、网络影视和体育演艺等资源，并与优秀文创机构开展战略合作，共建一批有影响力的文创项目。孝德文化协会立足于弘扬传承孝亲敬老的传统美德，坚持孝当先、德为本，兼蓄包容，让以"仁、义、礼、智、信"为核心的中华民族传统美德代代相传。可以说，乡贤利用这些平台，发扬孝、悌、忠、信、礼、义、廉，积极塑造文明乡风、淳朴民风，从而清除腐败赖以滋生的土壤。

(4)"三治融合"

自治、法治、德治相结合的现代治理方式的精髓是"融合"。"三治融合"是旨在提升乡村治理有效性的基层治理创新。"三治融合"的推进本身就是一项

---

[①] 张文显，等. 新时代"枫桥经验"大家谈[J]. 国家检察官学院学报，2019，27（3）：33.

系统工程，"三治融合"要求将自治、德治、法治有机结合起来，以汇聚成一股整体合力。厘清"三治"关系是把握"三治融合"的前提和基础，"三治融合"绝不是简单的"三治"相加，"三治"是互为补充、共生共存的关系。一方面，自治、法治、德治优势互补，相辅相成。"三治"是社会治理的基本方式方法，自治增活力、法治强保障、德治扬正气。自治重在增强社会活力，注重发掘农村基层民众参与村治的内生驱动力；法治重在维护社会秩序，聚焦于农村基层治理秩序的有序化和规范化；德治重在弘扬社会主流价值，是对中国数千年来优秀治理文化的传承。"三治"共同作用于社会秩序的良性运转。另一方面，自治、法治、德治是共生关系。自治中有德治、法治，法治中有德治、自治，德治中有自治、法治。"三治"理想的状态是达到一个平衡，三者缺一不可，追求"三治融合"，不能分而治之，需要通盘设计、统筹兼顾。

一是在自治中有机融进德治元素和法治思维。枫源村在村民自治的实践探索中，创建了村庄公共事务由村民说了算的"三上三下"民主决策制度。为了更好地贯彻落实该制度，枫源村党支部和村委会注重"官德"建设，以提升村干部的道德修养与治理水平，同时将法治思维和方式运用到群众自治制度落实中。如枫源村在村民自治运作中创新完善了"三监督"机制，即事先超前监督、事中跟踪监督、事后反馈监督，这是枫源村在创新民主监督机制方面的实践探索，以推进依法治村，将干部权力装进制度笼子里。

二是在德治中紧密结合自治实践和法治训练。作为诸暨市枫桥镇的中心村庄，枫源村在依托自治和法治载体促进德治方面收到较好效果。枫源村充分利用枫桥、诸暨乃至绍兴的优秀德治资源，如以"枫桥三贤"为代表的历代先贤为枫源人树立了良好典范。同时枫源村在村庄德治推进中融入自治实践，将修订《村规民约》作为抓手。在修订完善《村规民约》的过程中，枫源村党支部和村委会广泛征求村民意见，将村民作为主体，鼓励村民积极参与村民自治。修订完善后的《村规民约》包括六条总则和二十八条实施细则。[①] 此外，枫源村又在推进德治中融入法治思维的培育。如修订完善后的《村规民约》规定，违反有关条款的，谁违约谁就根据造成的损失大小予以赔偿，并在全村营造学法、知法、守法、用法的氛围。

---

① 裘斌. 治村型乡贤主导下"三治融合"的拓展和创新：基于枫桥镇枫源村的探索[J]. 甘肃社会科学，2019（4）：166.

三是在法治中充分植入自治精神和德治载体。枫源村将法治的推进作为实现有效治理的重要抓手。枫源村专门配备了法律顾问，并将"三上三下，民主治村"宣教牌立在村口，将《村规民约》印成小册子挨家挨户送到村民群众手中，目的就是要让群众办事用法、遇事想法、解决问题依法。同时在法治推进中通过村级调解委员会等组织植入自治元素。这种让村民通过自我协商解决矛盾的办法，既推进了乡村基层的法治建构，又让村民从中践行村民自治原则。当然，植入法治和自治理念的村级调解委员会等组织在运作中也渗透德治元素。"老百姓喜欢选择走调解路子，是因为调解既节省时间、金钱，还能保持和谐的人际关系，里面有法有德，我们在调解中努力做到以人为本，帮助人、教育人、感化人和服务人。"枫桥老杨调解中心首席调解员杨光照说道。[1]

2."宁海经验"：小微权力清单治理"微腐败"

宁海，位于浙江省东部沿海，长江三角洲南翼，是宁波市所辖县，在宁波市南部沿海，中国百强县之一。宁海靠山面海，区域发展差异明显，北部、中部乡镇工业较发达。东部三门湾为宁波南部滨海新区，是宁海滨海经济发展主战场。西南部乡镇多山少田，生态优势明显，经济基础相对薄弱。据宁海县统计局、宁海县公安局统计，2022年末户籍总人口62.9万，辖4个街道、14个镇乡、44个社区、332个行政村。全县土地面积1843平方千米。[2]

宁海县首创村级小微权力清单制度，大力推进清廉村居建设。早在2014年，宁海县针对村干部滥用权力、腐败多发等现象，在岔路镇等进行农村小微权力规范运行改革，首创颁布了《宁海县村级权力清单36条》（以下简称宁海"36条"），其中包括19条集体管理事项和17条便民服务事项。[3] 这就使小微权力首次有了明确的"边界"。宁海县继续探索实践，对"36条"进行修订完善，2018年又推出了新版"36条"，基本实现了把县、乡、村级三级权力联动关进制度笼子的目标。宁海"36条"是一种编织村级小微权力笼子、建构以权力清单为进路的治理模式，它是以提高村民自治水平为核心，以加强农村小微权力监督为重点，以优化服务群众机制为落脚点，依据"全面清权、标准配权、

---

[1] 农民日报评论员. 健全自治、法治、德治相结合的乡村治理体系 [N]. 农民日报，2017-11-10.
[2] 行政区划 [EB/OL]. 宁海县人民政府网，2020-08-20.
[3] 翁杰，高晓晓."浙江经验"写入中央一号文件 [N]. 浙江日报，2018-02-07.

公开晒权、按图行权、依法制权"构设出农村小微权力法治化、规范化的运行体系,为治理乡村"微腐败"奠定坚实基础。① 宁海依法将"36条"写入村民自治章程和村规民约,严格执行村级重大事项"五议决策法"、党务公开、村务公开、财务公开和群众评议等。

宁海县深入落实"36条",有助于构筑基层不敢腐、不能腐、不想腐体制机制,铲除村干部滋生腐败土壤,打通公共政策下村的"最后一公里",把权力放在村民和公众的监督下阳光运行,为打造充满活力、和谐有序的善治乡村提供了保障。有学者指出,宁海的实践改变了基层政治文化生态,极大地促进了体制改革。② 宁海县村级小微权力清单改革的做法主要概括为以下五个方面。

(1) 厘清村干部权力边界,建立小微权力清单

法国思想家孟德斯鸠说:"一切有权力的人都容易滥用权力,有权力的人使用权力一直到遇有界限的地方才休止。"③ 调查显示,村主任等基层干部成为腐败的高发群体。从宁海县情看,行政村最多时可得政府上千万元资金扶持,如监督不到位,就会出现权力滥用现象。所以,探索建构村级小微权力清单,制定村级组织和村干部权力清单,其意义重大。权力清单改革的核心是限权,限权前提是确权和清权,使其受到制约。宁海县在2014年2月初由县委牵头,县纪委、组织部、政法委、法制办、农林局等涉农部门联合,深入农村基层第一线,了解农村的实际情况和需求,初步搜集并汇总得出60多项村级组织和村干部权力事项。宁海县所有涉农部门和利益相关者一起参与讨论、协商、修改,梳理出村级事务权力清单,即宁海"36条",包括11大类36个具体事项,确定了村干部在村级重大事项决策、集体资源和资产处置、项目招投标管理等集体管理事务19条,农村宅基地审批、困难救助申请、印章管理、户口迁移等便民服务事项17条。这就为村干部如何做提供了行动指导。

从文本视角看,宁海"36条"内容丰富,基本覆盖乡村的政治、经济、文化、社会、服务等各个领域。可以说,基本实现了村级组织和村干部行使村务

---

① "36条"成为推进基层社会治理的"宁海经验" [N]. 澎湃新闻·澎湃号·政务,2018-07-31.
② 陈云松. 宁海村级权力清单"36条"列入民政部委托研究课题 [N]. 宁波日报,2015-03-16.
③ 孟德斯鸠. 论法的精神(上册)[M]. 张雁深,译. 北京:商务印书馆,1993:154.

权力内容的全覆盖。其中,"五议决策法"是宁海"36 条"的核心和基础,是村庄公共事务民主决策的核心机制,所有公共事务依其执行,这有助于村干部权力的规范操作和运行,降低腐败的发生率。如图 4-1 所示:

**宁海县村务工作权力清单 36 条**

一、村级重大决策事项
1.村级重大事项"五议决策法"流程图

二、村级招投标管理事项
2.物资、服务采购流程图
3.微型工程流程图
4.中小型工程流程图
5.大型工程流程图

三、村级财务管理事项
6.财务开支流程图
7.出纳现金支取流程图
8.非村干部工资报酬发放流程
9.招待费支出流程图

四、村级工作人员任用事项
10.团、妇、民兵组织人员任用流程图
11.治调、计生等其它工作人员任用流程图
12.文书、出纳(报账员)任用流程图
13.临时用人、用工流程图

五、阳光村务事项
14.党务公开流程图
15.村务公开流程图
16.财务公开流程图

六、村级集体资产资源处置事项
17.集体资产资源处置流程图
18.财产物资管理流程图
19.集体土地征收及征收款发放流程图

七、村民宅基地申请事项
20.农村宅基地审批流程图

八、村民救助救灾款申请事项
21.低保(五保)申请流程图
22.救灾、救济款物发放流程图
23.办理被征地农民养老保障流程图
24.大病救助申请流程图
25.党内关爱基金申领流程图

九、村民用章管理事项
26.印章管理流程图
27.户籍迁移流程图
28.分户手续证明流程图
29.殡葬管理流程图
30.水、电开户申请流程图

十、计划生育服务事项
31.计划生育办证流程图
32.流动人口婚育证明办理流程图
33.计划生育家庭奖励扶助金发放流程图

十一、服务村民其他事项
34.入党申请流程图
35.党员组织关系迁转流程图
36.矛盾纠纷调解流程图

图 4-1 宁海"36 条"的主要内容

(2)制定权力运行规范流程,编织小微权力笼子

政策倡导者推动了政策内容和所涉事项的图谱化。借鉴 ISO9000 质量管理标准理念,界定村干部和村级组织的岗位职责,切实做到"六个明确",即每项村务工作的事项名称、实施的责任主体、事项的来由依据、运行的操作流程、过程的公开公示、违反规定的追究办法等。① 编制权力运行和主体的工作规范流程,绘制事项流程图 45 张,形成《宁海农村小微权力职能手册》《宁海农村小微权力操作手册》。这些流程图把不同村级组织在每个环节怎么发挥作用组合起来。②

目的是确保小微权力运行有程序、可控制、能规范、有依据。无论村干部

---

① 褚银良."宁海小微权力清单"改革实践与思考[J].政策瞭望,2015(6):37.
② 中国青年报编辑部.宁海·学者谈[N].中国青年报,2016-01-15.

和村民的文化程度如何，都能对村干部权力的运行有全面而明晰的了解和监督，这样就有利于防范村干部推诿扯皮、吃拿卡要等现象发生。对于具体的权力事项和流程图，宁海县也会依据实际工作需要进行修改完善，如2018年就对11项权力事项进行归并，修改28项流程，完善24项保障机制。

可以说，宁海县小微权力清单治理"微腐败"机制是有效的，这种做法让村干部无法成为乱飞的"苍蝇"，同时也优化了干群关系，改善了村干部形象。由于成效明显，使得宁海县小微权力清单治理"微腐败"机制备受瞩目，就在"36条"出台后至2018年9月，已有全国300多个县（市、区）单位到宁海考察学习。2018年2月，中共中央、国务院把宁海县小微权力清单治理"微腐败"机制精神写入中央一号文件；2019年6月，宁海县小微权力清单治理"微腐败"机制被评为全国首批20个乡村治理典型案例之一。

（3）建立完善多维监督体系，限制权力寻租空间

宁海县建立了上级监督、村监会、群众监督有机统一的三级监督体系，实施主体内部以及各主体之间的监督制衡，形成"大监督"格局。其中，上级监督，即上向监督，主要是上级党委、政府，如乡镇（街道）纪委、"三资"管理服务中心等；村监会，即横向监督，是专门的村级监督机构；群众监督，即下面监督，主要是村民、村民代表和党员。在党委政府监督层面，制定"联村铁律30条"，以有效监督村干部。制定加强村干部队伍建设的"锋领头雁20条"，建立健全正反激励制度，配套出台《宁海县提高村干部基本报酬待遇的意见》，以及村干部违反规定56项具体行为和责任追究标准等，推动了农村基层干部"有畏有为"，坚持了为民初心。在村监会监督层面，制定《村务监督明白卡》《村务监督对账单》《村务监督论坛》等，消除了村干部以权谋私的制度漏洞，为"36条"实施提供制度保障。在群众监督层面，试点推行"乡贤议事会""村务评说会"等制度，坚持让权力在阳光下运行，让群众监督权力，让监督更有生命、更具备可持续性。

同时，监督更加精准。从监督内容上看，变单一监督为全面监督。如村监会主任原来主要监督财务管理，而现在监督的内容更全面，如监督决策议事、项目推进、村级组织人员任用等事项。从监督程序上看，变被动监督为主动监督。"36条"规定了监督的内容以及怎样监督，给村务监督和村监会监督提供了指导。从监督方式上看，变事后监督为事前、事中和事后全程监督。依据

"36条"规定，进行的是全过程监督，有助于规范村干部的小微权力，杜绝"小官巨腐"。

(4) 强化关键环节监督管理，实行干部违规问责

宁海县根据实际工作需要，制定了一系列针对村干部违纪追责办法的制度，如《宁海县农村干部违反廉洁履行职责若干规定责任追究办法草案》《宁海县村干部辞职承诺实施办法》《宁海县农村集体"三资"和财务管理责任追究办法》《保障村级组织正常工作秩序的实施意见》等，这些为村干部的廉洁履职和村级组织的正常运转提供制度保障，并教育和警示村干部规范用权。同时还推出了"五险一金"廉政风险干预机制，即从政风险、用权风险、持家风险、工程风险、自律风险和廉政保证金。① 这种机制主要针对由上级财政发放报酬的村干部，对促进村干部廉洁从政、防范腐败行为具有重要意义。

此外，县纪委、民政局、农林局等涉农部门根据其职责，通过"三务公开"检查、农村财务审计、"村账镇代理"会计核算监督以及信访举报等多种公开渠道，及时发现问题，严格追究村干部的违规违纪行为，杜绝了滥用职权、乱作为、不作为的现象。从2014年实施小微权力清单制度到2018年4月期间，全县各级纪检监察机关针对违反"36条"问题警示谈话536人，党纪立案及处理87人、移交检察机关6人。② 这就实现了全面从严治党向基层延伸，打击了腐败行为，同时全县村干部廉洁自律问题信访事件也大幅下降。据调查显示，截至2022年11月，宁海县各级纪检监察组织共收到反映农村党员干部问题的信访件57件次，同比下降48.1%。③ 由此可见，通过关键环节监督管理，实行干部违规问责，这不仅有效限制了村级权力行使中的专权乱权，减少了权力寻租，还改善了干群关系，促进了社会和谐。

(5) 推行小微权力公开运作，打造村务阳光工程

宁海主要从以下三个方面入手：首先，强化村务公开，将"36条"以漫画、流程图、口袋读本等简单易懂的方式公布。如在每个村绘制墙体漫画，在

---

① 杨勇. 乡村治理的宁海样板 我县规范村级小微权力推动实现依法治村 [EB/OL]. 宁海新闻网，2019-06-10.
② 杨守涛. 农村基层廉政建设的系统构建与有效运行：宁海县小微权力清单治理微腐败机制研究 [J]. 中共福建省委党校学报，2019 (6)：94.
③ 孙吉晶. 擦亮新时代乡村治理品牌：宁海村级小微权力清单36条迭代升级 [N]. 宁波日报，2022-12-14.

群众聚集区域设立宣传广告牌、悬挂横幅，也可向群众发放口袋读本、漫画图册和监督案例等。让村干部小微权力的行使公开透明，保障村民的知情权。既扩大群众对"36条"的知晓率，也提高干部对"36条"的熟识度。

其次，做到公开公示，监督更透明。除坚持农村党务、村务、财务定期公开外，还做到制度性工作长期公开、阶段性工作及时公开、经常性工作定期公开、临时性工作随时公开，其他村级重大事项根据需要同步公开。

最后，积极探索"网络+传统"模式的村务公开办法。建设宁海"阳光村务网"和数字电视公开平台，开通微信公众号，不间断推出"36条"及其典型案例的专题报道，让群众通过电视或手机就能了解政策的相关规定和最新动态，并通过平台交流、查询村级事务办理情况。宁海县纪委监委党风政风监督室负责人说，村民可以通过平台发现问题，进行线上投诉，不受时间和地点的限制。数据显示，宁海已有24万多村民注册了"监督一点通"，群众只需动动手指，就能及时了解村里的重大事项、三务公开、村级采购等信息。[①] 由此可以看出，宁海实现了村级事务的全方位、全周期公开公示。可以说"36条"随着时代需求迭代升级，以适应新的需求和挑战，这是宁海践行全过程人民民主的生动诠释。

3. "后陈经验"：深化村务监督委员会建设

2004年6月18日，浙江省武义县后陈村创造性地设立了全国首个村务监督委员会，成为全国村务监督委员会制度的发源地。武义县，隶属浙江省金华市，位于浙江省中部，金华市南部。面积1577.2平方千米，人口34.5万。"后陈经验"是指浙江省后陈村在村务监督委员会建设方面的成功经验。"后陈经验"既是武义的制度创新，也是浙江基层治理的样板。2017年12月，中央出台《关于建立健全村务监督委员会的指导意见》后，使其从治村之计上升为治国之策。

武义县后陈村村务监督委员会制度的主要特点是形成"一个机构，两项制度"的村务监督模式。一个机构即村务监督委员会，两项制度即村务管理制度、村务监督制度。根据上述制度文本及其武义县后陈村的实践，将后陈村的村务监督委员会制度的核心内容概括为以下四个方面：一是分权制约，突出权力制约权力。村务监督委员会制度的贡献是在村级公共权力组织结构中增设了村务

---

① 孙吉晶. 擦亮新时代乡村治理品牌：宁海村级小微权力清单36条迭代升级[N]. 宁波日报, 2022-12-14.

监督委员会，形成新型村级权力制约关系和分权治理的控权模式。村务监督委员会由村民代表会议选举产生对村民代表会议负责，村务管理和村务监督分离。二是过程监督，实施事前、事中、事后监督。即事前实施超前监督、事中实施跟踪监督、事后进行检查监督。三是制度规范，强调以制度约束权力。即健全了村务管理的组织制度、运行机制，创设了村务监督委员会建设制度。四是信息沟通，促进农村基层社会的协同共治。集中表现在民意传递，实施"合意性"沟通；村情交流，实施"知情性"沟通；提议呈报，实施"建议性"沟通等。①

可以说，村务监督委员会制度是旨在解决农村基层治理的权力失控、失范，推进基层治理的民主化、有序化，提升村民自我管理、自我监督的能力，是一种新型的农村基层社会治理权力调控模式。近年来，武义县不断深化"后陈经验"，围绕以"清廉村居"建设为核心，以村务监督为重点，积极探索村务监督标准化综合体框架，打造全国基层社会治理"新标杆"。

(1) 注重监督协同化，推动多元主体良性互动

村务监督委员会的核心职能是监督，发挥好监督作用才能彰显其优越性。武义县后陈村村务监督委员会成立后，委员由村民选举产生，是村民利益的代表者，助推基层政府、村干部和村民间的互动，为探索新时代农村基层治理现代化提供了指导。

一方面，加强党的领导，建强村监委队伍。村务监督委员会的各项工作都在党的领导下进行。武义县主要从以下四方面入手：一是压实主体责任。乡镇党委切实履行好主体责任，明确1名领导班子成员为具体责任人。如2017年5月，58岁的陈玉球选为后陈村村务监督委员会主任。② 二是明确功能定位。村务监督委员会是村民监督村务的主要形式，不直接参与具体村务决策和管理，严格依法对村务、财务管理等情况进行监督。三是配强工作力量。乡镇党委、村党组织要把好人选关，突出政治标准，选聘具有较高政治素质和专业素养的人担任委员，严格执行任职回避制度，由非村民委员会成员的村党组织班子成员或党员担任主任。四是强化履职监督。严格依法监督，保证和支持村务监督

---

① 戴冰洁，卢福营. 农村基层社会治理的权力调控模式创新：写在后陈村村务监督委员会诞生十周年之际 [J]. 浙江社会科学，2014（6）：83.

② "后陈经验"为乡村治理提供新鲜样本 武义县出台村务监督规范化建设"20条" [N]. 金华日报，2018-07-20.

委员会依法行使职权。同时对村务监督委员会履职情况进行监督，指导解决其重点、难点问题。乡镇对村务监督委员会主任履职情况进行考核，对不认真履职的进行批评教育、责令改正；对考核优秀的可给予适当奖励。

另一方面，坚持统筹推进，推动多元主体良性互动。"后陈经验"是武义各乡镇、村共同的智慧结晶，因此，各部门、乡镇都要齐心协力。一是坚持统筹推进。县级党委和政府要切实履行主体责任，具体组织实施；各级党委组织部门牵头协调，民政等单位共同参与，形成合力。二是加强与村民之间的沟通联系。村务监督委员会可通过向村民公开具体的村务、财务运行情况，使村民对村组织的信任度进一步提高，同时也可以收集村民对村庄事务的意见和建议，让村"两委"的决策、管理更加符合民意。当村务监督委员会成员通过上门走访等方式听取村民意见时，就可以及时发现问题并解决问题，也有助于调动广大村民参与村务工作的积极性、主动性和创造性。

（2）注重监督整体化，推动村务全过程监督

"后陈经验"以村务监督委员会建设为切入点，在监督内容上，从财务监督向村务监督延伸；在监督程序上，从事后监督向全程监督延伸；在监督效果上，从无效监督向有序监督转变，确保监督精准。[1]

一是在监督内容上，从财务监督向村务监督延伸。后陈村在把财务监督作为村务监督重要内容的同时，逐步向其他领域延伸，如监督村务公开、监督村务决策、监督"三资"管理、监督村工程项目建设、监督惠农政策措施落实以及监督农村精神文明建设等，实现村务监督全覆盖。例如，在监督村务公开方面，2017年9月，后陈村创办村报——《后陈月报》，内容涉及村里的大小事务，还会对上月财务收支情况进行刊登，第一时间让村民了解上个月村里的大小事务。同时也运用广播、电视、新媒体等形式扩大公开，达到信息透明、服务便捷和有利监督的目的。

二是在监督程序上，从事后监督向全程监督延伸。后陈的村务监督委员会是一种常设性的专门机构，民主监督也由兼职变为专职。村务尤其是财务监督是全程性的监督，这就可避免事后监督滞后性，保障农村基层权力正常运行。事前实施超前监督，即参与村务决策过程，对不合民意或制度规定的决策及时

---

[1] 侣传振，董敬畏．后陈经验的新发展：从治村之计到治国之策［M］．杭州：浙江工商大学出版社，2022：113．

提出异议、并要求整改；事中实施跟踪监督，即参与村务决策执行的全过程以规范其行为；事后进行检查监督，即做好财务审查、结果公开和考核等工作。后陈的这种做法符合法律和政策的导向，使各种矛盾有了内部化解的机制。

三是在监督效果上，从无效监督向有序监督转变。在武义县过去的村务监督工作中，存在一些无效监督问题，出现与群众信息不对等而引发上访问题。自武义县村务监督委员会制度建立以后，其成员通过走村入户，深入基层倾听群众意见，让村民参与"监督"、监督"监督"、评判"监督"，切实保障广大村民的知情权、参与权、决策权与监督权，有效解决了以往管理缺少民主、监督机制不足、村务透明度低等问题，推动着乡村和谐稳定发展。

（3）注重监督精细化，推动村务监督精准高效

武义县借助多种机制和手段实现村务监督的精致化、准确化。作为村务监督委员会制度的创新者和诞生地，武义县专门成立深化"后陈经验"领导小组，不断推进村级事务精细化管理全覆盖，构建形成一整套村级事务精细化管理运行机制，促进村务监督日益规范化、精细化。

一方面，强化标准化督权。2018 年，武义出台《关于推进村务监督委员会规范化建设的实施意见》，制定了"村务监督 20 条"，对其监督人选、工作职责和方式、管理考核等进行规范。足见武义将村务监督委员会建设纳入法治化、规范化轨道。2019 年，武义发布《村务监督工作规范》（DB33/T 2210-2019），明确村务监督的职责和权限，规定村务监督工作的具体流程和操作步骤，为村务监督工作开展提供明确的指导和保障，标志着村务监督委员会监督进入有标准指导的新阶段。同时，建立小额支出事后评估等"村务监督十法"、划定村务决策"签字背书"等 6 项监督重点、完善信访调处第一责任等 5 项机制，使村务监督更加精准高效。[①]

另一方面，明确监督重点提升精度。武义坚持"村务监督的实质是群众监督"原则，让群众参与监督得到进一步保障。武义围绕民生、扶贫、村干部勤政廉政、集体"三资"等重点领域，定期开展基层侵害群众利益问题专项整治活动，通过群众参与重要事项跟踪监督等举措，推动问题有效整改。另外，丰富监督载体提高质效。通过探索"双述职双反馈"机制，发挥党员的沟通桥梁

---

① 侣传振，董敬畏. 后陈经验的新发展：从治村之计到治国之策 [M]. 杭州：浙江工商大学出版社，2022：116.

作用，如每月 15 日村监会向党员、村民代表述职，汇报监督情况，并接受信任度测评。从实效上看，武义在推行与完善村务监督委员会制度后，村级公款吃喝、工程招投标和"三资"管理中的问题得到解决，可以切实改善党群干群关系，进而提升群众获得感和满意度。

（4）注重监督智慧化，创新村务监督方式方法

武义县在推广和发展"后陈经验"过程中，不断将现代信息技术与村务监督相结合，创新村务监督的方式方法，有助于提高乡村治理的透明性、公开性与公平性，确保村级公共权力为民所用，为民所谋。

一是现代信息技术推动村务监督手段便捷化。近年来，现代信息技术的迅猛发展势不可挡。现代信息技术在乡村社会的广泛应用，逐渐改变了传统的村务公开与村务监督模式。传统的村务公开一般采取公示栏、公告栏等方式进行，很多村民根本不去观看，所以效果不是很理想。随着数字乡村战略的不断实施与推进，武义县运用数字化手段，以数字化改革为牵引，聚焦村务决策运行管理，创建"后陈经验"村级事务数字化工作平台，即线上村级事务办理、村级权力监管系统。总平台分为三个子平台，即公开平台、办事平台、监管平台。所有的印章管理、村级事务，武义县梳理出来的 11 个大类 32 条事项都能进行线上办理，大大提高了办事效率，也提升了基层治理效能。譬如，2021 年以来，武义县 303 个村（社）都已上线运行"后陈经验"村级事务数字化工作平台，目前共有 17000 多条村级事务在系统中运行，审核村集体资金 7200 余万元，群众点击阅读量超过 5 万人次。上半年，全县农村信访量同比下降 69.5%。①

二是村务监督手段信息化带动村务监督手段多元化。武义县积极探索构建"互联网+村务监督"新模式，主要采取以下三种监督方式。第一，一些乡村借助互联网技术将村庄的"三务"运行情况与远程教育点联通，将村级财务账目、凭证等全部扫描录入系统并上网公示，村民可随时了解村务信息和村治情况，实行实时、动态、全方位监督管理，这就大大提升了村务监督的透明化，实现了村务监督全过程，保证了村级财务公开透明。第二，充分利用微信群、QQ 群等创新村务公开方式，征求群众意见、接受群众监督，既方便监督工作，也减轻了村干部的压力。第三，构建村务监督平台实现群众全方位监督。如上所述，

---

① 浙江武义：村务线上办 监督更高效 数字化手段赋能"后陈经验"［EB/OL］. 澎湃新闻·澎湃号·政务，2021-07-27.

武义县创建的一款线上村级事务办理、村级权力监管的系统,所有的数据可追踪可溯源,实现村里大事小事群众看得到、看得全、随时看。

(二)河南省"微权四化"廉政体系建设

这里主要以河南省淮阳县为例,来总结其取得治理"微腐败"的有效经验。淮阳县地处豫东南周口市中部地区,现有18个乡镇。河南省淮阳县在推进乡村廉政体系建设过程中,积极构建基层"微权四化"即"权力清单化、履职程序化、监督科技化、问责常态化"[①]廉政体系,重点针对发生在群众身边的"微腐败"实行有效监督,确保"小微权力"在阳光下运行,打造基层清朗党风政风,为治理乡村"微腐败"提供了一个鲜活样本。2016年初颁布《淮阳县构建基层"微权四化"廉政体系建设实施方案》,该县在推行"微权四化"以来,乡村治理取得了明显效果。譬如,从廉政勤政讲,有效遏制了腐败,保护了干部;从监督效果讲,彰显了效率,展现出广阔的前景;从社会管理讲,保持了稳定,促进了和谐;从政权建设讲,赢得了民心,巩固了政权;从便民利民讲,方便了群众,提高了办事效率等。淮阳县推行"微权四化"的基本做法概括为以下四个方面。

1. 权力清单化,实现清单之外无权力

淮阳县积极探索权力清单化道路,以实现清单之外无权力目标。权力清单化目的在于明确政府部门的职责、权限,规范行政行为,提升社会治理的科学性和规范性。针对群众反映强烈的热点、难点问题,淮阳县逐一列出权力清单。

一是厘清乡镇权力清单和责任清单。县乡职能边界不清,使乡镇权责不等,造成乡镇政府不堪重负。为推动"微权四化"发展,淮阳县坚持以法定职责为依据,按照权责对等原则,划分县级党委、政府及其部门与乡镇的权责,界定乡镇政府责任范围,明确乡镇党委主体责任和纪委监督责任,如第一责任人是党委书记,监督责任人是纪委书记,列出25项主体责任清单,15项监督责任清单,以维护乡镇政府的法定权力,切实为乡镇减负减压。

二是厘清站所权力清单。重点列出民政所等和群众相关的6个职能站所的权力清单。譬如,村镇建设中心在农村危房改造、村公共设施筹资方面,民政

---

[①] "权力清单化、履职程序化、监督科技化、问责常态化"是淮阳县委办公室文件的规范提法。

所在低保办理、救灾救济发放、大病救助、五保户申报方面，财政所在村集体资产、资源处置、审核村级财经账目方面，劳保所在城乡居民社会养老保险办理方面，计生服务中心在计划生育奖励扶助、生育证办理方面，派出所在户口登记办理方面6个职能站所85项权力清单。通过厘清权力，实现清单之外无权力。

三是厘清村级权力清单。依据相关法规，对村里的土地流转、筹资筹劳、救灾救济以及村干部办理的低保、五保、计生、危改等事项，编制《农村"小微权力"清单》，厘清干部11类46项权力清单。目前，全县18个乡镇467个行政村累计列出权力清单131项。[①] 按照责任清单，乡村干部行使的每项权力、办理的每项事务都有据可依。

2. 履职程序化，实现权力运行无越界

履职程序化的实施对实现权力运行无越界具有重要意义。在过去，淮阳县群众曾对乡村干部处事不公、办事拖延不满意。如今自淮阳推行履职程序化以来，通过建立健全的履职程序，强化程序意识，实现履行程序无任性，使政府权力行使有章可循、有据可查，这一问题就得到了明显解决。

一是绘制权力流程图。依据权力清单逐项列出权力的办理主体、范围界定、运行依据、办理程序和时限等，绘制"小微权力"运行流程图46张，这就为村干部行使权力和群众办事提供了指导。干部清楚哪些事能做、怎么做，群众了解办事流程、怎么办。如白楼镇群众工作中心大厅的每个服务窗口，都标注着该岗位的责任清单和工作流程图，把责任内容落实到岗、明确到人、具体到事，为群众提供"一站式"服务，同时明确村监督委员会监督责任与办法，防止干部推诿扯皮。

二是规范权力运行程序。在村一级，对清单规定事项实行"两议两审两公开一监督"[②]。"两议"即村"两委"商议、村民代表大会决议；"两审"即乡镇包村干部审核、职能站所审定；"两公开"即村公示栏公开、互联网公开；"一监督"即村监委成员全程参与、现场监督。依据责任清单，村干部用权、办事都按照"两议两审两公开一监督"程序进行。2016年3月至年底，淮阳县乡

---

① 联合课题组. 规范乡村权力运行是治理"微腐败"的治本之举：河南省淮阳县开展"微权四化"廉政体系建设的调查与思考[J]. 中州学刊，2017（5）：21.

② "两议两审两公开一监督"及相关提法均为淮阳县委办公室文件中的规范提法。

村照此办理的近4000项与权力相关事项,获得村民认可。[1]

三是完善规章制度。建立健全基层党务、政务、村务公开制度,完善村干部履职、"三资"管理、村级财务管理、惠农资金、涉农项目及乡镇群众工作中心首问负责制、限时办结制、责任追究制等村级制度建设,夯实用制度管人、管权,按制度办事的长效机制,以增强工作实效。

3. 监督科技化,实现权力监管无盲区

淮阳县积极推进监督科技化,以实现权力监管无盲区的目标。淮阳县依托县、乡群众工作中心,县、乡纪委,村监委运用科技手段进行多方位、多层次监督,其实践经验为其他地区推进政务公开和监督工作提供有益借鉴。

一是加强县群众工作中心网建设。县纪委投资30万元升级了网络监督管理中心,对乡、村实施远程监督,同时在县群众工作中心网设立信访举报平台。淮阳县建立的群众工作中心网,设9个平台,16个窗口,是集网上信访举报、视频音频监督、网络互动对话、网络问政、乡村党务政务公开、基层干部用权履职、农村"三资"管理等于一体的高科技网站。

二是乡镇群众工作中心增设科技监督平台。现在全县18个乡镇219个行政村都安装了高清旋转视频监控。这种全场景、全天候的监督,展示科技威力,增强监督效果。该县的群众工作中心场地都在1000平方米左右,相关设施齐备。群众工作中心各职能窗口,如村镇建设、民政、财政、婚姻登记、司法、人大、政协等都有权力公示、办事指南、专人接待等,群众举报监督室可直接受理咨询与举报。譬如,大连乡的群众工作中心,干部吃住在现场,下班后也有人值班,这就方便了群众,提升了办事效率,得到了群众的广泛赞许。这个中心已经成为乡镇党委、政府、纪委等职能的浓缩版,群众对乡村干部和党的满意率也都在提高。如在2016年乡镇党委换届民主测评中,对18个乡镇党委满意率达98%。

三是村监会成员全程参与村党务村务活动,现场录像,做到全程监督。如上所述,淮阳县219个行政村都安装了高清旋转视频监控,对所辖行政村实施全覆盖监督。同时网上公布行政村办理的各项事务,通过远程科技监督,实现

---

[1] 联合课题组. 规范乡村权力运行是治理"微腐败"的治本之举:河南省淮阳县开展"微权四化"廉政体系建设的调查与思考 [J]. 中州学刊, 2017 (5):22.

监督之内无盲区。

4. 问责常态化,实现追究问责无例外

问责制度是一种对政府工作进行监督和约束的机制。淮阳县推行的问责常态化是一项重要的改革举措,问责制度常态化的实施对淮阳县反腐败意义重大。鉴于此,淮阳县对越权越位、违规违序办事者进行严厉问责。

一是健全责任追究制度。他们制定了与"微权四化"配套的责任追究办法,既要求严格遵守有关条例和法律法规,又将问责和奖惩结合起来,以增强问责效果。如对违反者酌情用函询、约谈、通报批评、诫勉谈话等形式处理,依据处理的不同形式分别扣除其月补贴的10%、20%、30%、50%。

二是畅通信访举报渠道。淮阳县广开信访渠道,发现问题及时实施问责。如发挥12388信访举报主渠道作用,健全信访举报工作机制,及时发现问题、及时调查了解、及时问责到位。淮阳县自推行"微权四化"廉政体系以来,全县查处126人,问责121人,确保了"小微权力"在阳光下运行。[①] 如临蔡镇大郑行政村党支部书记代运生违规享受低保,经查实后取消其低保并给予党内严重警告处分。

三是严格实施"一案双查"。淮阳县对因监管不力造成"小微权力"失控问题,实行"一案双查",违规违纪"零容忍",问责实现无特例。如2016年,共通报乡镇2个、窗口站所11个和问责干部17人。[②] 通过问责"小事"立规矩,严查"小案"赢民心,让"微腐败"无处藏身,使基层党风廉政建设明显好转,以及党群干群关系得到明显改善等。可以说,淮阳县推进"微权四化"廉政体系建设是一项重要举措,成效显著,这对我们有效治理乡村"微腐败"、加强农村基层党风廉政建设具有重要指导意义。

## 二、国内乡村"微腐败"治理的启示

通过上述探究"枫桥经验"——自治、法治、德治相结合的乡村治理体系,"宁海经验"——小微权力清单治理"微腐败","后陈经验"——深化村务监

---

① 淮阳县纪委.淮阳县纪委构建"微权四化"廉政体系打造基层"四无"空间[EB/OL].淮阳县纪委,2016-12-01.
② 淮阳县纪委.淮阳县纪委构建"微权四化"廉政体系打造基层"四无"空间[EB/OL].中共周口市纪律检查委员会,2016-12-01.

督委员会建设,以及淮阳"微权四化"廉政体系建设等,为我们进一步推动乡村"微腐败"治理开创了有效进路并提供了重要启示。

(一) 坚持制度创新是治理乡村"微腐败"的根本

制度带有全局性、稳定性,管根本、管长远。用制度管人、管事、管权,有利于从源头上防止不正之风。腐败是制度缺陷的产物,只有通过制度创新才能真正根治腐败。制度创新是解决腐败问题的重要途径,制度创新是通过建立科学的制度体系来规范和约束行为,只有在制度创新基础上,才能实现乡村治理的规范化、制度化和科学化,提高乡村治理的透明度和公正性,从而能更加有效地治理乡村"微腐败",使得乡村成为真正意义上的"人民政权"的基石。因此,必须坚持制度创新,通过建立更加细致、全面的监管制度来防止"微腐败"。

譬如,宁海创建"36条",就是通过梳理农村公共权力建立起小微权力清单制度,实现确权勘界和明权定责。既加强对村级权力制度规制的顶层设计,又坚持在实践中创新。一方面,宁海"36条"小微权力清单制度创建是战略全局上的顶层设计和统筹规划,从整体上制定出清单制度改革实施、推进、深化的路线图和时间表;另一方面,也要采取渐进式推进,做到在战略决策上坚持顶层设计,在战术选择上鼓励实践探索。然后再总结提升深化,不断推进制度完善和治理有效发展。

武义县后陈村也十分重视优化村务监督委员会制度体系,制定村务管理制度和村务监督制度,以及出台《武义县村务监督委员会履职细则》《村务公开工作八个规范》《村务监督委员会定期述职制度》等,来推进村务监督工作程序化、规则化、法治化。在实践中不断创新村务监督机制,如村务监督"十法"、"双述职双反馈"机制等,为村干部公平公正做事提供良好的政治环境。

坚持制度创新是发展和创新"枫桥经验"的核心要素之一。进入新时代,枫桥更加重视提供公共服务的制度建设,坚持以"最多跑一次"改革为抓手,打造"枫桥经验"升级版。以党政机构改革这一制度安排为起点,重构政府、市场与社会关系,从制度层面实现"以政府为中心"到"以人民为中心"的转变。

淮阳县推行的"微权四化",也是一个重大的制度创新。淮阳通过将更多的权力下放到基层,让基层更加透明、高效、公正地开展工作,提高基层干部的履职效能和满意度，同时也能够更好地回应群众的需求和关切，提供更优质的公共服务，推动县域经济、社会和谐发展，减少"微腐败"的产生。

（二）推进监督模式创新是治理乡村"微腐败"的核心

监督是治理"微腐败"的有效手段。通过监督能够发现和纠正一些不规范的行为，遏制和预防腐败现象的发生。推进监督模式创新可以提高监督的效力，增强村民的参与意识，提升乡村治理的透明度和公正性。在推进监督模式创新方面，主要从以下三个方面入手。

1. 创新监督方式

创新监督方式是现代社会监管的必然趋势。传统的监督方式一般是由镇政府或县政府的相关部门进行督查，它的缺点是样本量不足、反映结果不及时、对问题的调查不深入等。因此可以采取网格化管理、社会组织参与、民意监督等方式监督。

例如，淮阳采取监督立体化，实现权力监管无盲区。一是上级监督。县乡纪委监察通过信访举报、审计部门通过农村财务审计、财政部门通过"村财乡理""三资代理"等监督渠道，从严监督乡村干部的履职过程；乡镇健全述职述廉等制度体系，加强对村干部的监督管理。二是群众监督。推进党务政务村务阳光工程，利用公开栏、宣传页等形式，公开权力清单及各类惠农补贴发放情况，扩大群众知情权、参与权和监督权。三是村监委监督。村监委对村级民生事项办理过程予以监督。

又如，宁海建立完善多维监督体系，限制"权力寻租"空间，既有实施主体和监督主体之间的内部制约，也有外部监督主体的多元化。一是上向监督，监督者主要是上级相关部门；二是横向监督，主要是专门的村级监督机构；三是下向监督，主要是村民、村民代表与党员。[①]

2. 强化监督力度

依靠各种监察机构和部门的力量建立一套有效的监督机制，使监督的流程、内容以及监督部门的权责都得到规范。同时，针对乡村治理的各个环节，建立相应的监督机构和组织，引导公众监督。如宁海创建的"36条"，以加强农村

---

① 黄晓. 小微权力清单：乡村有效治理制度研究：基于升级宁海"36条"实践的分析[J]. 中共宁波市委党校学报，2019，41（3）：100.

小微权力监督为重点，以优化服务群众机制为落脚点，强化关键环节监督管理，通过各种渠道公开曝光那些违规的乡村干部，让村民了解情况加强监督，从严追究村干部违规违纪责任，教育和警示村干部规范用权。

3. 创新监督手段

在监督手段方面，充分运用新的科技手段，如大数据、人工智能等，充分利用公众的监督力量，增强监督的覆盖面和效力。如淮阳建立网络监督管理中心对办事大厅各窗口、行政村工作情况进行实时监督。通过这些创新，可以在乡村治理中建立一套完备、科学的监督制度，有效遏制和预防"微腐败"的发生，推动乡村治理的规范化和现代化。

（三）构建治理"微腐败"的支撑要件是治理乡村"微腐败"的基础

治理乡村"微腐败"是一项长期而艰巨的任务，需要从多个维度进行，才能有效遏制"微腐败"现象，保持政治清明，推动中国反腐败事业的不断深入。其支撑要件包括以下三个方面。

1. 目标要明确

治理乡村"微腐败"，干部廉政、勤政是关键，科学规范乡村干部权力是当务之急。因此，针对"微腐败"治理需要明确以下目标，如提高乡村干部的廉政意识，加强制度建设，强化宣传教育和法治建设，加大惩处力度，推进社会监督等，形成一种积极的社会共治机制，从而形成对"微腐败"的有效管控。如淮阳县把基层干部贪污挪用、吃拿卡要、虚报冒领等列为靶子，着眼于建立权力、程序、科技、问责四位一体反腐败农村廉政体系，体现了支撑乡村党风廉政建设的基本骨架，也是其价值目标的充分彰显。

2. 机制要适用

建立长效机制治理"微腐败"是一项长期的基础性的政治任务。一是建立有效的领导机制。政府应加强对乡村治理的领导，制定出符合实际的乡村治理政策，加强对乡村治理的组织和协调，这是推进乡村规范权力运行，治理"微腐败"的必要条件。二是建立完备的监督机制。建立监督管理体系，加强内部监督和外部监督，确保治理工作的规范有序开展。三是建立完善的奖惩机制。对揭发"微腐败"行为的人员进行奖励，对从事"微腐败"行为的人员进行惩罚，以形成有力的震慑力。四是建立健全的乡村治理机制。需要政府、社会组织和居民的共同参与，形成"政府主导、社会参与、居民自治"的治理格局。

3. 人员素质要提升

提升乡村干部的廉政意识，通过加强对村干部法治意识和职业道德的教育培训，提高村干部的综合素质和管理水平，不断增强其责任感和使命感，使其自觉遵守纪律规矩，营造风清气正的工作环境，从而净化基层治理。同时要加大对乡村"微腐败"的宣传力度，通过多种途径和方式宣传"厉行节约、反对浪费"、依法行政、廉洁从政等理念，提高村干部的廉洁意识与拒腐能力。另外，也要让群众认识到"微腐败"的危害和影响，以及举报"微腐败"的重要性，这样才能激发群众对治理"微腐败"的热情和积极性，使其更加主动地参与反腐之中。

以上要素都是治理"微腐败"必不可少的支撑要件，只有在这些要件的支持下，才能有效地解决"微腐败"问题，提高基层治理水平，维护社会和谐稳定。

（四）高度重视科技反腐是治理乡村"微腐败"的关键

习近平提出，"我们要深刻认识互联网在国家管理和社会治理中的作用"①，推进政府决策科学化、社会治理精准化、公共服务高效化。可见，加快推进网络信息技术自主创新的重要性，也为我们加快科技反腐进程提出新要求。

科技反腐是利用科技手段加强反腐工作，提高反腐效率和精准度。近年来，随着科技的迅猛发展，科技反腐已成为现代社会反腐败的一种新型手段，为反腐倡廉提供更有效的手段和更广阔的空间。数字化管理、大数据分析、人工智能等技术应用于反腐工作中，通过自动化、数字化、智能化手段，不仅提高反腐效率，还能更好地发现和打击腐败行为。如武义县利用大数据分析和人工智能技术，可以快速识别和分析大量的涉腐信息，发现潜在的腐败线索，加强对腐败行为的预警和监测。同时，科技反腐也避免了人为因素的干扰和疏漏，让反腐工作更精准、透明和公正。如宁海县通过建立电子政务平台和信息公开制度，可以让公众更加了解政府的工作和决策过程，推进政府的公开透明和问责制度的建立。

当前，"智慧城市"已经成为热词，对科技反腐提出更高要求。淮阳县监督

---

① 习近平在中共中央政治局第三十六次集体学习时强调 加快推进网络信息技术自主创新 朝着建设网络强国目标不懈努力[J]. 中国广播，2019（11）：124.

科技化的做法也是科技反腐的一个新亮点。譬如，建立监督信息化系统，实现监督信息的数字化、网络化和智能化管理；推广使用监督科技装备，如监控摄像头、智能巡查器等，提高监督工作的覆盖面和深度；利用大数据分析技术，对监督对象进行风险评估和行为分析，提高监督工作的精准度和针对性；加强监督人员的科技培训和技能提升，确保监督科技化的顺利实施；等等。通过淮阳县监督科技化的推进，可以有效地提高监督工作的效率和质量，提升政府的监管能力和公信力，为建设法治化、数字化、智能化社会提供有力支撑。

总之，科技反腐是反腐败工作的重要手段之一，其发展对促进社会的公正和公平具有重要意义。我们应该高度重视科技反腐的作用，积极推动科技反腐的发展和应用，实现反腐败工作的高效、准确和可持续发展，共同建设一个廉洁、公正、透明的社会。

## 第二节 国外乡村"微腐败"治理的经验借鉴

当今世界，许多国家和地区都将治理腐败和廉政建设作为一项重要的执政工作来抓，并探索出了一些有益做法和经验。他山之石，可以攻玉。习近平强调"要积极借鉴国内外有益做法，关键是抓好制度建设这个重点"[①]。"制度反腐"是国际社会反腐倡廉建设中的一条成功经验，即通过加强制度建设来强化对权力运行的制约与监督，这是反腐倡廉的关键。反对腐败、建设廉洁政治，有必要吸收和借鉴人类创造的一切文明成果。通过学习和借鉴国外一些国家和地区的有益做法，有助于提升我国治理腐败的能力与水平。

### 一、国外乡村"微腐败"治理的基本经验

"借鉴国外反腐败的有益做法"是党中央确定的原则与要求，有助于完善我国反腐败制度体系，使我国的反腐败事业事半功倍。这里首先探讨西方发达国家在反腐倡廉方面的有益做法，以期为我国提供借鉴和启示。英国、美国率先

---

① 中共中央文献研究室. 厉行节约 反对浪费：重要论述摘编 [M]. 北京：中央文献出版社，2013：56.

进入现代化,在长达上百年或更长时间与腐败作斗争的过程中,形成了一套符合其国情、行之有效、较为严密的反腐体系。新加坡作为国际社会公认的"亚洲最廉洁的国家",廉政建设成效显著,也值得我们参考借鉴。

(一)西方发达国家乡村"微腐败"治理的主要经验

在西方发达国家,腐败问题一直是政治和社会的热点话题。西方发达国家一直以来都是反腐败的典范。然而,即使在这些国家,乡村地区也存在着"微腐败"问题。尽管这种腐败与政治腐败相比较来说规模较小,但它对公众信任和政府形象的影响也是不可忽视的。西方发达国家对"微腐败"的治理也非常重视,他们采取了一系列措施来防止和打击"微腐败"行为。这些措施不仅可以有效地减少"微腐败"的发生,还可以提高社会公信力和经济发展水平。因此,我们可以借鉴西方发达国家的经验,加强对乡村"微腐败"的治理,推动基层社会的和谐发展。概而言之,西方发达国家治理乡村"微腐败"的主要经验体现在以下四个方面。

1. 建立健全各项基本制度

西方发达国家腐败的滋长、蔓延之势得到了有效遏制,其主要原因之一在于二战后许多发达国家对原有的各项基本制度都进行了若干改革。如在选举制度方面,各国都实行普选制、秘密投票、直接选举。针对地方政府中频发的腐败行为,英、美等国都加强了对地方事务的控制与监督,地方政府自身也进行了一些改革,如加强用工资报酬等物资手段激励公务员提高效率。为便于公众监督和清除腐败行为,一些国家还推出两项新制度。[①] 具体如下:

一是建立财产申报制度。财产申报制度是反腐败的重要手段。财产申报制度可以让公职人员公开自己的财产状况,让人们对其财产来源有所了解,从而防止腐败的发生。美国作为世界上最发达的国家之一,在这方面的经验和做法值得借鉴和学习。美国建立财产申报制度的历史可以追溯到20世纪初期,现已成为美国税务法律体系的重要组成部分。美国在廉政法中规定建立政府官员的财产和收入申报制度,这对保持政府的透明度和公信力起到了重要作用。并要求官员必须定期填写收入财产申报单,还必须如实填写,如有造假,一旦发现立即处理。美国财产申报制度的实施,有助于政府监管、税收征收以及打击违

---

① 贺军,赵斌. 中国反腐败之路新探[M]. 北京:中国言实出版社,2001:199.

法犯罪活动。日本从1984年开始实行内阁成员资产公开制度，自此以后，日本政治家们的财产状况被公之于众，这就有助于公众监督政治家的行为。在欧洲，法国是最早建立财产申报制度的国家之一。法国制定了《政治家生活资金透明度法》，该法规定政治家必须公开自己的财务状况和财产，包括银行账户、股票、房产、汽车和其他资产，并公开自己的收入来源，包括工资、奖金、津贴和其他收入。政治家必须每年更新自己的财务状况，并在政府网站上公开。其他许多发达国家也建立起类似的制度。

二是贯彻公开化原则，提高政府行为透明度。在西方发达国家，政府公开化的实践已经成为一种传统。政府公开化的实践可以追溯到18世纪后期，当时英国议会通过了一项法律，要求政府公开其行为和决策过程，此举标志政府公开化的开始，也为其他国家政府公开化提供范例。此后，其他西方国家也相继采取类似的措施，以提高政府的透明度。如美国国会先后通过了《联邦行政程序法》《情报自由法》等，这是美国政府推进透明度和公开性的重要举措，也是保障公民权利和自由的重要措施。同时，公开化的范围广泛，内容多种多样。譬如，政府的各种文件、会议记录、档案材料（保密除外）都对公众开放，官员的个人财产收入状况对社会公开等。可以说，政府公开化的实践不仅为西方国家的发展带来巨大贡献，也为其他国家的政府公开化提供借鉴和参考。

2. 高度重视法治建设

法律是治理"微腐败"的基础，只有廉政立法、严格执法，才能有效遏制"微腐败"的发生。西方发达国家注重加强法律法规的制定和执行。这是当代发达国家反腐败法治建设的一个重要特点。

一是廉政立法，用法律手段约束政府和官员行为，以防治腐败。许多发达国家都制定了专门的廉政法规，这些廉政立法对何为贪污、受贿等腐败行为及惩处办法都做出了非常详细具体的规定。譬如，英国是世界上第一个制定反腐法律的国家，于1889年颁布了第一部反腐败法《公共机构腐败行为法》[①]，这部法律的主要目的是打击公职人员的贪污和受贿行为还对全球反腐败事业产生积极影响。作为世界上最为完善和有效的反腐败法律体系之一，英国的反腐败经验得到广泛关注和借鉴。许多国家都在学习和借鉴英国的反腐败经验，以此

---

① 黄宇，等．全面从严治党 建设清廉浙江［M］．北京：社会科学文献出版社，2020：327.

来改善本国的反腐败工作。法国一直以来都是一个对反腐败问题高度关注的国家。自20世纪80年代以来，法国政府不断加强对腐败行为的打击力度，不断完善其反腐败法律体系。如1988年制定《政治家生活资金透明度法》，确立公务员财产申报制度；美国国会于1978年通过《政府道德法》，这是美国政府反腐败和促进政府透明度的一项重要举措。

二是注重将公务员的道德义务法律化，通过法律的强制性来保障道德的实施。如美国于1978年通过的《文官制度改革法》，旨在提升公共服务的质量和效率。明确规定公职人员必须廉洁自律，不得以权谋私、不得营私舞弊等。1992年颁布的《行政部门雇员道德行为准则》，旨在确保雇员在履行职责时遵守道德和法律规定，保护公共利益，防止腐败和滥用职权。英国则制定《公务员行为准则》，明确规定了公务员应当遵守的行为标准和道德规范，以及违反道德规范和行为标准的处罚措施。

三是针对国家公共机构及其行政人员制定相应的行政监察法规进行监察。如英国于1967年通过的《议会行政监察专员法》，它不仅有助于确保政府和公共机构的行政行为合法、公正和透明，还有助于增强公众对政府和公共机构的信任。美国于1978年通过的《监察长法案》，该法案的实施为美国政府机构的监管提供更严格和有效的框架。同时，许多发达国家还加大执法力度，建立严格的监管机制，如反腐败专门机构、监察委员会等，对乡村"微腐败"行为进行严厉打击。这些法律法规和监管机制的建立和执行，有效地遏制了乡村"微腐败"行为的发生和蔓延。西方发达国家法治程度较高，法律具有至上权威，上至总统下至普通官员，任何人都必须遵守法律。

3. 加强各种监督机制建设

为更有效地同腐败现象做斗争，许多发达国家都加强了各种监督机制的建设。主要体现在以下四个方面。

一是新闻舆论监督。新闻舆论监督是治理腐败的重要手段之一。在西方，许多发达国家的新闻媒体都是独立的，不受政府或企业控制。为保障新闻舆论在政治生活中发挥监督作用，许多国家法律保护新闻报道自由。譬如，新闻媒介在调查有关腐败丑闻案件中，任何人不得予以拒绝，也不得追查消息来源和进行打击报复。新闻媒介追踪报道有关政府官员的各种活动，揭露政治丑闻，对官员约束其行为方面起着一种威慑作用。因此，新闻媒介在监督官员行为方面发挥了重要作用。

二是加强公民参与监督。在西方国家，政府机构和公共服务机构鼓励公民积极参与政治和社会生活，提高公民的知情权、参与权和监督权。他们通常会通过公开听证、公众咨询等方式，征求公众的意见和建议。他们建立完善的公民参与和监督机制，如公民投票、公民听证、社区议会等，让公民参与到乡村治理中来，对乡村"微腐败"行为进行监督和揭发。这种公民参与和监督的机制，有效地提高乡村治理的透明度和公正性，减少乡村"微腐败"行为的发生。

三是在野党的监督。在西方，在野党为了把执政党拉下马，自己上台执政，通过提出挑战政府政策的议案，提出批评和建议等方式监督现政府行为。新闻媒介在外部监督政府，反对党则在议会上监督政府。这就对执政党形成巨大的压力，迫使政党约束本党成员行为，加强反腐败斗争。在野党的监督作用有助于确保政府的决策符合公众利益，促进政治竞争和政策创新。如日本的"里库路特案件"是一桩引起广泛关注的重大刑事案件，在其侦破处理过程中新闻媒介和在野党相互呼应，对监督执政党、加强社会管理和监管等起着重要作用。

四是建立健全各种专门的监督机关。西方发达国家建立健全的监督机制，加强对公务员的监督和管理。例如，瑞典早在 1809 年就开始实行议会监察专员制度。[①] 英国设立公共服务委员会和公共服务独立监督委员会等机构，在 1967 年仿效瑞典建立议会监察专员制度，对公务员行为进行监督和管理；美国设立联邦调查局和联邦监察局等机构，对联邦雇员行为进行监督和调查；德国则设立联邦审计局和联邦监察官等机构，对公务员行为进行监督和管理等。

4. 重视廉政文化培育

西方发达国家一直以来都非常重视廉政文化，这是他们成功的重要因素之一。在西方，反腐败既是一种政府和社会行为，更是一种价值观深入人心。廉政文化是反腐败的基础力量，是维护政治稳定和经济繁荣的基石。西方发达国家非常重视廉政文化教育，通过学校、家庭和社会教育构筑良好的廉政文化氛围，帮助全体公民树立正确的道德观、廉政观。良好的廉政文化氛围和社会环境对官员廉洁自律具有积极意义。笔者列举一些西方国家重视廉政文化的案例。

一是挪威。挪威是一个以廉政著称的国家。挪威制定严格的反腐败法律和

---

① 贺军，赵斌. 中国反腐败之路新探 [M]. 北京：中国言实出版社，2001：202.

规定，对腐败行为进行定义和惩罚。它还建立一套完整的反腐败机制，包括廉政委员会、反腐败局等机构，负责监督和打击腐败行为。同时，挪威人民具有高度的反腐败意识，民众通过各种途径监督政府，对其腐败行为进行揭露和举报。此外，挪威廉政建设也得益于其社会文化和价值观的支持。挪威社会注重公平和正义，此种社会文化和价值观的支持，为其廉政建设提供深厚的社会基础。

二是瑞典。瑞典也是一个重视廉政文化的国家。瑞典政府建立独立的反腐败机构，包括瑞典反腐败委员会、瑞典反腐败局等，以监督和调查任何可能存在的腐败行为。同时，瑞典也形成了以廉洁为荣、贪污为耻的道德传统和社会氛围。在瑞典，追求公正、平等的理念深入人心，民众都以贪腐为耻。这种特殊的政治文化，几乎没有人幻想通过贪污受贿来发迹。

三是美国。美国也是一个非常重视廉政文化的国家。美国的政治体系和法律体系为廉政文化发展提供坚实基础。如选举制度的透明度和公正性是美国政治体系的重要特点之一。美国建立完善的廉政制度，包括美国反腐败委员会、反腐败局等机构，并制定《政府道德法》《行政部门雇员道德行为准则》等法律[1]，确保公职人员不得从事贪污、受贿等违法行为。同时，美国重视公民廉政教育。在美国，廉政教育从小学到大学都有相应的课程设置，美国的大学和研究机构也致力于推动廉政研究和反腐败工作，使廉洁自律成为每个人的自觉行动。

四是芬兰。芬兰以其廉政文化而闻名于世。芬兰建立健全的反腐败法律体系，如《刑法典》《公职人员贿赂罪法》等。它还成立独立的反腐败机构，如国家审计署和反腐败局等，这些为芬兰的廉政文化提供坚实基础。同时，芬兰教育体系强调道德和伦理教育，培养学生诚信和道德观念。在初中阶段开设社会学课程，高中阶段开设法律课程，大学阶段开设廉政教育课程，教授学生廉政原则和实践。良好的教育使清正廉洁成为芬兰人的习惯，为其廉政建设奠定社会文化基础。

---

[1] 黄宇，等．全面从严治党 建设清廉浙江［M］．北京：社会科学文献出版社，2020：330．

(二) 新加坡"微腐败"治理的主要经验

新加坡是东南亚的一个热带岛国，是个典型的城市国家。新加坡在国际上久负盛名，不仅是因为其高度发达的经济与和谐安定的社会环境，更是因为其是国际社会公认的"亚洲最廉洁的国家"。新加坡一直以来以其高效、廉洁和透明的政府治理而闻名于世。早在1960年，新加坡政府颁布《防止贪污法》，1988年出台《没收贪污所得利益法》，以及编写《公务员指导手册》，并建立一个独立的反贪机构——贪污调查局，健全的廉政法治体系、强力的反腐机构等这一系列卓有成效的措施为反贪惩腐奠定了基础，使新加坡一跃成为亚洲最廉洁的国家。据非政府组织"透明国际"（Transparency International）的报告，在清廉指数全球前10名中，新加坡是唯一的亚洲国家。概而言之，新加坡治理乡村"微腐败"的有益经验，主要体现在以下四个方面。

1. 打造一支高效、廉洁的公务员队伍

新加坡作为一个反腐败的典范，一直以来都以其高效、廉洁的公务员队伍而闻名于世。这支队伍的成功建立离不开一系列的策略和措施。

一是高度重视公务员的选拔和培养。在选拔方面，候选人要经过一系列严格的考试和面试，以确保最优秀的人才加入公务员队伍。选拔时既考察候选人的学术能力，还注重其领导才能和道德素质。一旦被录用，公务员将接受系统性的培训，如领导力、道德伦理和反腐培训，使其具备高度的责任感和奉献精神，保持廉洁和诚信，能更好地履行职责并抵制腐败诱惑。鼓励公务员参与终身学习，使其不断提升自己的知识和技能。政府还与顶尖大学合作，为有潜力的学生提供奖学金，以吸引他们加入公务员队伍。

二是对公务员实行高薪制。新加坡政府通过提供具有竞争力的薪酬，吸引社会精英进入政府，为公众服务。这种高薪制度确保政府能够吸引并留住优秀的人才，同时也有助于提高公务员的职业道德和责任感，促使他们更加专注和敬业，为国家发展提供有力支持，确保政府的运作高效和稳定。然而，也有人认为高薪制度可能导致公务员腐败和滥权的问题。为有效遏制腐败问题发生，新加坡政府通过建立严格的监管和反腐机制，加大公务员的考核和培训力度。

三是建立严格的考核和激励机制。新加坡政府通过建立科学的考核制度，对公务员的工作表现进行评估，且评估标准严格，包括工作成果、专业知识和领导能力等方面。这种考核制度既能提高公务员工作效率，又能防止腐败行为发生。同时，新加坡还建立激励机制。政府为优秀的公务员提供丰厚的奖励和福利，为其提供良好的发展空间和晋升机会。这种考核和激励机制，有助于公务员树立明确的奋斗目标，从而推动新加坡的发展和竞争力。

四是建立良好的社会环境和舆论监督机制。新加坡政府通过积极的社会政策和法律制度建立良好的社会环境。如鼓励公众参与政府决策过程，让民众声音得以表达，这种公众参与机制可有效监督政府行为。同时，新加坡通过建立舆论监督机制加大反腐力度。如加强与媒体合作，及时公开反腐败信息，增强舆论监督力量。新加坡的媒体是独立的，这就使得舆论监督机制能够有效地揭露和曝光腐败行为。新加坡还鼓励民众通过举报机制，向相关机构提供腐败线索。这种良好的社会环境和舆论监督机制，为反腐败工作提供重要支持，形成全社会共同打击腐败的合力。

2. 建立强有力的反贪机构，独立而高效

新加坡反腐败委员会（Corruption Pratices Ivestigation Bureau，CPIB）是新加坡政府设立的负责打击贪污和腐败行为的专门机构，该机构独立设置，直属总理公署。CPIB成立于1952年，是亚洲地区最早成立的反腐败机构之一。作为一个高效、专业和独立的执法机构，CPIB不受政治干预，其调查和执法活动独立于其他政府机构，它的使命是确保政府的廉洁公正，以维护社会稳定和经济繁荣。CPIB在维护新加坡的廉洁形象和国家利益方面发挥着关键作用，其目标是建立一个廉洁社会，并维护新加坡作为一个法治国家的声誉。

CPIB在打击腐败方面采取一系列的有效措施。一是该机构设有专门的侦查团队。该团队由经验丰富的调查人员组成，他们具备专业知识和技能，了解国内外的反腐败最佳实践。他们主要负责调查有关贪污和腐败行为的举报，收集证据，对涉嫌腐败的个人和组织展开全面调查，并采用现代化技术，如使用科技收集证据和监视嫌疑人的活动。

二是与其他执法机构和国际组织保持紧密合作，分享情报和最佳实践，强化打击跨国腐败的能力。这种高效的合作机制使CPIB能更好地应对复杂的腐败网络，提高打击贪污行为的效果，确保腐败分子无处可逃。

三是对腐败行为采取零容忍态度，坚决打击一切形式的腐败行为。只要腐败分子越过法律底线，一律都要被治罪。CPIB人员还严于律己，对内部人员要求极为严格，出现问题绝不包庇，一旦发现腐败行为，就迅速采取行动，确保腐败分子受到惩罚。

四是该机构所有调查和起诉都遵循法律程序，旨在建立一个公正和透明的反腐败体系。其工作过程和调查结果都会公开披露,以增加公众的信任。如通过发布新闻稿和举办新闻发布会等方式,向公众传达反腐信息。

另外,积极推动反腐败意识的培养,开展宣传和教育活动,提高公职人员的廉洁意识,同时提高公众对贪污行为的认识和警惕性,从而减少腐败发生。

3. 完备立法、严格执法,依法治理腐败

新加坡以其完备的立法体系和严格的执法机制而闻名于世,它通过坚定的承诺和行动,展示一种治理腐败的有效模式,成功地实现依法治理腐败的目标。其做法主要体现在:

一方面,新加坡的完备立法为治理腐败奠定基础。从20世纪60年代开始,新加坡就将廉政建设纳入法治化轨道。它通过制定一系列反腐败法律,确保公职人员的廉洁行为。如《防止贪污法》的制定,旨在堵塞漏洞、减少贪污机会,加重对贪污者的惩罚,确保公共部门的透明度和廉洁。其关键性条款包括:规定贪污罪行的定义和处罚,包括金钱上的贿赂及其他的恩惠、利益或服务等非钱财贿赂;受贿者、行贿者将同样受到严厉惩罚;公职人员接受的任何贿金都被视为贪污所得;任何与政府或公共机构有关的贪污罪行将被加重惩罚;除了罚款监禁,法庭还命令受贿者交出与贪污所得相等的贿赃。另外,还有《公务员法》《公职人员财产申报法》《没收贪污贿赂利益法》和《刑事法典》等,为公职人员提供行为准则,也为其违法行为设定严格的惩罚措施。

另一方面,新加坡的严格执法确保法律的有效执行。新加坡政府采取零容忍立场,对贪腐惩罚极为严厉,使人望而生畏。这种态度反映在法律体系中,如《防止贪污法》《刑法》和《公共服务法》等,这些法律确保公职人员不敢冒险从事腐败活动。主要表现在:一是贪污定罪门槛低,小罪与轻罪重罚。如《防止贪污法》将贪污行为视为犯罪行为,可处以高额罚款和长期监禁。二是实行不明收入有罪推定。该法实施对防止贪污行为起到重要作用。如《防止贪污法》规定,在公务员不能说明其财产合法来源时,法律将假定该个人涉及贪污活动。贪污者的不明收入可以被追究,并可以通过法律程序进行没收。贪污行为还会导致涉案人员失去公职资格,甚至被剥夺财产。可见,新加坡执法严格,对腐败零容忍,对任何腐败行为都毫不姑息,这些严厉惩罚措施起到震慑作用,使其贪污率保持在较低水平。

4. 重视廉政文化建设,加强廉政教育

廉政文化是一个国家发展和繁荣的重要基石。新加坡的成功经验表明,文化建设是反腐败的重要途径。它高度重视廉政教育,将其作为国家发展的战略目标之一,使清正廉洁根植于人们的内心,成为国民信仰和行为准则。文化是制度之母,要想制度生根,反腐取得成功,必须加强廉政教育。新加坡反腐的着力点在于它通过大环境的塑造与多层次廉政公德教育,培养公民的廉洁意识和道德观念,在全社会树立廉耻自律、奉公守法的理念。

新加坡是一个多元文化的国家,拥有丰富的历史和传统。它非常重视宣扬儒家优秀文化传统,如尊重长辈、孝道、忠诚与社会和谐等,培养人们的优秀道德品质和社会责任感。自 1959 年人民行动党上台执政伊始,李光耀等党的领袖就宣布建立一个廉政政府。新加坡政府非常重视国民意识的培养,把儒家文化倡导的诚信、清廉作为道德准则与行为规范,将"崇廉"思想转化为国民自觉行动。

新加坡通过以下举措推进廉政文化建设:一是对青年加大公民道德教育。新加坡政府通过学校课程和公共宣传活动向年轻一代灌输廉政重要性。新加坡把儒家文化教育纳入中小学德育课程中,强调道德伦理、家庭价值观和社会责任感,培养学生的自律能力、责任感和公德心,有助于增强学生的文化认同感和历史意识,使其成为良好道德素养的公民;在高中课程中设立公民和道德教育课程,主要包括民主原则、法律和法规、社会正义、人权和责任等内容,旨在培养学生社会责任感和价值观,提升其综合素质和道德素养。

二是对政府机构人员定期开展预防腐败讲座。新加坡政府为确保政府机构人员的廉洁和诚信,定期开展预防腐败讲座。这些讲座为政府机构人员提供了解腐败问题的机会,使其能更好地理解腐败的本质和危害,旨在提高他们的意识和教育他们如何避免腐败行为,让他们了解到腐败既是个人行为,更会对整个社会产生破坏性影响;这些讲座帮助政府机构人员了解腐败的预防措施和工具;政府机构人员将学习到如何正确处理职务上的诱惑,并了解到违反反腐政策的后果;这些讲座还为政府机构人员提供一个互动和讨论的机会,有助于他们从多角度思考腐败问题,从中获得启发和解决方案。

三是积极向工商界灌输廉政的企业行为规范理念。新加坡政府重视教育和培训,鼓励企业参与廉政倡议和活动,并提供培训课程和资源。如通过新加坡国立大学李光耀公共政策学院,为企业执行官开办反贪课程,提高企业界对廉政的认识和重视程度。同时,还与商业团体和专业机构合作,向企业界传递廉政价值观。通过多方位廉政教育,整个社会形成一种全民反腐的舆论氛围,为反腐败营造良好的社会文化氛围。

## 二、国外乡村"微腐败"治理的启示

纵观西方发达资本主义国家如英国、美国等，亚洲国家如新加坡等关于反腐败的主要做法，其中的有益经验值得我们关注和借鉴。反腐败是一项综合性的工程，必须综合治理、多管齐下，建立起"不敢贪""不能贪""不想贪"的综合性反腐防腐体系。当然，西方发达国家和新加坡与我国的政治体制、法治基础不同。因此，我们要结合我国国情实际情况，合理吸收与借鉴。

（一）加强廉政文化教育，增强全民反腐意识

文化对行动具有指导作用，文化通过价值观和行为规范的传递，对个体行动产生影响。腐败既是一种社会行为，也是一种文化行为。廉政文化是反腐败的基础，能够约束和规范人们的行为。反观西方发达国家如瑞典、挪威和亚洲国家如新加坡等的反腐败，他们既建立健全的法律制度，也注重提升廉洁自律的道德修养。"软硬兼施"是其反腐成功的关键，其"软"措施是围绕"德"字展开的，将官德教育和道德教育相结合，营造腐败可耻、廉洁光荣的舆论氛围。这些措施的实施使得西方发达国家能够有效地打击腐败行为，推动社会的进步和发展。当前我国反腐败遇到的阻力和困难，既有制度方面的制约，也有文化结构方面的制约。鉴于此，必须加强廉政文化教育，增强全民反腐意识。主要从以下三个方面着手：

1. 在全社会开展儒家优秀传统文化教育

儒家优秀传统文化的核心价值观包括诚信、廉洁和公正，与反腐败目标高度契合。因此，要积极弘扬儒家"民为邦本"等德政思想，教育党员干部了解儒家思想的核心概念，如仁、义、礼和廉洁以及谦虚谨慎、艰苦奋斗等。可通过开展讲座、研讨会和比赛等方式向其传授儒家核心价值观，以激发党员干部对儒家优秀传统文化的理解。同时，全社会应共同努力，形成推广儒家优秀传统文化教育合力，以建设一个廉洁、公正和繁荣的社会。

2. 加强全体公民的廉政教育

廉政教育的目的是引导公民对廉洁和公正行为的重视，确立"以廉为荣，以贪为耻"的廉政意识。尤其是要引导青少年学生树立正直清廉的价值观与人生观，积极鼓励学生学习儒家经典著作，如《论语》《大学》《弟子规》和《百

家姓》等。如果说制度与法律反腐是一种利用外力的被动式反腐，那么廉政教育则是一种内在反腐，是更高境界的追求。当公众把腐败视为可耻行为，形成一种自觉操守，就会减轻外在制度规范的压力，形成治理腐败的良性互动。

3. 增强廉政教育的针对性和有效性

一方面，廉政教育应具备针对性，即根据不同人群的需求和特点，实行分类教育。如对公务员可通过专门的廉政培训，提高其廉洁意识和拒腐能力；对学生可通过开设廉政教育课程或组织廉政教育活动，提高其道德水平与廉洁理念。另一方面，廉政教育应具备有效性，即采用科学有效的教育方式和手段提高廉政教育的实效性。如在内容和形式上进行创新，并利用新闻媒体等开展廉政教育。媒体可以通过报道和宣传廉洁行为的正面案例，也可以揭露腐败行为和不廉洁的做法，以反面典型案件深刻揭露贪腐的严重危害性。党员干部要从中汲取教训、引以为戒，做到心有所畏、言有所戒、行有所止。

（二）加强廉政立法，推进反腐败法治建设

法律法规的完备、详尽、可操作性强，是西方发达资本主义国家和新加坡廉政建设的一个突出特点。他们反腐败的经验启示我们，建立健全反腐败的法律体系，加强廉政立法，推进反腐败法治建设，坚持法治反腐，让腐败无隙可乘，这是其反腐败工作取得成效的关键一环。因此，我们要进一步重视反腐法治建设，推动反腐法治化。

加强廉政立法是打击腐败现象的重要举措之一。通过制定严格的法律法规，为反腐败工作提供有力的法律依据。相比美国、英国、新加坡等发达国家而言，目前我国反腐败工作还缺少一些系统、明细而管用的法律。虽然我国已经出台一系列反腐败法律法规，但这些法律在系统、详尽、细致、可操作性和严厉程度等方面仍然存在漏洞。譬如，我国关于规范公务员的管理条例法规存在刚性不足、弹性过大、可操作性不强等问题，一些腐败分子利用法律中的空白和模糊之处逃避法律制裁，或者通过贪污受贿等手段转移和隐藏财产，使法律难以追究其责任，这就需要在对现有的条规进行系统归并的基础上加强反腐败立法，对受贿罪、渎职罪等问题制定明确的、操作性强的法律法规，加强加固反腐的制度藩篱，加大对腐败行为的打击力度，减少权力寻租、腐败的机会。

推进反腐败法治建设是加强廉政立法的重要环节。推进反腐败法治建设，我们需要探索适合中国国情的路径，主要从以下四个方面入手：其一，加强法律制度建设是推进反腐败法治建设的关键。只有建立健全的法律体系，才能有效地打击腐败行为。其二，加强监督机制建设是推进反腐败法治建设的重要途径。只有建立健全的监督机制，才能有效地发现和惩治腐败行为。其三，加强国际合作是推进反腐败法治建设的重要手段。腐败问题是全球性的，我们需要加强与其他国家的合作，共同打击跨国腐败行为，才能更好地解决这一问题。其四，加强宣传教育是推进反腐败法治建设的重要环节。在反腐败法治建设中，我们需要加强对腐败危害的宣传，引导公众正确对待权力和利益。

（三）加强反腐队伍建设，增大打击腐败力度

打造一支廉洁高效、相对独立的反腐队伍是保证反腐败工作有效进行的基础。加强反腐队伍建设对于保持党风廉政建设的高压态势具有重要意义。一个强大的反腐队伍须具备高度的纪律性、忠诚度和专业素养。譬如，新加坡打造了一支既清廉又高能的公务员队伍，对新加坡反腐工作和廉政建设起到很好的推动作用。新加坡反腐败委员会反腐成就的取得，是与该机构人员的构成及其拥有的特殊权力分不开的。因此，当前我国必须加强反腐队伍建设，增大打击腐败力度。

一是加强反腐队伍建设须注重选拔任用的严格性和公正性。建立健全科学的选拔任用机制，依法依规选拔任用干部，坚决杜绝以权谋私等不正之风。同时建立激励机制和问责机制，确保干部选拔任用的公正性和效能。对反腐干部进行及时公正的评价和奖励，激发其积极性、创造性。

二是加强反腐队伍建设须完善监督管理机制。建立健全反腐败工作的监督体系，包括审计、监察、司法等对腐败行为进行全方位监督和追责。例如，深化国家监察体制改革，建立新的国家监察体系，从组织形式、职能定位、决策程序将党对反腐工作领导具体化，使反腐工作体系更加科学完备。我国应借鉴新加坡反腐败委员会的成功经验，改善纪检监察干部队伍结构，提升纪检监察干部队伍素质和工作能力。在注重查处已经发生腐败行为的同时，实现从事后查处向事前监督转变，从注重监督结果向注重过程转变。

三是加强反腐队伍建设须重视培训教育的力度和广度。加强对反腐干部的培训教育，培训内容应结合反腐工作实际需求，注重理论与实践相结合。同时，加强干部的思想教育，培养他们正确的政治观念和价值观。

另外，严格执法，加大对腐败行为的查处力度，对腐败零容忍，只要发现

腐败案件，都要坚决查处，严惩不贷，确保腐败分子受到应有的惩罚，从而形成对腐败的有效震慑。

（四）加强监督，拓宽社会各界参与反腐渠道

加强监督是反腐败的关键。在发达国家，广泛的社会监督是反腐体系中不可或缺的部分，如选举监督、政党监督、公众监督和新闻舆论监督等。在监督过程中社会监督的各个部分会产生联动效应，其作用不可小觑。新闻媒体、社会公众、非政府组织等社会力量对国家权力的行使形成有力监督，对反腐败发挥着重要作用。例如，英国新闻媒体的监督触角几乎无所不在，对政府监督权力形成一种有效制约。我国为了更有效地打击腐败现象，也需要加强监督机制，建立独立的反腐败机构，并拓宽社会各界参与反腐渠道。政府部门应建立严格的监督机制，确保公职人员的廉洁行为。除了政府部门监督外，还应大力培育发展和规范社会监督力量，这是促进社会公正和政府廉洁的重要举措。

一是充分发挥媒体监督作用以揭露腐败问题。媒体监督通过曝光腐败行为来唤起公众的关注和参与；媒体监督通过舆论的引导和监督，促使政府加大反腐力度，严惩腐败分子；媒体监督还可通过揭露腐败问题提高社会的公正和透明度。

二是调动群众参与反腐败的积极性，提高对腐败问题的敏感度。规范受理申诉、举报程序，畅通网络举报和受理渠道，对举报的受理、移交、查处、回复等程序和时限做出规定；健全信访举报保护办法，对重大案件的举报人和证人实行保护计划；完善举报奖励制度，对突破重大案件有功的举报人进行重奖。增强全社会反腐的信心和能力，营造一种"以廉为荣、以腐为耻"的氛围。

三是引导社会组织通过监督和举报的方式，推动反腐败工作的开展。社会组织是社会监督的重要主体，一方面，社会组织可通过舆论监督的方式，曝光腐败行为，或通过发布调查报告、组织公开讨论会等方式向公众传递反腐信息。另一方面，社会组织可发挥举报作用揭示腐败行为并协助相关部门的调查。如通过收集证据、调查取证等方式为相关部门提供支持或协助。举报制度的建立和社会组织的参与，既能增加腐败行为的被发现率，又能提高腐败行为受到惩罚的概率。建立强大而规范的社会监督力量，有助于构建更公正、透明和有活力的社会。

# 第五章

# 乡村"微腐败"的治理路径

反对腐败、建设廉洁政治,是我们党一贯坚持的鲜明政治立场。习近平指出,党风廉政建设和反腐败斗争必须持之以恒抓。对腐败问题尤其要坚决查处,不断清除侵蚀党的健康肌体的病毒。[1] 党的二十大报告指出,我们深入推进全面从严治党,坚决整治群众身边的不正之风和腐败问题,"打虎""拍蝇""猎狐"多管齐下,确保党和人民赋予的权力始终用来为人民谋幸福。[2] 这为我们推进乡村"微腐败"治理提供了遵循。这里对乡村"微腐败"治理的基本要求、基本原则及现实路径进行探索与研究,以期为当下乡村"微腐败"治理提供参考。

## 第一节 乡村"微腐败"治理的基本要求

当下中国,国际环境和国内环境发生深刻变化,党的建设特别是党风廉政建设和反腐败斗争面临不少问题。因此,必须增强忧患意识,坚持底线思维,做到居安思危、未雨绸缪。乡村"微腐败"治理,必须坚持以习近平新时代中国特色社会主义思想为指导,紧紧围绕营造风清气正的基层政治生态这一目标,以群众在反腐"拍蝇"中增强获得感为遵循,以实现中华民族伟大复兴为主题,以一体推进不敢腐、不能腐、不想腐为方针,为干部清正、政府清廉、政治清明、社会清朗提供根本保障。

---

[1] 习近平. 以史为鉴、开创未来,埋头苦干、勇毅前行 [J]. 求是,2022(1).
[2] 习近平. 高举中国特色社会主义伟大旗帜 为全面建设社会主义现代化国家而团结奋斗:在中国共产党第二十次全国代表大会上的报告 [N]. 人民日报,2022-10-26(1).

## 一、以营造风清气正的基层政治生态为目标

作风问题和腐败问题互为表里、同根同源、风腐一体。只查腐败不纠歪风，腐败滋生的土壤就得不到有效清除。因此，必须以严明纪律改进作风，坚定不移惩治腐败，匡扶风清气正的政治生态。政治生态是政治制度、政治文化、政治生活等要素的综合反映，直接关系到党和国家事业的健康发展和长治久安。政治生态风清气正，人心就顺、正气就足；反之就会人心涣散、弊病丛生。政治生态作为一个大系统，是由多个基层政治生态小系统组成，基层政治生态是整个政治生态的基础，是党永葆先进性、纯洁性的基石。如果基层政治生态良好，群众对党和政府的满意度就高，这也是党和政府追求的目标。因此，必须营造良好的基层政治生态。

党的十八大以来，习近平多次强调要加强基层政治生态建设。习近平指出，要重视基层风气问题，着力净化政治生态，营造廉洁从政良好环境。[①] 他在十八届中纪委六次全会强调要"推动全面从严治党向基层延伸"[②]，标本兼治，净化基层政治生态。他在全国组织工作会议上进一步强调要"解决一些基层政权被干扰侵蚀问题，净化修复农村基层政治生态"[③]，足见党中央对基层政治生态的高度重视。近年来，党中央坚持强基固本，推动全面从严治党向基层延伸，从"打虎""拍蝇"到营造风清气正的政治生态，着力打造政治生态"软环境"，取得了显著成效。但目前基层政治生态也存在一些突出问题，直接影响党在基层的执政基础。所以全面净化基层政治生态任重道远，永远在路上。

破解基层政治生态困境、净化基层政治生态是一项系统工程，"既要加强顶层设计，又要脚踏实地进行基层探索"[④]，坚持综合治理、制度建设、改革创新，不断提升基层政治生态建设的科学化水平。基层政治生态建设不是顺流而下而是逆水行舟，须臾不可松劲，一篙不可放缓；也不可能唾手可得，更不会

---

[①] 习近平、张德江、俞正声、王岐山分别参加全国两会一些团组审议讨论 [N]. 人民日报，2015-03-07.

[②] 习近平在十八届中央纪委六次全会上发表重要讲话强调：坚持全面从严治党依规治党 创新体制机制强化党内监督 [N]. 人民日报，2016-01-13.

[③] 习近平在全国组织工作会议上的讲话 [J]. 当代党员，2018（19）：7.

[④] 许江，黄建军. 全面净化基层党组织政治生态探究 [J]. 中国延安干部学院学报，2018，11（5）：96.

一蹴而就，而是一场攻坚战、持久战，基层党员干部要久久为功，时时诊断，系统治疗，防止陷入"污染—治理—再污染—再治理"的恶性循环中。鉴于此，当前和今后一段时期，我们必须紧紧围绕营造风清气正的基层政治生态这一目标，在社会实践中优化基层人文生态、基层官德生态、基层制度生态与基层治理生态等，为乡村"微腐败"治理奠定坚实基础，也为基层推进全面从严治党提供价值准则。

**二、以习近平新时代中国特色社会主义思想为指导**

习近平新时代中国特色社会主义思想是马克思主义中国化的最新理论成果，也是乡村"微腐败"治理的指导思想。它回答了一系列重大时代课题，提出了许多原创性的新理念、新思想，是一个内涵丰富、逻辑严密、系统完备的科学理论体系。党的十九大报告将其内容概括为"八个明确"和"十四个坚持"。党的二十大报告将其内容概括为"十个明确""十四个坚持""十三个方面成就"。[①] 习近平新时代中国特色社会主义思想是回答中国之问、世界之问、人民之问、时代之问的结晶，既坚持科学社会主义基本原则，又根据时代和实践发展变化丰富和发展了马克思主义，开辟了马克思主义中国化、时代化新境界，实现了马克思主义中国化新的飞跃。

推进乡村"微腐败"治理，必须坚持以习近平新时代中国特色社会主义思想为指导，坚定不移全面从严治党，深入推进基层党风廉政建设和反腐败工作。政治建设是党的根本性建设。首先，要在加强政治建设上下功夫，旗帜鲜明讲政治，坚持用习近平新时代中国特色社会主义思想凝心铸魂，把拥护"两个确立"、做到"两个维护"落到管党治党行动上。严明政治纪律和政治规矩，不断增强政治判断力、政治领悟力、政治执行力，始终做政治上的"明白人"。

其次，要在加强作风建设上下功夫。尤其在反对形式主义、官僚主义上下大功夫，防止回潮复燃。督促领导干部身体力行，带头转变作风，形成"头雁效应"；坚决惩治群众身边腐败问题，严肃查处贪污挪用、截留私分、虚报冒领等行为；推动扫黑除恶常态化，坚决打击黑恶势力及"保护伞"；深入"纠治教

---

① 冯俊.习近平新时代中国特色社会主义思想的新发展：基于党的二十大报告的学习研究[J].马克思主义理论学科研究，2022，8（12）：5.

育医疗、养老社保、扶贫环保等领域腐败和不正之风"①；紧盯群众通过巡视巡察、信访等渠道反映的突出问题，对失职渎职等腐败行为要严肃问责。

再次，要在完善监督体系上下功夫。要加强对"小微权力"的监督制约，精准发力，精准监督，坚决整治庸懒散、不作为、乱作为等行为，充分发挥党内监督、社会监督、群众监督及舆论监督等作用，增强监督实效。

最后，要在加强干部自身建设上下功夫。要深入学习贯彻习近平新时代中国特色社会主义思想，加强理想信念教育，增强政治定力、纪律定力、道德定力与抵腐定力，全面提升综合素质；切实加强能力建设，自觉用习近平新时代中国特色社会主义思想蕴含的观点方法做决策。既要加强思想引导，又要注重能力提升，使自己的能力与担任的职责相匹配。

### 三、以群众在反腐"拍蝇"中增强获得感为遵循

获得感是新时代正风反腐的新理念、新遵循。习近平提出，要持续整治群众身边腐败和作风问题，让群众在反腐"拍蝇"中增强获得感。② 这就体现了党中央全面从严治党和党风廉政建设和反腐败斗争的价值原则，也彰显了乡村"微腐败"治理的新目标、新遵循、新要求，增强了广大民众对党的信心、信任和信赖。主要表现在以下三个方面③：

一是在反腐目标追求上，坚持人民至上立场，让人民享有全面从严治党成果。习近平强调："人民立场是中国共产党的根本政治立场，是马克思主义政党区别于其他政党的显著标志。"④ 足见我们党坚持人民至上的马克思主义立场，把人民当作实现共产主义的力量，依靠人民战胜一个个困难，取得一个又一个成果。同时，又将人民有"更多获得感"成为正风反腐在内一切工作的目标追求。民心是最大的政治，正义是最强的力量。习近平指出，要坚决整治群众身

---

① 习近平在十九届中央纪委五次全会上发表重要讲话强调：充分发挥全面从严治党引领保障作用 确保"十四五"时期目标任务落到实处［J］.中国纪检监察，2021（3）：6.
② 习近平在十九届中央纪委五次全会上发表重要讲话强调：充分发挥全面从严治党引领保障作用 确保"十四五"时期目标任务落到实处［J］.中国纪检监察，2021（3）：6.
③ 董瑛.清廉中国：中国共产党治理腐败的时代图景［M］.北京：人民出版社，2021：87-90.
④ 习近平.习近平谈治国理政：第2卷［M］.北京：外文出版社，2017：40.

边的不正之风和腐败问题,"让正风反腐给老百姓带来更多获得感"①。这些重要论述成为乡村"微腐败"治理的新目标,彰显出中国共产党人的鲜明价值取向。

二是在反腐动力系统中,尊重人民主体地位,充分发挥人民群众的主观能动性。人民群众是历史的创造者,是我们力量的源泉,也是深化正风反腐的主体和"力量源泉",因此,必须发挥人民群众在正风反腐上的深厚伟力。习近平认为要"坚持发展为了人民、发展依靠人民、发展成果由人民共享","深入推进党风廉政建设和反腐败斗争,巩固反腐败斗争成果"。② 由此可见,为了人民正风反腐,依靠人民正风反腐,让人民在参与正风反腐中不断增强获得感。这些重要论述成为乡村"微腐败"治理的新遵循。

三是在反腐评价标准上,以人民拥护不拥护、赞成不赞成、满意不满意为标准。腐败污染的是党内政治生态,损害的是最广大人民群众的利益,所以人民是反腐败的力量源泉和合法性所在。习近平指出,人民群众中蕴藏着管党治党的智慧和力量,从严治党必须依靠人民,各级党组织和党员干部的表现都要交给群众评判。③ 他还强调"时代是出卷人,我们是答卷人,人民是阅卷人"④。可见,人民是我们党的工作的最高裁决者和最终评判者,群众意见是一把最好的尺子,能衡量各级干部工作的长短优劣。因此,正风反腐要以保障人民根本利益为出发点和落脚点,把是否给人民群众带来更多获得感作为评价标准。这些重要论述成为乡村"微腐败"治理的新要求。

## 四、以一体推进不敢腐、不能腐、不想腐为方针

一体推进不敢腐、不能腐、不想腐,是反腐败斗争的基本方针。因此,乡村"微腐败"治理也应以一体推进不敢腐、不能腐、不想腐为方针。习近平从2014年开始多次提出形成不敢腐、不能腐、不想腐的有效机制,到"着力营造

---

① 习近平.在第十八届中央纪律检查委员会第六次全体会议上的讲话[M].北京:人民出版社,2016:5.
② 中共十八届五中全会在京举行 中央政治局主持会议 中央委员会总书记习近平作重要讲话[J].党建,2015(11):8.
③ 习近平.在党的群众路线教育实践活动总结大会上的讲话[M].人民出版社,2014:28.
④ 习近平.习近平谈治国理政:第3卷[M].北京:外文出版社,2020:70.

不敢腐、不能腐、不想腐的政治氛围"①，到使不敢腐的震慑作用充分发挥，不能腐、不想腐的效应显现②，到"强化不敢腐的震慑，扎牢不能腐的笼子，增强不想腐的自觉"③，到"一体推进不敢腐、不能腐、不想腐"④，再到"不断实现不敢腐、不能腐、不想腐一体推进的战略目标"⑤。从以上论述可以看出，我们党对反腐败斗争形势不断做出新的重大判断，审时度势提出策略。一体推进不敢腐、不能腐、不想腐，是新时代党的自我革命的实践形态，也是马克思主义反腐败理论的创新发展，回应了人民对廉洁政治和美好生活的期待，彰显了马克思主义执政党权力约束和监督的鲜明特征。一体推进不敢腐、不能腐、不想腐，是对反腐败历史经验的重要总结，对反腐败思想理论的高度提炼，对反腐败现实情况的深刻把握以及对国际反腐经验的有益借鉴。

不敢腐、不能腐、不想腐是一个有机整体，是相互渗透、彼此交融，相互配合、彼此促进的统一关系。不敢腐侧重于惩治和威慑，是反腐败的前提和基础，为不能腐、不想腐创造有利条件；不能腐侧重于制约和监督，是反腐败的关键，既巩固不敢腐之成果又为不想腐提供坚实基础；不想腐侧重于教育和引导，是反腐败的根本，是不敢腐、不能腐的最高境界和终极目的。一体推进不敢腐、不能腐、不想腐必须三者同时、同向、综合发力，系统施治、标本兼治，取得更多制度性成果和更大治理成效。

习近平强调必须将反腐败斗争进行到底，把不敢腐的强大震慑效能、不能腐的刚性制度约束、不想腐的思想教育优势融于一体，将治本寓于治标之中，让党员干部因敬畏而"不敢"、因制度而"不能"、因觉悟而"不想"。⑥ 一体

---

① 习近平在十八届中央纪委五次全会上发表重要讲话强调：坚持思想建党和制度治党，严明政治纪律和政治规矩、加强纪律建设［J］.党建，2015（2）：4.
② 习近平在十八届中央纪委六次全会上发表重要讲话强调：坚持全面从严治党依规治党创新体制机制强化党内监督［J］.中国纪检监察，2016（2）：4.
③ 习近平在十九届中央纪委二次全会上发表重要讲话强调：全面贯彻落实党的十九大精神 以永远在路上的执着把从严治党引向深入［J］.中国纪检监察，2018（2）：5.
④ 习近平在十九届中央纪委三次全会上发表重要讲话强调：取得全面从严治党更大战略性成果 巩固发展反腐败斗争压倒性胜利［J］.中国纪检监察，2019（2）：4.
⑤ 习近平在十九届中央纪委五次全会上发表重要讲话强调：充分发挥全面从严治党引领保障作用 确保"十四五"时期目标任务落到实处［J］.党建，2021（2）：9.
⑥ 习近平在中共中央政治局第四十次集体学习时强调：提高一体推进"三不腐"能力和水平 全面打赢反腐败斗争攻坚战持久战［J］.中国纪检监察，2022（13）：4.

推进不敢腐、不能腐、不想腐是一个系统工程，是马克思主义执政党保持先进性、纯洁性的必由之路，既不可能一蹴而就，也不可能畏难踯躅，必须保持反腐败政治定力，综合施治、整体推进，把一体推进"三不腐"方针贯彻到正风肃纪反腐全过程各方面，以推进"三不腐"高质量运行落实反腐败斗争标本兼治之目标，使党永不变质来确保红色江山永不变色。

## 第二节 乡村"微腐败"治理的基本原则

党的二十大报告指出，全面从严治党永远在路上，必须持之以恒推进全面从严治党，坚决惩治群众身边的"蝇贪"，持续净化党内政治生态。[①] 这为我们深入推进乡村"微腐败"治理提供了指导。乡村"微腐败"治理是一项复杂的工作，需要同时发力、同向发力、综合发力，多主体参与、多方合作。因此，必须牢牢把握以下基本原则：坚持党的全面领导，落实以人民为中心的发展思想，坚持德法并举、标本兼治、开拓创新，深入推进党风廉政建设和反腐败斗争，营造河清海晏、朗朗乾坤的基层政治新气象。

### 一、坚持党的全面领导

乡村"微腐败"治理，必须坚持党的全面领导。中国共产党领导是中国特色社会主义最本质的特征，是党和国家的根本所在，是全国各族人民的命运所系。习近平指出，党是最高政治领导力量，党的领导是我们的最大制度优势。[②] 党的领导是党和国家事业兴旺发达的根本保证，也是保证党团结统一的关键所在。党的领导必须是全面的、系统的、整体的，必须体现到政治、经济、文化和党的建设等各个方面。哪个领域缺失、弱化了，都会损害党和国家事业。坚持和加强党的全面领导，关系党和国家前途命运，我们的事业都根植于这个最本质特征和最大优势。坚持党的领导是方向性的问题，必须旗帜鲜明、立场

---

① 习近平. 高举中国特色社会主义伟大旗帜 为全面建设社会主义现代化国家而团结奋斗：在中国共产党第二十次全国代表大会上的报告［N］. 人民日报，2022-10-26（1）.

② 习近平. 决胜全面建成小康社会 夺取新时代中国特色社会主义伟大胜利：在中国共产党第十九次全国代表大会上的报告［N］. 人民日报，2017-10-28（1）.

坚定。

坚持党的全面领导，最根本的是坚持党中央权威和集中统一领导，这是坚持党的全面领导的核心要义。这就要求我们紧紧围绕维护党中央权威和集中统一领导，坚持以党的政治建设为统领，坚持严的主基调不动摇，深入推进反腐败斗争，坚持纠正一切损害群众利益的腐败和不正之风，增强"四个意识"、坚定"四个自信"、做到"两个维护"，坚持不懈把全面从严治党向纵深推进，铲除寄生在党的肌体上的毒瘤，永葆党的肌体健康。

全面的、系统的、整体的领导，是坚持党的全面领导的内在要求。其中，"全面"是领导对象要全覆盖，包括党领导人大、政府、政协、监察机关、检察机关、审判机关、基层群众性自治组织、社会组织、人民团体、企事业单位等；领导内容要全面，如经济、政治、文化、社会、生态文明和党的建设等；领导方法要全面，通过制定大政方针、提出立法建议、推荐干部等实施党对国家和社会的领导；领导过程要全面，贯穿于治国理政的立法、决策、执行、管理、监督等工作之中。"系统"是按照系统论的科学方式方法实施领导。党的领导制度是我国的根本领导制度，居于统领地位。我们推动各项事业发展必须坚持党的领导。"整体"是从中央到地方再到基层组织都要按照党章规定发挥作用。全面、系统、整体三者融为一体，既要坚持领导又要善于领导。[①] 可以说，我们推进各方面制度建设，加强和改进各方面工作，包括乡村"微腐败"治理，都必须坚持党的全面领导，充分发挥党总揽全局、协调各方的领导核心作用。

## 二、坚持以人民为中心

乡村"微腐败"治理，必须坚持以人民为中心的执政理念。坚持以人民为中心，凸显马克思主义最鲜明的品格，彰显中国共产党人的初心和使命，筑牢党长期执政最可靠的基础。党的十八大以来，习近平多次阐释并强调以人民为中心的发展思想。习近平提出"党面临的最大风险和挑战是来自党内的腐败和不正之风"[②]。因此，全面从严治党永远在路上，只有进行时，没有完成时。全面从严治党是党心民心所向的事业，也是体现人心向背的政治根基。习近平强

---

① 中央组织部党建研究所.坚持党的全面领导不动摇［J］.求是，2021（23）.
② 中共中央纪律检查委员会，中共中央文献研究室.习近平关于党风廉政建设和反腐败斗争论述摘编［M］.北京：中央文献出版社，中国方正出版社，2015：101.

调"不得罪成百上千的腐败分子,就要得罪十三亿人民"①。足见党中央把党风廉政建设和反腐败斗争提到新的高度。人民把权力交给我们,我们就应以身许党许国,该得罪的人要得罪。这是一个关系人心向背的政治立场。

人民对美好生活的向往,就是我们的奋斗目标。"人民群众反对什么、痛恨什么,我们就要坚决防范和纠正什么。"② 人民群众最痛恨各种消极腐败现象和特权现象,所以我们对此必须坚决防范和纠正。人心向背关系党的生死存亡,赢得人民信任与支持,党就能够无往而不胜。"得民心者得天下,失民心者失天下"③,人民支持拥护是党执政的根基。江山就是人民,人民就是江山,习近平认为"党执政后的最大危险是脱离群众"④。只有始终坚持以人民为中心,始终保持同人民群众的血肉联系,听民意、聚民智、谋民利,我们党才能持续赢得人民的信任和拥护。

要持之以恒正风肃纪,严厉惩治对赢得民心"最具杀伤力"的腐败问题。腐败啃食的是人民群众获得感,因而人民群众是腐败的"克星"。"为政清廉才能取信于民,秉公用权才能赢得人心。"⑤ 反对腐败、建设廉洁政治,是广大人民群众的共同愿望和根本利益所在。这就要求必须坚持有腐必反、有贪必肃,坚持"老虎""苍蝇"一起打,严肃查处腐败分子,坚决清除一切侵蚀党的健康肌体的病毒、损害党的先进性和纯洁性的因素,党内绝不允许出现任何利益集团、权势团体、特权阶层。可以说,把以人民为中心的发展思想体现在正风反腐的各个环节,有助于促进社会公平正义,保障民生福祉。

### 三、坚持德法并举

乡村"微腐败"治理,必须坚持德法并举。历史和现实证明,反腐败斗争

---

① 习近平. 在第十八届中央纪律检查委员会第五次全体会议上的讲话[EB/OL]. 新华网,2015-01-13.
② 习近平. 决胜全面建成小康社会 夺取新时代中国特色社会主义伟大胜利:在中国共产党第十九次全国代表大会上的报告[N]. 人民日报,2017-10-28(1).
③ 中共中央文献研究室. 习近平关于党的群众路线教育实践活动论述摘编[M]. 北京:中央文献出版社,2014:4.
④ 习近平在纪念毛泽东同志诞辰120周年座谈会上的讲话[N]. 人民日报,2013-12-27.
⑤ 中共中央纪律检查委员会,中共中央文献研究室. 习近平关于党风廉政建设和反腐败斗争论述摘编[M]. 北京:中央文献出版社,中国方正出版社,2015:4.

必须坚持德法并举。法律和道德是治理国家和社会的两大基本手段，也是进行反腐败斗争的基本方略。江泽民在我们党的历史上首次提出"法治"与"德治"并举；习近平也强调"法治和德治两手抓、两手都要硬"①。这为我们坚持依法治国和以德治国相结合提供了遵循。德治侧重引导人的内心世界，是自律；法治侧重调整人的外在行为，是他律。道德防患于未然，道德教育是一种事前防范；法律惩恶于已然，是一种事后制裁行为。德治是扬善，依靠舆论的力量、人的价值判断、人的良知和传统习惯来维系；法治是惩恶，依靠法律的权威性和强制性保证社会生活的有秩序进行。德治是法治的思想前提，给法治以道德基础的支撑；法治是德治的升华，给德治以保障和支持，两者相互联系、相辅相成，缺一不可。②

德法并举是反腐败的根本途径。德治在反腐败斗争中起基础性作用，为反腐败提供道德支持；法治在反腐败斗争中处于重要地位，为其提供法律武器。在反腐败斗争形势依然严峻的情况下，如果不依照法律严惩腐败，腐败现象就会愈演愈烈，也就是说缺少了法治，反腐败只是一句空话。反过来，如果不加强思想道德教育，腐败就会继续蔓延。法治是行为上的反腐败为治标，德治是思想上的反腐败为治本。只有贯彻德法并举治国思想，一手抓法治，一手抓德治，将法治与德治相结合，标本兼治反腐败，才有可能根治腐败。所以乡村"微腐败"治理必须坚持法德并举的思想。

贯彻德法并举治国思想，进行反腐败斗争，就要重视加强党员干部的思想建设。党员干部廉洁自律，是反腐倡廉工作第一位的任务。因此要做好党员干部思想教育工作，构筑拒腐防变的思想堤坝，才能使制度、监督等措施行之有效。各级干部一定要常修为政之德，常思贪欲之害，常怀律己之心，常弃非分之想，使其自觉抵御拜金主义、享乐主义和极端个人主义的影响，始终保持党的先进性和纯洁性。同时，贯彻德法并举治国思想，进行反腐败斗争，必须依照党纪国法对腐败行为进行严惩。党纪国法是高压线、警戒线，党员干部必须带头遵守党纪国法，维护党纪国法的权威尊严。加大查办违纪违法案件力度，充分发挥惩治的震慑作用。只要有人触犯了党纪国法，就要一查到底，绝不姑

---

① 立德树人德法兼修抓好法治人才培养 励志勤学刻苦磨炼促进青年成长进步[N]. 人民日报, 2017-05-04.
② 王玲. 法德并举与加强党风廉政建设[J]. 山东社会科学, 2001 (4): 16.

息。只有彻底查清并依法依纪严肃处理，才能赢得党心、民心。所以，大力推进反腐败斗争，必须筑牢思想防线、法纪红线和行为底线。

**四、坚持标本兼治**

乡村"微腐败"治理，必须坚持标本兼治。标本兼治是中国共产党人反腐败的基本方法，是我们党管党治党的一贯要求。标本兼治原指不但消除表面的病征，而且根除引发疾病的原因。反腐败中的标本兼治，是先将正在蔓延的腐败现象遏制住，再通过制度和文化建设铲除产生腐败的土壤。[①] 在反腐实践中，"标"与"本"并不是截然分开的，而是相互联结和变动的，没有离开"标"的"本"，也没有离开"本"的"标"。治标是治本的基础，治本是治标的结果，两者是辩证统一的。标本兼治，既要夯实治本的基础，又要敢于用治标的利器。

改革开放以来，我们党针对不同历史阶段的反腐败斗争形势，不断调整和创新工作思路，审时度势、因势利导，从"着力治标、侧重遏制"到"标本兼治、综合治理，逐步加大治本力度"，再到"标本兼治、综合治理、惩防并举、注重预防"，逐步走出了一条具有中国特色的反腐倡廉建设道路。[②] 党的十八大以来，以习近平同志为核心的党中央推进反腐败斗争不断深化，既严厉惩治腐败，又严肃党内政治生活，治标为治本赢得时间，治本为治标巩固成果，充分发挥标本兼治的综合效应，赢得了反腐败斗争压倒性胜利。

坚持标本兼治，既是提升反腐倡廉建设科学化水平的根本要求，又是当下中国党风廉政建设和反腐败斗争总的方向。反腐败工作是一项系统工程，多措并举才能实现标本兼治。习近平强调，要"以系统施治、标本兼治的理念正风肃纪反腐"[③]，这就为今后反腐败工作指明了方向。一体推进不敢腐、不能腐、不想腐，凝结着对腐败发生机理、管党治党规律的深刻洞察，贯穿着纪律、法律、制度、规矩、理想与道德要求，是标本兼治的重要方法。深化标本兼治，夯实治本基础，一体推进不敢腐、不能腐、不想腐，既要深刻把握其思想内涵，

---

① 虞崇胜．"标本兼治"新解：兼论反腐败的治本之策［J］．江汉论坛，2014（10）：35．
② 苏金波，武兴华．怎样理解"治标"与"治本"关系［J］．中国监察，2013（7）：46．
③ 习近平在十九届中央纪委五次全会上发表重要讲话强调：充分发挥全面从严治党引领保障作用 确保"十四五"时期目标任务落到实处［J］．党建，2021（2）：8．

将惩治震慑、制度约束、提高觉悟相结合,又要打通其内在联系,探索"三不腐"贯通融合的实践载体,让"三不腐"融入乡村"微腐败"治理的各个环节、各项工作,切实做到同向发力、同时发力、综合发力,不断增强基层工作系统性、整体性和协同性,形成正风肃纪反腐合力,深入推进党风廉政建设和反腐败斗争。

**五、坚持开拓创新**

乡村"微腐败"治理,必须坚持开拓创新。唯开拓者进,唯创新者胜。创新是一个民族进步的灵魂,是一个国家兴旺发达的不竭动力。[①] 创新包括理论创新、实践创新、制度创新、文化创新及其他各方面创新。开拓创新是中国共产党人的精神品格,是改革开放取得成功的重要法宝,是实现中华民族伟大复兴的强大动力。党的十九届六中全会把"坚持开拓创新"视为我党百年奋斗历程中积累的宝贵经验之一,指出党领导人民披荆斩棘、上下求索、锐意进取,敢为天下先,走出前人没有走出的路。[②] 这是全面建设社会主义现代化国家的重要原则,也是推进党风廉政建设和反腐败斗争的基本原则。

大力推进反腐倡廉理论创新。理论创新是实践创新的先导,时代问题是实践创新的动力之源。加强对重大理论、政策和现实问题研究,增强反腐倡廉理论科学性。党的十八大以来,习近平高度重视党风廉政建设和反腐败斗争,提出了许多富有创见的新思想、新观点、新论断、新要求,为中国特色反腐倡廉理论体系注入了新的内涵和时代精神。可以说,习近平反腐倡廉思想是中国特色反腐倡廉理论创新的最新成果,也是对我国反腐倡廉实践的理论表达。因此我们要坚持以习近平反腐倡廉思想为指导,使其贯彻落实到党风廉政建设和反腐败斗争的各个方面。

大力推进反腐倡廉制度创新。制度创新的目标是使制度更公平合理、科学高效,更有普遍性。反腐倡廉制度创新是加强反腐倡廉建设的关键。加强反腐倡廉制度创新,全面提高反腐倡廉制度建设科学化水平,主要从以下方面入手:创新反腐倡廉惩治制度,使党员干部"不敢腐";创新反腐倡廉监督制

---

① 江泽民. 江泽民文选:第3卷 [M]. 北京:人民出版社,2006:537.
② 中国共产党第十九届中央委员会第六次全体会议文件汇编 [M]. 北京:人民出版社,2021:99.

度，使党员干部"不能腐"；创新反腐倡廉教育制度，使党员干部"不想腐"；等等。

大力推进反腐倡廉方式方法创新。创新预防手段，重视信息技术在反腐倡廉建设中的作用，运用信息技术堵塞制度漏洞、监控权力运行、规范办事程序，对廉政风险防控工作不断规范和深化。创新监督方式，加大自上而下和自下而上的监督力度，以拓宽监督渠道为重点加大资源整合力度，进一步改进党员干部作风建设。创新协调方法，贯彻反腐败领导体制和工作机制，既要善于组织又要敢于协调，形成反腐倡廉建设的整体合力。

## 第三节 乡村"微腐败"治理的路径选择

腐败是危害党的生命力和战斗力的最大毒瘤，反腐败是最彻底的自我革命。只要存在腐败问题产生的土壤和条件，反腐败斗争就一刻不能停。[1] 这是习近平在党的二十大报告中对坚决打赢反腐败斗争攻坚战持久战发出的动员令。这就要求我们坚持"打虎""拍蝇""猎狐"多管齐下，聚焦群众反映强烈的突出问题，坚决整治群众身边腐败。乡村"微腐败"治理是一个系统工程、长期任务，我们要多措并举筑牢根基，提升治理成效。做到以共治为要、德治为先、法治为本、自治为基、综治为上、惩治为辅，深入推进整治群众身边不正之风和腐败问题工作，最终营造出干部清正、政府清廉、政治清明、社会清朗的良好氛围。

### 一、注重共治促成不便腐

共治是对传统政治统治、政治管理、公共行政的扬弃，是人类政治文明演进的大势所趋，是人类生存发展的基本经验对公共治理的有益启迪。共治以党的集中统一领导权力、良法善治、权责一致为前提，以党统一领导下的国家治理主体协同行动为基础，以多元治理主体良性互动为核心，以营造良好基层政

---

[1] 习近平.高举中国特色社会主义伟大旗帜 为全面建设社会主义现代化国家而团结奋斗：在中国共产党第二十次全国代表大会上的报告[N].人民日报，2022-10-26（1）.

治生态为目的。通过党委、政府、社会组织、群众等密切合作，形成治理合力。乡村"微腐败"治理，应从我国基层的特点出发，构建以党建引领为前提、以基层政府为主体、以社会协同为核心、以群众参与为基础、以机制创新为保障的乡村治理格局，这是有效防治乡村"微腐败"的保证。

（一）以党建引领为前提

治理乡村"微腐败"，必须"落实党委管党治党主体责任，履行党委书记第一责任人责任，提升基层党组织管党治党能力"[①]，充分发挥党总揽全局、协调各方的领导核心作用。坚持和完善党对乡村基层治理的领导，才能使党的战斗堡垒作用和党员带头作用更加凸显。党委和政府在各项工作中都处于统筹、领导的位置，以党建引领，发挥党组织的先锋、模范作用，使各类治理主体之间相互协调、配合，形成工作合力。党建引领表现在政治引领、组织引领、能力引领和服务引领等。

一方面，严格党建工作，以党建引领村级选举及干部队伍建设。治理乡村"微腐败"必须以基层党委作为领导力量。基层党委选人用人要"严把关、严风气"。加强县乡（镇）党委对村党组织换届工作的领导，在人才的选拔上要更注重对"德性"的考察，选择德才兼备的人，把好干部入口关。要将一些乐于奉献、热爱"三农"的乡村贤能之才推选出来，重点物色好党组织书记人选，打造一支政治强、善治理、懂专业、敢担当、作风正的干部队伍，为治理乡村"微腐败"提供坚强的组织保证。要定期对党员干部进行思想教育，以廉洁务实的要求规范其行为，纠正其错误思想观念，增强党员干部队伍的生机和活力。还要将党员干部的考核与任用、培养与监督结合起来，及时回应群众关于干部评价的诉求。

另一方面，提升党建引领基层自治能力。从源头上治理"微腐败"必须实现乡村治理现代化，而推进乡村治理现代化则必须将党的领导贯穿到各个方面。"微腐败"的产生可以说是基层党组织管党治党宽松软的产物，所以治理"微腐败"必须健全基层管党治党制度体系、提升基层党组织管党治党能力、落实基层党组织管党治党主体责任。提升基层党组织引领基层治理能力就是要加强党

---

① 卜万红.全面从严治党视域下乡村"微腐败"的成因及其治理[J].学术研究，2021（3）：71.

对基层治理的领导，不断探索符合新时代基层社会具体实际的乡村治理路径，从而提升基层党组织党内监督能力，遏制"微腐败"蔓延势头。此外，为了更好地突出基层党组织的服务功能，还要大力完善党建引领下的防止利益冲突体制机制，以达到逐渐消解乡村传统关系网络的目的。

（二）以基层政府为主体

基层政府是乡村"微腐败"治理的主体力量。近年来，"乡村'微腐败'问题越来越成为基层政府工作的重点内容之一，治理群众身边的腐败问题也成为基层政府努力的方向"[①]。由于腐败也存在于基层政府内部，基层政府作为乡村"微腐败"发生的场域之一，亟须建立科学合理的预防腐败机制，开辟基层政府腐败治理有效路径，从源头上遏制乡村"微腐败"行为。基层政府虽然处在行政体系的末端，但其横向呈现利益差异，纵向受上级牵引，所以很容易滋生"微腐败"问题，这就意味着必须以基层政府为主体防治"微腐败"现象。

其一，加大基层政府"微腐败"治理的力度。首先，基层政府要整合不同部门如信访部门、监察部门等力量，从而形成联动机制。对于各个部门汇集的信息和线索，基层政府要客观、严格进行核实并迅速执行。其次，基层政府要加强监管和惩治力度，建立健全的反腐败法律体系和监督机制，提高其自我约束能力，减少腐败问题的发生。最后，基层政府要注重廉政文化宣传，提高基层干部的职业道德和廉洁意识。文化对社会和人的影响不仅是潜移默化的，而且是深远持久的。因此，在防治乡村"微腐败"过程中，基层政府要重视廉政文化的弘扬与传播，不断加强对基层干部的培训与教育，通过举办"微腐败"系列知识讲座，将廉政宣传工作与教育工作落到实处，为干部提供一个有利于自身发展的良好文化氛围。例如，杭州市委主办的"清风讲坛"、常德市委主办的"道德讲堂"等都可以借鉴。

其二，基层政府要充分运用现代信息技术，创新反腐手段，加强反腐治理。随着科学技术的飞速发展，基层政府也要带头探索高效率、低成本、时效强的"微腐败"防治新路径。例如，互联网反腐，要"将电子预警、技术监督等融入权力行使之中，才能推动权力规范运行"[②]。首先，基层政府要针对"微腐败"

---

① 张淑珍. 村干部"微腐败"的实践表征、生成逻辑与治理路径［J］. 领导科学论坛，2021（3）：126.

② 陈朋. 当前"微腐败"的新形态与新动向［J］. 人民论坛，2023（8）：75.

问题建立专门的信息网站，加强对各类"微腐败"案例的集中报道，以更好起到警示作用。基层政府还要时刻关注网站的后续运行情况，并对网站进行严格管理。此外，基层政府还可以鼓励社会组织建立反腐网站，鼓励群众线上匿名举报腐败行为，在基层政府所在区域定点设置意见箱，从而形成更加完善的网络舆情监督体系。其次，基层政府要对从网络上收集到的各种腐败信息进行甄别、筛选，对群众网络举报内容的真实性也要组织专人调查。最后，明确基层政府权责关系，化解问责与容错之间的矛盾，从而避免因规则不明或主观意识而产生的"微腐败"现象。

（三）以社会协同为核心

所谓"协同"，就是协调多种资源和不同个体，共同完成某一目标。社会协同是指政府、企业、社会组织和公民等各方共同参与、协作解决问题的一种模式。基层"微腐败"不仅是党员干部堕落的"温床"，而且是"大贪腐"的开端。推动全面从严治党向基层延伸，必须整合资源，以协同联动为依托精准治理"微腐败"。"微腐败"防治之所以要以社会协同为核心，是因为许多具体事项仅靠基层政府的力量无法开展实施。因此，"微腐败"治理可充分发挥社会组织、媒体、企业和公众的作用，形成治理合力。

第一，完善社会力量参与机制。"微腐败"和腐败并没有什么实质性的不同，其本质是权利被权力侵害，而要想规避权力侵害权利的风险必须依靠社会力量，构筑一种张力结构。首先，建立健全基层社会组织，例如议事会、服务站、宣传会等。"基层社会组织能起到稳定器的作用"[1]，既可以在参与基层事务中提升基层自我管理水平，又可以在一定程度上约束党员干部行为。其次，优化基层社会组织的职能。基层社会组织具有协调、服务、教育等多种功能，进一步创新完善这些功能有助于形成一种有效治理的良性循环，从而更好汇聚起与"微腐败"分子相制约的力量。最后，积极搭建基层社会组织参与基层治理的平台，并推动基层社会组织与基层政府之间的合作互动。只有实现基层政府与基层社会的双向嵌入，才能强化社会力量对基层政府的认同，也有利于实现对基层政府行为的监督，从而减少"微腐败"现象的发生。

---

[1] 吴传毅. 健全自治法治德治相结合的基层治理体系[J]. 学习月刊，2022（1）：44.

第二，借力社会资源开展"微腐败"治理工作。一是发挥媒体的作用。媒体在反腐败斗争中发挥着至关重要的作用。媒体不仅能揭示腐败行为，还能推动公众参与监督反腐工作。新闻媒体通过报道、评论等方式，对"微腐败"行为进行曝光和批评，如通过报道一些典型案例，引导公众对"微腐败"的认识和警惕。二是与企业合作，切实提高治理效能。近年来，"微腐败"问题也频发于企业中，给企业经营带来重大影响。乡村"微腐败"治理与企业"微腐败"治理在一定程度上有着异曲同工之妙，可以与当地企业开展深入交流合作，重点借鉴企业"条块结合、闭环提升"的专项治理工作经验；还可以组织乡村领导干部到当地企业近距离了解"微腐败"案例，从而使其思想受到触动。三是发挥公众的作用。公众通过举报、监督等方式，如通过电话、网站、信函等方式向有关部门举报腐败行为，或通过参与选举、提出意见建议等方式对政府行为进行监督和评估，防止腐败现象的发生。公众也应提高反腐意识，避免自己参与到腐败行为中去。

（四）以群众参与为基础

依靠群众参与治理"微腐败"是党的群众路线在反腐败过程中的具体体现，是已经被实践证明了的成功的反腐败斗争经验，高度契合党的执政理念。群众是腐败的直接受害者与反腐败的最大受益者，群众的反腐意愿最强烈、感受最真实，所以以群众参与为基础治理"微腐败"具有科学性和必然性。历史和现实一再证明，群众是反腐败斗争的力量源泉，要高度重视群众在防治"微腐败"过程中的主体地位，充分发挥群众在揭发、解决腐败问题过程中的作用。

一方面，维护群众相关权利，保证群众有效参与。首先，要赋予和落实群众知情权，让群众对村、组领导干部的"微权力"一目了然。[①] 只有在知情的基础上，群众才能更好监督。这就要求建立健全的信息公开机制，做到信息全面公开，群众才能够了解到相关信息，从而更好地参与到社会事务中来。其次，要赋予和落实群众决策权。推动村民组织化参与，将村党组织负责人、村班子成员、部分村民代表和社团代表等组织起来，对村民自治章程、村民公约等制度修订，对村民承包土地变更调整、征用征收补偿费分配使用等方案制订，对

---

[①] 邹东升，姚靖. 村干部"微腐败"的样态、成因与治理：基于中纪委2012—2017年通报典型案例[J]. 国家治理，2018（Z1）：12.

村公共设施和公益事业经费筹集方案制订，对村级集体资产资源处置方案、宅基地安排使用等涉及村民政治权利、经济利益等重大公共事务参与协商讨论，最终达成共识，从而避免个体利益表达的碎片化与无序化，助推乡村自治走向善治。例如，浙江桐乡利用百姓议事会、乡贤参事会、道德评判团和法律服务团等社会群体和组织参与社会治理，极大地减少了腐败现象的发生。

另一方面，拓宽群众参与"微腐败"治理的渠道和范围。首先，建立健全舆论和网络监督机制。随着新媒体时代的到来，舆论监督具有及时、广泛、透明等特点，要鼓励群众运用舆论工具与"微腐败"现象进行斗争。其次，完善网络举报制度。一般来说，群众反馈的信息越及时，腐败分子落网就越迅速；群众提供的建议越有效，他们的参与热情就越高。相比传统的举报方式，网络举报方便快捷，还能降低成本、提高效率，具有无可比拟的优点。但是，目前关于网络举报还没有系统的保障制度，所以要积极建立相关制度、制定相关法律，为群众提供更为便捷、可靠的斗争平台。此外，群众在与"微腐败"现象斗争过程中，应遵循以下原则：其一，依法参与。言论和行为不能过激，要在组织引导和法律允许下有计划进行。其二，稳步推进。不能"为了斗争而斗争"，要反对"一窝蜂"现象，把主观意愿与实际情况结合起来，有秩序、有原则地稳步推进。

（五）以机制创新为保障

有学者认为，"微腐败"的主要原因是针对"微权力"的监督失效和规制缺位。[①] 行之有效的体制机制是治理"微腐败"的基本保障和重要法宝。在诱发"微腐败"的诸多因素中，体制机制不健全是主要根源，只有堵住管理机制漏洞，才能从源头上防止"微腐败"现象的滋生。此外，还要在"微腐败"易发、多发的关节点进行相关机制创新。只有推进体制改革、破除惯性思维，才能在治理"微腐败"中取得釜底抽薪的效果。

一方面，创新不敢腐的惩治机制。党的十八大以来，习近平多次强调反腐败要法治化、规范化，"微腐败"防治亦是如此。惩治机制既能惩罚腐败分子，又能有效预防"微腐败"，其基本方向就是建立严密法网，使腐败分子以及有腐

---

① 袁方成，郭易楠."双务"公开联动与乡村"微腐败"治理［J］.党政研究，2019（2）：34.

败倾向的人员望而生畏。惩治机制的建立健全包括两个层面：一是严厉惩处，形成威慑，目的是让腐败分子付出相应代价；二是综合治理，让腐败分子警醒，抑制"微腐败"势头。具体措施就是：划定层级，以"微腐败"影响程度为标准设立"重处分""轻处分"等；把处分和报酬挂钩，如河南省卢氏县制定出台了《受处理（处分）村组干部工作报酬发放管理办法》，该管理办法强调了对受处理（处分）村组干部的报酬发放的特殊管理要求。根据"微腐败"的具体情况扣发一个月、两个月、处分期等绩效报酬，并相应扣发村监委委员、村组干部一个月20%、两个月20%的工作报酬和误工补贴，如受到撤销党内职务以上处分的，不再发放工资报酬等，从而避免党员干部"处分不算啥，薪酬照样拿"的侥幸心理。

另一方面，完善相关保障激励机制。关于反腐败举报激励机制，我国先后颁布了《举报工作规定》《奖励举报人员暂行办法》等一系列规定性文件，对于推进反腐败工作具有重要意义。但是，从目前的情况来看，现有举报激励机制还存在一些短板。例如，领取奖励程序烦琐、奖励内容单一、奖励力度小、奖励兑现慢等，最终导致激励补偿的意义逐渐弱化，所以亟须创新。首先，加大奖励力度。根据本地区经济发展水平明确反腐败举报奖励的标准，并设立反腐举报基金，开通举报奖励便捷通道，做到专款专用。同时，举报人在举报过程中本人耗费的费用要给予报销，并适当补偿。其次，关于奖励方式。落实奖励的过程不宜公开，以起到对举报人保密的作用。最后，在奖励范围上。举报奖励要以"信息有效"为原则，凡是举报提供信息对于惩治"微腐败"有实际作用的，可以根据作用大小分等级奖励。此外，还可以多渠道鼓励社会组织对"微腐败"治理工作的经济、法律援助等。

## 二、倡导德治促成不想腐

党的十九大报告强调健全法治、自治和德治相结合的乡村治理体系。这就为乡村治理提供了根本遵循，也为防治乡村"微腐败"提供制度保障。与自治和法治相比，德治是一种高层次的治理方式，更是一种价值观念的引导。它强调通过道德和道德行为来管理和治理社会，更注重精神文化层面和道德规范层面的引导，体现的是观念意识、伦理习俗等，旨在用柔性的方式为乡村治理现代化提供弹性空间。只有"通过道德教化，才能塑造'为政以德'的优秀品质"①。此外，德治有更为广泛的作用范围，对于法治和自治无法涉及的情况，德治能够发挥一定的缓解和稳定作用。纵观反腐成效较好的地区，辅以德治是一条成功经验，能够抑制"微腐败"动机，有效遏制腐败现象的发生。

（一）传承农耕文明文化，塑造乡村德治秩序

与西方的"以商立国"不同，中国自古"以农立国"。传统农耕文明汇聚着中国劳动人民几千年的伦理智慧，是中华民族独有的文化印记。"中华文明之所以没有中断，与农耕文明的连续性有重要关系。"② 正如习近平于2013年12月23日在中央农村工作会议上讲话时指出，"农耕文化是我国农业的宝贵财富，是中华文化的重要组成部分，不仅不能丢，而且要不断发扬光大。"

第一，弘扬优秀传统农耕文化，涵养廉洁根基。农耕文明文化是中华民族的珍贵宝藏，蕴含着丰富的人文精神和社会价值。保护和传承农耕文明文化有利于涵养良好的政治生态。首先，传承农耕技术，促进农业现代化发展。一般来说，腐败行为与经济水平有重要关系，地区经济态势越好，腐败频率越低。农耕文明中蕴含的一些先进生产技术理念与当代新发展理念高度契合，不仅有利于优化农业产业布局，而且能够促进农业结构升级，从而为根治"微腐败"现象提供坚实的物质基础。其次，利用农耕文化资源，丰富精神生活。中国有着丰富的农耕文化资源，农耕文化资源作为农耕文明的表达方式，既能丰富人民精神生活，又能促进地区增收。我们要依托政策导向，因地制宜发展特色产业，创造性转化农耕文化资源并释放其多种功能，为"微腐败"治理提供源源动力。

第二，践行农耕文明理念，规范乡村秩序。习近平指出，"建设宜居宜业和美乡村是农业强国的应有之义。"③ 农耕文明中蕴含的生态观和治理观是乡村发展的文明基因，只有将良好的德治秩序融入乡村发展肌理，才能有效预防"微腐败"现象的滋生。首先，弘扬传统美德，提升文明素养。要充分利用乡村文化墙，用清廉故事、乡规民约等吸引党员群众驻足品读。例如，兰州市皋兰县上车村，宣传牌、文化墙等随处可见，醒目的清廉元素向人们诠释着廉以养德

---

① 刘涛. 农村"微腐败"的形成机理及治理对策[J]. 党政干部论坛，2021（3）：40.
② 李竟涵，刘知宜. 中华农耕文明：将传统融入现代[N]. 农民日报，2023-07-27.
③ 习近平. 加快建设农业强国 推进农业农村现代化[EB/OL]. 共产党员网，2022-12-23.

的文化底蕴。其次,厚植农耕文化底色,推进乡村清廉建设。譬如,可以在乡村创办农耕文化展览馆,引起人们对农耕文明的思考;建立廉政教育基地,营造风清气正的基层政治生态环境。最后,以生活化的方式开展宣讲活动,组织开展农耕文明与德治秩序的主题教育,从而让清廉之风走进乡村。

(二)营造乡村淳朴乡风,提升村民情感认同

乡风意指乡村风气,是在一定时间和范围内能被村民广泛传播、仿效学习的观念、风俗、习惯、操守、礼节和行为方式的总和。它是中国传统文化的重要组成部分,也是中华民族的精神财富。乡村振兴,乡风文明是保障。物质文明和精神文明一块抓才能提升乡村整体风貌。习近平指出:"乡村振兴,既要塑形,也要铸魂,要形成文明乡风、良好家风、淳朴民风,焕发文明新气象。"[①] 这就为当下中国的乡村治理指明了方向。乡风、民风能潜移默化地影响人们的思想和行为习惯。因此,要以良好乡风、民风提升村民情感认同,并带动形成优良党风、政风。

一方面,注重思想引导,提高民众思想觉悟。思想道德建设是培育文明乡风的基础。思想道德建设能够塑造乡村居民的良好品德和行为习惯,从而形成良好的乡风文明。培育文明乡风,必须以思想道德建设为支撑。首先,要大力宣传习近平有关乡风文明重要论述,尤其是关于乡风文明建设的系列政策,要让民众意识到乡风文明建设的重大意义,从而促进民众思想观念的转变,引导民众主动参与乡风文明建设。其次,采取多元化方式,提升民众道德素养。民众是乡风文明建设的发起者和主力军,是将乡风文明建设推向深入的主体力量,他们的思想素质直接决定乡风文明建设成效。因此,要通过道德讲堂、文化讲堂等方式,助力民众树立健康、文明的生活观念,不断提高乡风文明水平。

另一方面,补齐乡村公共服务短板,加强公共文化服务体系建设。当下,大多农村文化基础设施建设薄弱,文化广场、文化书屋、文化服务中心等普及率低、利用程度不高。首先,要根据实际情况配给基础文化资源,创新文化资源配给方式和针对性,丰富民众的业余生活,为乡风文明建设提供阵地保障。其次,要了解民众需求。因为人民是被服务对象,只有让人民有所表达、有所

---

[①] 中共中央党史和文献研究院. 习近平关于"三农"工作论述摘编[M]. 北京:中央文献出版社,2019:123.

体验才能提升公共文化服务效能,满足民众的精神文化需求。最后,推进公共文化服务数字化建设。在农村,固定资源往往供给不足,丰富的文化资源若要实现高质量共享,必须依靠数字网络,从而实现供需平衡。此外,还要通过互联网畅通民众表达需求的渠道,助力文化服务质量提升。

(三) 发挥道德引领作用,构筑乡村德治氛围

道德是社会文明和个人修养的基石,是人类社会生存和发展的保障。道德是无形的规范,是社会生活的内驱力,社会无论如何变迁都需要道德支撑。只有充分发挥道德引领作用,才能为乡村发展提供正确方向,确保党员干部在清廉之路上前行。要将道德的价值尺度与具体的制度结构结合起来,使抽象的道德主张具体化为明确的规则框架,形成具有强制力的制度体系,确保个人道德与社会风尚能够发挥积极的治腐效果。[1]

其一,强化道德力量,引领时代文明。道德力量是一个社会的基石,对个人和社会发展具有重要影响。道德与地区发展之间并非单向关系,当生产生活发展到一定水平,道德的导向功能就开始凸显出来。首先,推选道德榜样,走向文明之路。要完善道德评议会制度,推选出具有优良品德的人,优秀党员、勤劳模范、助人之星等都可以进入评议范围。道德评议会不仅能形成榜样效应,还能减少不文明现象的发生。例如,广州市增城区大埔围村就运用此方式,使乡村发展基础更加坚实。其次,加强对道德模范的宣传,提高其对民众的影响。要构建合理的机制,拓宽信息交汇渠道,扩大影响范围,形成一种见贤思齐、崇尚先进的浓厚氛围。

其二,构筑道德规范体系,激发道德向心力。良好道德氛围的效果可以立竿见影,但道德氛围的形成是一个漫长过程,这就需要正向价值的涵养。在《习近平关于党风廉政建设和反腐败斗争论述摘编》这本书中,压轴的最后一章是"筑牢拒腐防变的思想道德防线",道德规范体系的重要性不言而喻。首先,注重道德的传播与弘扬,培育心灵土壤。道德具有开放性和自我完善性,要打造多元主体的道德交互平台,不断为其注入活力。其次,设立道德奖惩制度,引导民众积极参加道德实践,从而增进道德认知。最后,利用媒体平台分阶段

---

[1] 马雪松,田玉麒.明礼定制:"道德治腐"与"制度治腐"的机理阐释及路径之辩[J].湖北社会科学,2015(4):38.

进行道德教育，推进道德引导机制的构建。

### 三、推行自治促成不愿腐

自治指自我治理，相对于他治而言，与自主、自觉、自为相关。与法治的约束、道德的引领相比，自治更侧重于管理，但这种管理不是由外在力量推动，而是自我管理、自我教育。治理乡村"微腐败"的关键在于促进村民自治权利的发育和整合[1]，最终创建不愿腐的氛围。可以说，自治是现代社会中民主和多元化的基石之一。选举民主公开、决策反映民意、管理多元参与、监督制约有效是净化乡村政治生态的重要保证。

#### （一）搭建村民自治平台

近年来，随着乡村振兴工作的推进，国家加大了对农村资源、资金的投入，这些资源、资金更是成为乡村党员干部眼中的"肥肉"。导致这种不良现象的一个重要原因就是村民自治制度不完善，自治形式大于内容，所以要搭建村民自治平台，并以此为载体将乡村治理工作引向深入，从而更好地管住"微权力"，遏制"微腐败"。

第一，建立多元化的自治平台。破解乡村发展难题的关键在于自治，自治则必须要有平台依托。首先，自治平台要以群众诉求为基础，建立有助于解决群众共性需求的相关载体。例如，积极成立村级经济组织，共同解决农村经济发展问题；建立自我管理平台，提高村级事务处理效率；搭建农村文化服务平台，丰富群众精神家园。其次，"打通正式制度与非正式制度互补的脉络"[2]，构建相互促进、彼此融合、全面覆盖、体系严密的村民自治平台。例如，山东省莱西市搭建"三会一约"（村庄协商议事会、道德评议会、红白理事会和村规民约）自治平台，引导村民"自己商量事""自己决定事"，求出了发展的"最大公约数"，画出了和谐的"最大同心圆"。

第二，打造数字化平台，激发群众自治热情。数字乡村平台作用范围广、办事效率高、功能齐全、作用精细，是乡村自治的新模式。首先，政府可以和

---

[1] 马忠鹏，任中平. 村民自治视域下村干部腐败的成因及治理［J］. 领导科学，2018（11）：63.

[2] 王乙竹. 新中国70年来农村自治发展的演变轨迹及现实启示［J］. 农业经济，2020（9）：34.

企业相互配合，合力打造数字乡村平台。例如，山东省潍坊市移动公司与当地镇政府联合打造数字乡村平台，促进了政民互动，便利了党建活动，规范了乡村秩序，从而实现了从"凡事皆要出门"到"小事不出村、大事不出镇"的转变。其次，利用数字乡村平台，打通乡村自治"最后一公里"。采取线下线上相结合的方式，实行动态管理、"云上共治"。例如，湖北恩施椒园镇积极探索乡村智治，全面打造数字乡村共治体系，持续提升群众的安全感和幸福感。

（二）发挥村务监督作用

乡村"微腐败"不是由单一因素所引发的，而是综合因素的产物。当下，我国基层"微腐败"格局较为复杂，开展乡村"微腐败"治理必须多措并举。所以要充分利用村务监督的监察效力，释放村务监督效能，创新村务监督方式，只有这样，才能减少乡村贪腐行为的发生，切实保护群众的利益。

一方面，确保村务监督委员会的权威性和独立性。关于村务监督，其实早在20世纪90年代末中央就下发了相关文件。进入新时代，以习近平同志为核心的党中央也多次强调村务监督问题，并在2017年12月正式印发《关于建立健全村务监督委员会的指导意见》。由此可以看出，村务监督委员会的建立是"矫正乡村领导干部监督缺失的重要创新"[1]，是加强村务监督、从源头上遏制"微腐败"的重要举措。首先，要严格村务监督委员会成员的任用。做到任何人不能随意指派委员会成员，乡村其他组织正式工作人员不得重复担任委员会成员，成员亲属也不得进入村务监督委员会。其次，村务监督委员会要定期向上级汇报工作，并自觉接受相关培训，做到"会监督"。由于村务监督委员会成员也来自群众，其"整体素质直接影响监督效果，所以要通过培训提升其监督能力"[2]。

另一方面，提高群众参与意识，使村民愿意监督。提高群众参与意识有利于增强社会监督的力量，因此，要让群众认识到必要监督是保障他们权利的重要手段，是纠正群众身边失范行为和不正之风的关键。首先，村务公开要兼顾所有群体。部分群众受年龄和文化程度的影响，在村务参与和监督方面积极性

---

[1] 尹向阳. 乡贤嵌入村务监督的实践逻辑与可行路径研究[J]. 云南社会科学，2022（4）：155.

[2] 王同昌. 新时代村级党组织带头人监督问题与完善路径[J]. 中国延安干部学院学报，2023，16（1）：92.

不高，所以在采用网络新媒体现代化公开手段的同时，也要适当保留广播站、展板、宣传页等传统公开手段。其次，拓宽群众监督渠道。要创新监督方式，开通线上监督举报窗口。除此之外，党员干部和村务监督委员会成员还要做到高频率实地走访，去群众家中深入交谈，以方便群众及时提出意见建议。例如，河南省南乐县实施村务监督五步工作法，探索出了村务监督新路径。

（三）提升主体自治能力

村民自治是乡村治理的重要形式，其核心就是村民作为主体参与管理乡村公共事务。可以说，村民自治水平的高低在一定程度上取决于乡村主体自治能力的强弱。当下，村民自治能力不足是乡村振兴推进过程中普遍存在的问题，所以要不遗余力提升村民自治能力，以便更好发挥其"神经末梢"作用，从而推进农村反腐事业。

其一，着力提高群众思想素质，拓宽群众视野。群众是乡村的主体，是乡村发展过程中最活跃的要素。提高村民自治能力不仅有利于深化乡村治理实践，还能促进村民素质的全面发展。首先，要引导群众突破传统思维和观念，主动研究新政策、探索新技能；要为群众开设相关课程，鼓励群众学习农业生产、经营管理技术等内容。其次，定期开展群众教育实践活动，让群众充分意识到自己在乡村治理中的地位和作用，并在实践活动中提升自己的创新能力、组织能力和思考能力。最后，适当进行法治教育，要让群众具备法律意识，在法律允许范围内开展自我管理活动。

其二，壮大集体经济，助推村民自治能力提高。经济基础决定上层建筑，生活富裕是群众最直接的诉求。发展集体经济不仅能够促进群众与乡村之间的利益联结，提高群众关注度，而且能够为乡村自治提供坚实的物质基础，增强群众凝聚力和建设动力。目前，我国大部分地区村集体经济薄弱，发展活力不足，难以对乡村自治形成有效支持和呼应，所以亟须改变现状。首先，要因地制宜制定产业规划，找准发展模式，吸引群众主动参与发展、主动提高应对能力。充分挖掘乡村各种资源，参考地区优势确定稳增收项目，从而解决乡村集体收入难题。其次，鼓励群众在发展集体经济过程中完善自身。经济发展与村民自治是相互影响的，共同解决经济发展难题有利于群众投入感、责任感的增强。

### (四) 完善村民自治制度

村民自治制度是我国乡村治理最主要的政治制度之一，是发展社会主义民主政治的基础性工程。村民自治作为最大的民主形式，一直是中国农村改革的重要方向。我们农村改革之所以见成效，就是因为给了农民更多的自主，调动了农民积极性。进入新时代，农村发展面临新的机遇与挑战，村民自治制度自然也要与时俱进，发展完善"形式多样、适合本地实际情况的村民自治制度模式"[①]。

第一，坚持农民制度创新主体地位，让农民成为农村发展的主体。从20世纪80年代末算起，村民自治制度已经走过三十多年的历程，经历了多个发展阶段，为农村发展提供了可靠的制度保障。但是，制度建设是一个持续的探索过程，要不断完善村民自治制度，使其与农村发展具体情况相适应。党的十一届三中全会后，包括村民自治制度在内的农村许多制度都是由群众经验上升而来，是群众的智慧、集体的智慧。首先，允许群众创新村民自治的形式，鼓励群众提出村民自治实施方案，重视群众关于村民自治的各种反映。其次，将村务公开落到实处。村务公开是群众了解乡村发展的窗口，要在公开形式、程序、内容等方面不断改进，从而提高监督效能。

第二，以村民委员会组织法为遵循完善村民自治制度。村民委员会组织法规定了村民自治的范围，其实施目的就是为了保障村民实行自治，使村民自治规范化。新时代完善村民自治制度，必须以村民委员会组织法基本准则，并根据村民自治制度实际运行情况推动村民委员会组织法不断修改完善。首先，进一步明确村民自治范围。要强调村民自治核心原则，重点突出"维护村民自治权利"。其次，解决乡镇人民政府指导帮助与村民自治边界模糊问题。要明确规定乡镇人民政府支持帮助的具体事务及具体方式，并积极推进"单向命令输出"向"平等对话"转变。

### 四、严肃法治促成不敢腐

法治是规则之治，无规矩不成方圆。习近平强调，要"推进多层次多领域

---

① 张新笛. 以村民自治促进乡风文明建设 [N]. 中国社会科学报，2022-12-01.

依法治理，提升社会治理法治化水平"①。法治既是实现乡村治理现代化的路径，也是乡村"微腐败"治理的保障。当下中国处于社会转型期，开放流动中的乡村社会依靠传统习俗已无法自我调节，需要运用法治的力量调节利益关系。再加上基层社会的法治意识淡薄，影响了基层社会法治的效果。譬如，一些基层政府仍存在对农民"乱收费、乱罚款、乱摊派"的行为，在此背景下亟须法治来制约与规范"小微权力"运行。法治是反腐败的原则和途径，运用法律治理乡村"微腐败"，应在立法、尊法、学法、守法上下功夫，构建乡村反腐败的有效治理机制，这是治理乡村"微腐败"的保障。

（一）加强反腐败国家立法，实现纪法有效衔接

近年来，我国不断加强反腐败立法，反腐败斗争取得显著效果，反腐败工作行稳致远。但是，依旧不能有懈怠情绪，要将明确发展方向、确定重点任务作为加强反腐败国家立法的重大策略，继续推动反腐败工作法治化、规范化。

一方面，将反腐败工作纳入依法治国的整体规划，推动反腐败国家立法。立法机关要研究制定乡村干部反腐败的法律，健全事关反腐倡廉工作全局的重要法规，修订和完善《中华人民共和国地方组织法》《中华人民共和国村民委员会组织法》《中华人民共和国监察法》等相关法律。同时要修订与完善党纪党规，细化《中国共产党廉洁自律准则》《中国共产党党内监督条例》《中国共产党问责条例》《中国共产党纪律处分条例》《中国共产党巡视工作条例》与《农村基层干部廉洁履行职责若干规定》等的可操作性。并将反腐败执法与反腐败执纪在标准上、程序上衔接起来，发挥国法与党规在反腐败斗争中的合力，运用法治思维与法治方式治理乡村"微腐败"。

另一方面，培育法治文化，重塑法律权威。"微腐败"不仅仅是一种违规违纪行为，在某种程度上可以看作是一种文化现象，因为导致"微腐败"产生的环境诱因也非常重要。只有弘扬法治文化，彻底清除"微腐败"产生的反文化，才能使"微腐败"治理效果立竿见影。正如法国启蒙思想家卢梭认为，最重要的法律不是刻在大理石和铜表上，而是在公民心里。要打造多元化的法治文化阵地，"推动社会主义法治文化与乡村振兴融合发展"②。首先，坚持警示教育，

---

① 习近平. 高举中国特色社会主义伟大旗帜　为全面建设社会主义现代化国家而团结奋斗：在中国共产党第二十次全国代表大会上的报告［N］. 人民日报，2022-10-26（1）.

② 朱海嘉. 培育法治文化与推进乡村治理的三重维度［J］. 中国司法，2022（11）：63.

守好"微腐败"禁令红线。如组织党员干部观看廉政警示教育影片,使其从中深刻吸取教训,进而打好清正廉洁"预防针"。其次,释放强烈信号,落实重点管控。要印发相关通知对重大节日、关键场合、特殊活动等开展专项整治。最后,利用手机平台随时随地提醒。例如,纪委可以采取手机短信方式给党员干部发送廉洁提醒警示短信,不断强化党员干部廉洁意识。

(二)加大普法宣传力度,提升乡村干部和村民法治意识

乡村普法工作是我国法治建设的重要组成部分。"微腐败"看似贪腐金额小,却常出现在民生领域,与群众利益密切相关。所以要加强防范治理工作,持续在基层开展普法活动,提升党员干部思想素质和法治意识,以最大的力度预防农村基层党员干部违法犯罪。

其一,提升乡村干部和村民法治意识。意识是行动的先导,只有意识到位,才会有行动上的自觉。提升乡村干部法治意识,摆在首位的是开展思想政治教育工作。通过定期的培训学习等途径让村干部牢固树立守纪律、讲规矩的意识。具体可由各乡镇纪委牵头组织,以乡村干部勤廉大讲堂为载体,围绕预防乡村干部涉农职务犯罪、国有土地上房屋征收与补偿法、新农村建设中土地依法利用问题、党风廉政建设及村务公开管理等村民关心的热点问题,扎实开展廉政知识授课培训,提升乡村干部法治意识和法律素养,引导乡村干部"带头营造办事依法、遇事找法、解决问题用法、化解矛盾靠法的法治环境"[1]。同时,也要提升广大村民的法治素养,引导村民树立规则理念、坚守法治精神、捍卫法制尊严。

其二,深入推进法治宣传活动,营造清廉氛围。在我国大部分农村地区,领导干部缺乏依法办事概念是常有之事,甚至一些党员干部已经构成违法事实却依然认为自己的行为合情合理。因此,在农村地区开展法治宣传工作,满足群众和领导干部用法需求是一项迫切任务。首先,邀请法院干警在农村进行法律专题宣讲。可以以"告别'微腐败'"为主题,结合相关法律规定和司法解释,深入讲解"微腐败"的界定和主要类型、领导干部利用职务犯罪的系列法治知识以及已经审结的农村"微腐败"典型案例。其次,上级部门要经常深入走访基层,通过发放法律宣传手册、"微腐败"普及页等形式提高普法宣传

---

[1] 习近平. 习近平关于全面依法治国论述摘编[M]. 北京:中央文献出版社,2015:124.

效果。

(三) 加大执法力度,严惩乡村干部腐败行为

近年来,随着国家政策资源的倾斜,乡村"微腐败"现象层出不穷,而且手段更加隐蔽,严重扰乱农村发展秩序。所以,我们要制定更加严格的反腐败政策和法律,加大反腐败打击力度。

第一,对乡村干部腐败行为要依法严惩,在重罚重判上下功夫,让腐败分子在政治上、经济上、道德上付出沉重代价,甚至移交司法机关追究刑事责任。提高司法机关侦办乡村干部腐败的主动性与综合能力,做到执法必严、违法必究,绝不手软,让法治成为农村基层反腐工作"最后一公里"的利器。同时保持反腐高压态势,以零容忍的态度重拳治理乡村"微腐败"。强化县乡(镇)党委对村级党组织追责问责,严厉整治土地征收、惠农补贴、危房改造、集资管理等领域的违法违纪行为。开展扶贫领域腐败问题专项治理,对挪用和贪污扶贫款项的行为严惩不贷。正如习近平所言"党风廉政建设和反腐败斗争永远在路上",治理腐败没有完成时,只有进行时。

第二,精准发力,从严从快查处。2016 年 1 月 12 日,习近平在十八届中纪委六次会议上指出,相对于"远在天边"的"老虎",群众对近在眼前"嗡嗡乱飞"的"蝇贪"感受更为真切。由此可以看出,"微腐败"的危害性一点都"不微",很可能成为"大祸害",所以必须大力整治、严查实纠。首先,要强化目标责任,抓住"牛鼻子"这个关键。在"微腐败"问题面前,既要依法惩治当事人,又要追究问责其相关领导。其次,要多管齐下,根据线索快速处理。执法"微腐败"过程中,不能单以数量作为惩治判断标准,而要以性质为准则,任何侵犯群众利益的行为都要及时制止甚至严惩,从而减少肆无忌惮的"大贪腐"的发生。

**五、创新综治促成不能腐**

2013 年 1 月 22 日,习近平在十八届中央纪委二次全会上强调,坚持标本兼治、综合治理、惩防并举、注重预防方针,更加科学有效地防治腐败。当下,反腐形势依然复杂,尤其是"微腐败"问题已严重影响干群关系。因此,我们要认真贯彻中央决策部署,准确把握基层形势,不断增强反腐工作的系统性。

## （一）以自治为核心内容赋予乡村主体自治

党的十九大指出，"要健全自治、法治、德治相结合的乡村治理体系，这对国家和社会发展意义重大"①。村民自治致力于建立秩序和整合资源②，是我们在长期的实践中探索而来的，不仅解决了基层民主建设难题，而且使乡村发展始终沿着健康正确的方向前进。当下中国，落实村民自治、促进乡村主体自觉是摆在我们面前的重要问题。离开村民自治，"微腐败"治理也就无从谈起。

一方面，全面贯彻村民自治条例，深化村民自治实践。村民自治有着广阔的空间和丰富的内容，在农村发展中的作用无可替代。通过村民自治，可以更好地发挥农民的主体地位，提高农村社会治理水平。主要从以下三方面入手：一是经济上，支持村民依法管理村集体财产。推动乡村集体经济与民主发展高度融合，鼓励群众参与产业发展规划制定，保障村民在生产经营、承包管理方面的权益。二是政治上，坚守严格的选举原则，选出本领高超、群众满意的领导班子。党员干部的工作质量要由群众检验，工作成果要由群众评判。三是文化上，大力开展多种形式的文化教育活动，积极整合各种文化资源，引导村民主动以文明的方式解决各种矛盾，增强村民的本土认同感。

另一方面，整合优质资源，助推自治能力提高。当下，乡村振兴全面推进，村民自治的创造性作用更加凸显出来。所以，要利用一切可以利用的政策资源条件，充分发挥村民自治在农村发展中的贯通衔接作用。首先，强化人才保障。拓宽人才选拔渠道，提高实用人才、青年人才在党员干部队伍中的比例，从而保证村民自治体系的科学运行。其次，强化物质保障。资源是村民自治发展的重要载体和物质基础。资源越丰富，村民自治的时代效能发挥得越充分。要通过集中农村各种优质配置性和分享性资源提升村民自治意愿，减少因资源利益分配问题而造成的自治难题。

## （二）以法治为根本保证夯实乡村法治理念

"法治本身就意味着一定程度的自治和道德要求"③，法治现代化关系农村

---

① 习近平. 决胜全面建成小康社会夺取新时代中国特色社会主义伟大胜利：在中国共产党第十九次全国代表大会上的报告［M］. 北京：人民出版社，2017：32.
② 桂晓伟. 以"三治融合"重塑基层治权［J］. 武汉大学学报（哲学社会科学版），2023，76（1）：181.
③ 武小川. 再论作为政党自治规范的党内法规：以自治、法治、德治关系为视角［J］. 党内法规研究，2023，2（2）：49.

秩序和社会稳定，是农村发展的重要保证。只有人人参与法治，做到尊法学法守法用法，法治中国才能行稳致远。因此，必须在法治轨道上治理乡村。

其一，配备高素质乡村法治人才队伍。专业化、高素质的乡村法治工作队伍是全面推进乡村振兴的组织基础。提供源源不断的法治人才保障，是实现乡村法治现代化的应有之义。首先，要做好乡村法治人才教育工作。把具有法律专业背景的青年人员吸纳到党员干部队伍中，并不断强化他们的职业操守，使其意识到乡村法治建设任重道远，需要驰而不息。其次，使乡村法治人才建设制度化。要以《乡村"法律明白人"培养工作规范（试行）》为准则，立足乡村传统文化底蕴，建立健全"法治明白人"制度，鼓励相关工作人员经常参与法治活动，在实践中做好法律知识储备，牢固法治信仰。

其二，完善乡村公共法律服务体系。提供乡村公共法律服务既是建设服务型基层党组织的要求，更是时代发展的新要求。在我国，尤其是农村，公共法律服务一直供给不足，法治建设结构不平衡，短板多。所以要推动优质法律资源下沉，做好法律方面的服务性和保障性工作，使利益纠纷、矛盾处理早日步入法治化轨道。正如党的十八届三中全会所指出，要推进农村公共法律服务体系建设，从而使群众利益受损时能及时获取法律帮助。首先，要设立乡村法律顾问，为群众提供全方面的法律服务，例如土地承包、农业生产、拆迁安置等。其次，建立乡村公共法律服务平台，为群众咨询、调解、援助提供更便捷高效的服务。

（三）以德治为内在支撑营造乡村德治氛围

以儒家思想为核心的德治是更高层次的秩序要求，也是治理腐败的理想模式，"乡村振兴各个层面目标的实现都离不开乡村德治的支撑"[1]。正如习近平指出："治理国家、治理社会必须一手抓法治、一手抓德治，既要重视发挥法律的规范作用，又要重视道德的教化作用，实现法治与德治相辅相成、法治与德治相得益彰。"[2]

第一，发掘乡村道德资源，厚植德治根基。德治作为我国传统的治理方略，与中华优秀传统文化有着高度的契合性。虽然时代在变迁，但是一些传统伦理

---

[1] 邓汪扬，姚宏志. 新时代我国乡村德治的现实境遇与路径选择［J］. 社会科学动态，2023（6）：33.

[2] 习近平：加快建设社会主义法治国家［EB/OL］. 中国共产党新闻网，2015-01-01.

道德观念依然是和谐乡村的有力支撑，不断滋养着广袤的乡村土地。如何在乡村实施德治呢？首先，充分利用本地特色资源。例如，在革命老区，可以充分利用革命旧址、历史遗迹等红色资源，将红色文化融进村规民约，定期进行红色文化宣讲，为党员干部开设专题教育课程，从而在最大程度上唤醒人民内心的道德自觉。其次，深入挖掘本土民俗习惯资源。可以在本地重要节日或纪念日举办群众性文体活动、纪念活动，整理收集优良家风故事，大力弘扬优秀典范。

第二，搭建崇尚道德激励平台，激发乡村治理内生动力。实施道德激励有利于在潜移默化中提升民众的思想境界，让民众亲身体验到道德的实际价值。在具体实践中，首先，可以借鉴先进经验，探索"积分"模式，实现"以分立德、以德换得"。"数字积分能够实现个人与乡村的良性互动"[1]，实现乡村弹性治理。将民众的道德思想和道德行为量化为积分，并促进道德活动与积分认定管理相互结合，然后借助"道德超市"平台载体，鼓励民众用积分兑换各种物品。其次，完善村规民约，制定道德奖励与约束细则，从而让乡村道德建设有标准可遵循。通过设立道德奖励基金，调动人们向善的积极主动性。同时建立"黑名单"制度，通报败坏乡村风气的不良行为。

### （四）"三治合一"共建乡村善治良好格局

"自治、法治、德治虽然发挥功能的方式方法不同，但是它们在本质上有着一致性。"[2]"三治合一"治理体系的形成既是实现乡村治理现代化的前提条件，又为"微腐败"治理提供了系统的方法导向。当下，乡村治理现代化体系仍面临一系列困境，例如，乡村自治效能不足、法治难题层出不穷、德治被置若罔闻，所以亟须健全三治融合体系，从而推动乡村内生秩序快速形成，为"微腐败"有效防治提供制度供给。

一方面，强化农村基层党组织对"三治合一"的引领。"三治合一"乡村治理体系的建设是一个长期的过程，是不能一蹴而就的。要想破解难题，必须首先发挥农村基层党组织的优势。一是农村基层党组织要加强组织体系建设，

---

[1] 臧秀玲，康乐. 数字技术赋能乡村德治的实现机制与治理效能：以浙江省H村"功德银行"为例［J］. 北京行政学院学报，2023（2）：55.

[2] 李小红，段雪辉. 农村自治、法治、德治"三治融合"路径探析［J］. 理论探讨，2022（1）：75.

将党建工作与群众需求联系起来，以达到激活乡村主体活力的目的；二是农村基层党组织要领导制定符合实际的乡村人才培养计划，为乡村治理培养出大量能力强、素质高的本土带头人才；三是农村基层党员干部要发挥先锋模范作用，鼓励群众参与治理、增强法治意识、提高政德修养，和群众共同助推乡村全方面发展；四是农村基层党组织要整合多元规则，推动形成适合本地自治、法治、德治的特色治理制度。

另一方面，正确处理自治、法治、德治三者关系，以自治为核心，以法治为保障，以德治为支撑。2013 年，浙江桐乡在全国率先开展"三治合一"治理探索实践①，当下已实现全国推广学习。从特点来看，三者之间具有系统性和发展性，要完整结合、完美配合才能取得 1+1+1>3 的效果，要与时俱进、相互促进才能实现乡村善治总目标。因此，必须从以下三方面入手：一是以自治为基础，拓宽乡村主体自治空间，赋予乡村主体充分的表达权和话语权；二是以法治为保障，用有形规则和"硬治理"手段教育、约束乡村主体，保障自治实施；三是以德治为支撑，大力倡导传统美德和文明乡风，增强民众的情感认同和灵魂归属。

**六、厉行惩治促成不会腐**

厉行惩治腐败已经成为各国政府和社会的共同目标。在中国，"依法从严惩治，是我们党根据反腐实际做出的政策选择"②。"微腐败"问题反复性强、普遍又隐蔽，严厉惩治、严肃处理才能拔出病根。只有让领导干部付出相应代价，他们才会意识到自身腐败行为的严重性。

（一）依法严惩

自古以来，严惩重罚都是一种打击腐败现象的有效手段。千里之堤，溃于蚁穴。"微腐败"绝对不能"微治理"，要防微杜渐，依法严惩。2023 年中央一号文件在第八条第二十八款中明确规定：开展乡村振兴领域腐败和作风问题整治。

其一，深入开展专项整治，坚决惩治所有"微腐败"行为。乡村振兴不是

---

① 张文显，徐勇，何显明. 推进自治法治德治融合建设，创新基层社会治理［J］. 治理研究，2018，34（6）：5.
② 彭新林. 坚持系统施治依法从严惩治行贿［J］. 中国党政干部论坛，2023（6）：55.

口号，而是需要投入众多资源的大工程，由此决定了整治乡村领域腐败问题是不容忽视的工作。因此，首先要以中纪委印发的《关于开展乡村振兴领域不正之风和腐败问题专项整治的意见》为指导原则，"坚决惩治任何损害群众利益的腐败行为"[①]，对腐败行为采取严措施、硬手段，并不遗余力扫除乡村"微腐败保护伞"。其次，各级纪检监察机关要做到严查严办、速查速办，对典型的"微腐败"案例要及时进行曝光，处置过程中还要随时关注网络舆情和群众声音。最后，细化惩治规则，实行回避制度。乡村"微腐败"惩治机制制定以及惩治实施过程中要避免熟人参与，杜绝"人情往来"。

其二，保持高压，精准发力，交出"微腐败"治理成绩单。严肃的追责问责是防治"微腐败"的重要手段，"动员千遍不如问责一次"是党的十八大以来全面从严治党取得的经验总结。[②]首先，在法律范围内，明确不同类型"微腐败"的惩罚类型。例如，根据严重程度分别给予开除党籍、党纪政纪处分、组织处理、移送司法机关等惩处。对于影响恶劣的"微腐败"案件，要严格缓刑的适用范围，适当以轻刑替代缓刑，发挥震慑作用。其次，强化追责问责，解决执纪困境。乡（镇）党委要加强对农村基层党组织的问责力度，对处理"微腐败"案件中的失职失责问题要严肃问责。

（二）奖惩结合

2016年，习近平在十八届中纪委六次全会上首提"微腐败"，此后治理"微腐败"逐渐走向深入并且有了专门的工作部署。但是当下"微腐败"现象依旧层出不穷，治理成效与中央要求还存在一定差距，其中一个重要表现就是配置失衡，缺乏科学合理的奖惩配合举措。

第一，以法律法规为实施惩治依据，震慑"微腐败"。由于"微腐败"自身的性质与特点，所以并没有达到入刑标准。例如，《最高人民法院、最高人民检察院关于办理贪污贿赂刑事案件适用法律若干问题的解释》将挪用公款起刑点数额调整为3万元，《中华人民共和国刑法修正案（九）》也以其他专有名词代替了原来的量刑标准。这意味着乡村领导干部虚报套取惠农补贴资金、侵占

---

① 中央纪委印发意见 坚决整治乡村振兴领域不正之风和腐败问题［J］.支部建设，2023（6）：7.
② 孔继海，刘学军.新时代乡村"微腐败"及其治理路径研究［J］.中共天津市委党校学报，2019，21（3）：72.

村集体资金、虚列工程项目套取资金等如果达不到3万元，就无法在刑法之内对"微腐败"分子进行惩治，甚至无法降职、撤职。虽然小微腐败"蝇贪"够上刑法处罚的不多，但是我们并非在"微腐败"面前无能为力。我们可以以《农村基层干部廉洁履行职责若干规定》《中国共产党纪律处分条例》《行政机关公务员处分条例》等党纪法规和行政法规为惩罚依据，给予适当的党纪行政处分和经济惩罚。

第二，双管齐下，既要依法严惩"微腐败"分子，又要给予乡村干部相应的物质奖励。惩罚与奖励相辅相成，只有搭配运用才能事倍功半。物质需要是第一需要，所以要充分发挥物质褒奖的激励鞭策作用。村"两委"不是由财政供养，各种经费、补贴标准也由乡镇或者街道决定，工资少、工作多是村"两委"工作人员普遍面临的困境。在这种情况下，乡村领导干部便会利用手中权力，通过其他途径来填补工资短板。所以，要在严惩"微腐败"分子的同时出台相关激励措施，以便唤醒乡村干部内心的荣誉感和责任感。首先，可以根据工作业绩进行奖励，对工作表现突出、做出重大贡献的乡村干部要给予一定数额的现金奖励。其次，对于从未犯过错误、踏实勤恳工作的乡村干部在年终也可以适当给予物质奖励。

（三）惩教并举

惩教并重具有警示和净化作用，是连接"不敢腐"与"不想腐"的桥梁纽带。只教育不惩罚，则没有威慑力。只惩罚不教育，便不能做到"知行合一"。只有一手抓惩处，一手抓教育才能达到"知"和"慑"协同推进，最终从根本上解决"微腐败"问题。

一方面，既要做到有过必罚，又要做到教育引导。无论"微腐败"分子是出于怎样的初衷，都应该受到惩处，因为损失的是群众的利益。需要注意的是，若要彻底升华为"不想腐"，还需加强对乡村干部的思想教育。首先，对"大贪腐"进行严惩，从而让"微腐败"望而生畏。对于数量巨大的贪腐要根据犯罪情节和司法解释从重处罚，情节特别严重的永远不得假释和减刑，并且要进行经济重罚，追缴一切违法所得财物。其次，推动教育引导"下沉"，走完"微腐败"惩治的"后半程"。可召开典型案例分析大会，使群众和其他党员干部都熟知案情，做到涉事党员干部自我剖析，党员干部代表发言，相关责任人表态等。

另一方面，及时提醒、预防，筑牢思想防线。面对腐败，惩治只是一种治标手段，而预防腐败才是治本手段。惩治与教育结合，是治理"微腐败"的关键一环。一百年来，我们党秉承惩戒威慑、治病救人的原则，极大强化了党员干部思想和行为上的自觉。一是综合发挥惩治挽救作用，开展党员干部先进性主题教育，将斗争与治理贯通起来。例如，贵州省习水县纪委将思想教育工作落实为具体活动，将众多"微腐败"案件制作为《惩防并举，源头治理村官腐败》警示教育片，在重要会议现场循环播放，以此为手段提升乡村领导干部思想觉悟。二是总结"微腐败"防治规律，瞄准重点领域，推动形成早预防、早发现、早查处的监控惩戒体系。

第六章

# 乡村"微腐败"的阻断机制

"蝇"贪成群,其害胜"虎"。乡村"微腐败"会损害党的先进性和纯洁性,侵蚀党的执政基础;降低基层政府的公信力,导致基层政府陷入信任危机;破坏社会的公平正义,降低群众的获得感和幸福感。当前,基层反腐是党和国家事业发展的重要一环,也是推动全面从严治党、净化基层良好政治生态的现实需要。"从治理角度而言,阻断其发生机制仍是反腐的主要路径。"[①] 因此,建立乡村"微腐败"的阻断机制至关重要。治理乡村"微腐败"是一项复杂的系统工程,任重而道远。它需要政府、社会和技术等多方面的支持,持之以恒开展"打苍蝇"常态化、长效化工作。

## 第一节 乡村工作完善机制

乡村工作完善机制指在乡村地区建立一套科学合理的工作机制以促进乡村经济发展和社会稳定。乡村地区作为中国社会的基石,也面临着腐败问题的严重影响。乡村工作完善机制对反腐败具有重要意义,可以说是解决乡村腐败问题的关键。这里主要从固本培元,严把乡村干部选用关;加强监督,切断乡村干部权力寻租路径;实行轮岗,阻断乡村干部微腐败"污染源"等方面入手,来全面遏制"圈子"腐败的负效应,对实现"最后一公里"廉洁意义重大。

---

① 曾明. 乡村振兴背景下村民小组长腐败发生逻辑与治理路径[J]. 南昌大学学报(人文社会科学版),2022,53(2):90.

## 一、固本培元，严把乡村干部选用关

思想是行为的先导，有什么样的思想就会有相应的行为。思想纯洁是政党保持纯洁性的根本，道德高尚是干部做到清正廉洁的基础。[①] 这是新时代对党员干部提出的要求和目标。打造忠诚、干净、担当的乡村干部，必须严格执行"德才兼备、以德为先"的选人用人标准。固本培元，严把乡村干部选用关，才能选拔出合格的乡村干部，为乡村"微腐败"治理奠定坚实的人才基础。

### （一）固本培元是乡村干部选用的首要任务

固本即固根本，培元即培养基础。固本培元是坚定地保持根本原则和价值观，并致力于培养和发展个人潜力和才能。乡村干部作为基层权力的执掌者，是农村基层治理的重要力量。乡村干部如果出现腐败问题，会使农村社会的秩序和稳定受到严重威胁。所以只有选用能干、廉洁的乡村干部才能保证农村社会稳定发展。

固本培元就意味着从源头上解决乡村干部队伍建设中存在的问题，注重选用的长远性和可持续性。在选用乡村干部时，应注重其政治素质、业务能力、廉洁自律等方面的综合素质，确保选用的干部具备良好的思想道德素质和扎实的业务能力，即具备良好的党性修养、坚定的理想信念和正确的价值观、扎实的专业知识和丰富的实践经验等，使其能够胜任基层治理工作，为乡村"微腐败"治理提供坚实的人才支持。

### （二）严把乡村干部选用关是乡村"微腐败"治理的必然要求

为有效治理乡村"微腐败"，严把乡村干部选用关是必不可少的。因此，要"严把入口关，畅通出口关，综合考量、严格选拔基层干部"[②]，建立健全选拔优秀年轻干部常态化工作机制。这里主要从加强选拔标准、完善选拔程序和加强培训管理三个方面加以探讨。

其一，加强选拔标准是严把乡村干部选用关的基础。乡村干部作为党和政府联系农民群众的桥梁，其选用变得尤为重要。乡村干部选用应以德才兼备为

---

① 中共中央纪律检查委员会，中共中央文献研究室. 习近平关于党风廉政建设和反腐败斗争论述摘编 [M]. 北京：中央文献出版社，中国方正出版社，2015：141.
② 谢斌，杨晓军. 廉政建设视域下的基层"微腐败"：表现、成因及治理 [J]. 行政与法，2023（4）：93.

核心准则，注重综合素质评价，既注重乡村干部的政治觉悟、党性修养和廉洁从政意识，又注重乡村干部的专业能力、管理能力和创新能力。

其二，完善选拔程序是严把乡村干部选用关的重要保障。既要建立健全的选拔机制，明确选拔程序和标准，又要注重对干部候选人的考察和评估。我们可建立一套科学的干部选拔任用体系，通过考察乡村干部的政治觉悟、工作能力、廉洁自律等方面的表现，来确定其任职资格。对于乡村党政一把手的选用，应当严把关口，贯彻落实"两推一选""公推直选"原则，对个人履历中有贪腐、贿赂、思想觉悟不高的人坚决不任用。完善乡村干部任职资格审查制度，提升群众意见在乡村干部选用时的影响力比重，同时也应当限制"大家族"成员在乡村干部群体中的比例，避免家族势力干预、利益输送、黑恶势力压迫等"贿选"情况出现。

其三，加强培训管理是严把乡村干部选用关的重要手段。首先要加大对乡村干部的培训力度。在工作中可根据干部的实际需要开展有针对性的培训，提高其综合素质和专业能力。同时，建立健全的绩效评价制度，对乡村干部的工作表现进行评估。通过培训和考核，可以不断完善乡村干部的素质和能力，及时发现和纠正其不正之风，确保选用的乡村干部都是合格的、廉洁的。此外，还要完善乡村干部的问责机制，对违法乱纪的乡村干部进行严肃处理，依法追究他们的责任，以起到警示作用。

## 二、加强监督，切断乡村干部权力寻租路径

监督是反腐败的重要手段之一。反腐败的核心是对权力的制约和监督，关键是健全权力运行制约和监督体系，让群众监督权力。[1] 完善对乡村干部行为的监督机制将有效遏制其腐败行为发生。加强监督，切断乡村干部权力寻租路径是建设廉洁政府的重要举措。

（一）加强对乡村干部腐败行为的监督

目前，乡村干部的监督机制相对薄弱，容易导致权力滥用。因此，我们应优化基层监督体系，形成全方位多层次的监督格局，重点从以下三方面入手。

一是加强上级监督。加强上级监督是推进基层反腐败的重要手段。要以党

---

[1] 人民日报社评论部."四个全面"学习读本［M］.北京：人民出版社，2015：270.

内监督为主导，推动党和国家双向联动。加强上级党委、纪委监委对基层党政领导的监督。可通过监督检查、审查调查等方式对党员干部的违法行为进行惩处，在资金管理、扶贫救济、救灾救助、低保五保等方面重点发力，及时发现和解决基层反腐败工作中存在的问题，推动基层反腐败工作向纵深发展。

二是加强群众监督。加强群众监督有助于提高政府的透明度和廉洁度，增强公众对政府的信任感。其一，完善群众监督机制。强化村务监督委员会制度、村务信息公开制度等的实施，如关于村务公开，在公开时间上，将村务公开的时间定为每季度一公开；在公开范围上，将涉及农村的公开内容，分村列出清单，张贴到村务公开栏中；在公开形式上，除公开栏之外，还可采用广播、会议、便民手册等，以便于群众对公开内容的相互印证和监督，让村务、政务在群众知晓的阳光下运行，提高权力运行的透明度，减少权力使用的随意性。[①] 其二，完善群众意见表达和反馈机制。通过开通举报热线、网络举报平台等干群沟通渠道，加大对乡村干部的监督力度，以监督传递压力，用压力推动贯彻落实。其三，完善群众检举揭发机制。如不断完善信访举报制度。面对群众反映的具体问题，要及时调查处理；同时要严格规制处理流程，对于群众的隐私性信息应给予充分的保护。

三是加强舆论监督。舆论监督是基层反腐败的重要路径之一。加强舆论监督对维护社会公平正义、促进政府透明度至关重要。政府应加大对媒体的支持力度，保障媒体的独立性和言论自由。在基层单位中，可探索建立舆论监督的机制和渠道。如建立舆论监督的平台，方便公众表达意见和关切；设立独立的监督机构，接受公众的监督和举报等。

(二) 加大对乡村干部腐败行为的惩处力度

加大对乡村干部腐败行为的惩处力度是解决乡村腐败问题的关键，也是维护社会公正、推动法治建设的重要举措。乡村"微腐败"虽微，但危害性极大，影响较远，对乡村干部实施严惩会起到很大的震慑作用。因此，政府应加大对乡村干部腐败行为的打击力度，通过公开曝光腐败案件的细节和结果，让乡村干部看到腐败行为的严重后果，使其意识到腐败行为的危害性，增强他们的廉

---

[①] 袁方成，郭易楠. "双务"公开联动与乡村"微腐败"治理 [J]. 党政研究，2019 (2)：41.

洁意识，以起到警示作用。如中央纪委国家监委网站每月定期发布的群众身边腐败和不正之风问题以及违反中央八项规定精神问题的曝光数，对典型问题及时通报曝光，就起到了案例警示作用，引导广大党员干部学纪、知纪、明纪、守纪，引领崇廉尚俭新风尚。同时，建立健全法律法规体系，明确腐败行为的界定和处罚标准，确保对腐败行为的惩处力度。还要加强司法机关的力量和能力，提高对乡村干部腐败行为的审判效果。

对滥用权力的乡村干部，必须依法严惩，给予他们应有的惩罚。要坚持党纪国法面前没有例外，不管涉及谁，都要一查到底。例如，严厉查处村民小组长腐败行为。[1] 严厉查处村民小组长腐败行为是农村治理和反腐工作的重要任务。对涉嫌违法违纪的腐败村民小组长，要及时严厉打击，涉嫌犯罪的要移送司法机关，以此提高其违纪违法成本。再如，公开曝光村民小组长腐败行为。如以公开曝光方式公布其违纪行为，将对其产生极大震慑作用。只有加大对腐败行为的惩处力度，才能有效打击乡村干部的腐败行为，推动乡村振兴战略实施。

（三）用好巡视巡察利剑

巡视作为全面从严治党的利剑，是党内监督的战略性安排。因此，我们可采取定期与不定期下访的巡察制度。习近平强调要把巡视利剑磨得更光更亮，"始终做到利剑高悬、震慑常在"[2]。足见党中央对巡视工作的高度重视。巡视巡察的反腐败作用体现在"精准惩治""以案促改"与"以案示警"等方面。

巡视作为一种行之有效的治理乡村"微腐败"的手段，这就要求我们贯彻落实巡察制度，让巡察制度下基层，推动乡村干部腐败率降低。巡视工作应秉持"发现问题、形成震慑、推动改革、促进发展"的方针，扎实推进巡视巡察上下联动和各项监督贯通协调，如加强巡视巡察与审计、纪律检查等监督形式的衔接，扎牢织密"监督网"，把巡视利剑磨得更光更亮；建立健全巡视工作制度体系，推动巡视巡察规范化、制度化水平不断提升；实行县乡巡视回头看，筑牢横向到县直、纵向到基层村的巡视密网；重点巡察基层廉政建设、政治纪

---

[1] 曾明. 乡村振兴背景下村民小组长腐败发生逻辑与治理路径［J］. 南昌大学学报（人文社会科学版），2022，53（2）：90.

[2] 习近平在二十届中央纪委二次全会上发表重要讲话强调 一刻不停推进全面从严治党 保障党的二十大决策部署贯彻落实［J］. 党建，2023（2）：6.

律和工作作风等内容，有力发挥政治巡视利剑作用，把立行立改、边查边改贯穿巡视全过程。

譬如，党的十八大以来，青海省委巡视组对29个贫困县开展专项巡视，解决了挤占挪用扶贫专项资金以及雁过拔毛、优亲厚友等问题，并推动班玛县、久治县积极解决拖欠农民工工资等9个问题，涉及款项165.9万元。2021年，市县两级推动巡察向村（社区）和基层单位延伸，发现问题5.1万余个。[①] 我们从以上案例可以看出，巡察监督探头已延伸至村级"神经末梢"，打通落实全面从严治党"最后一公里"。

### 三、实行轮岗，隔断乡村干部腐败"污染源"

实行轮岗制度是治理乡村干部"微腐败"的有效途径。轮岗制度是将乡村干部按照一定的周期和顺序进行岗位调动，使其在不同的岗位上工作，以达到防止权力腐败的目的。实行轮岗制度可以有效打破乡村地区的既得利益格局，防止腐败的发生；提高乡村地区干部的素质和能力，降低腐败的风险；增加公众对干部的监督和参与，促进乡村地区的治理透明度和公正性。鉴于此，实行轮岗制度，主要从以下四方面入手。

一是建立完善的轮岗制度。建立完善的轮岗制度是乡村反腐工作中的关键。首先要制定轮岗计划，根据乡村干部的数量和岗位需求来制订详细的轮岗计划。轮岗计划包括岗位调动的周期、轮岗的顺序以及轮岗的具体内容等。同时，还要建立轮岗干部的考核机制，对乡村干部的轮岗成效进行评估和总结，为后续的岗位调动和乡村干部的培养提供参考。评估和总结应该客观公正，避免任人唯亲和形式主义。

二是加强干部培训与选拔。轮岗制度的实施需要干部具备一定的综合素质和专业技能。可根据轮岗干部的不同情况，制订相应的培训计划，加强干部的思想教育、业务知识、管理能力等方面的培训，提高干部的综合素质和专业技能，以增强他们的责任感和使命感。同时，轮岗制度的实施还需要有一支高素质的干部队伍。要根据轮岗干部的工作表现和能力水平，科学、公正地进行干

---

① 李雪萌. 扎密织牢"监督网"把巡视利剑磨得更光更亮：我省巡视巡察工作综述[N]. 青海日报，2023-06-29.

部选拔，确保轮岗干部的素质和能力达到要求，从而提高轮岗制度的实施效果。

三是加强信息共享与沟通。为了更好地践行轮岗制度，需要加强信息共享与沟通。首先，建立信息共享平台，使不同部门和岗位之间能够及时共享信息，避免信息孤岛和信息不对称。其次，加强对轮岗过程中的问题和困难的沟通，及时解决干部在轮岗过程中遇到的问题，确保轮岗工作的顺利进行。最后，加强对轮岗经验和成果的沟通与分享，促进各部门之间的学习和进步。

四是建立激励机制。为了推动乡村干部积极参与轮岗制度，需要建立相应的激励机制。首先，建立奖励制度，对轮岗中表现优秀的干部进行奖励，激发他们的积极性和创造性。其次，建立晋升机制，将轮岗作为升职的重要考核指标，鼓励干部积极参与轮岗，提升自身能力和素质。最后，建立问责机制，对轮岗中出现的问题和失职行为进行追责，确保轮岗制度的有效实施。

## 第二节　制度约束健全机制

"经国序民，正其制度。"反腐败，制度是根本。邓小平指出，"制度问题更带有根本性、全局性、稳定性和长期性"[1]。当前我国仍然处于腐败易发期和多发期，反腐败的根本措施是制度建设，其重点是"改革和改变滋生腐败的体制温床"[2]。可见，制度建设作为反腐败的重要手段，起到了不可忽视的作用。反腐败必须加强制度建设，这是人类社会反腐败的经验总结。制度建设包括制度健全完善与制度强化执行。克服特权现象，要解决思想问题，更要解决制度问题。解决制度问题，关键是要改革，进行制度创新，构建一套科学的、完善的制度体系，监控和规范权力的运行，把权力关进制度的笼子，使掌权者不能滥用权力，彻底铲除腐败现象滋生蔓延的土壤。

---

[1] 中央纪委办公厅. 邓小平论党风廉政建设和反腐败［M］. 北京：中国方正出版社，1998：91-92.
[2] 胡鞍钢. 廉政制度的历史阶段与中国特色国家廉政体系的建构［J］. 学习月刊，2008（3）：21.

## 一、建立科学的反腐制度机制

小智治事,大智治制。习近平非常重视反腐制度建设,他强调"把权力关进制度的笼子里",以及"制度治党"的战略思想,开启制度反腐新阶段,使我们党反腐更加刚性和制度化。历史经验一再表明,没有健全的制度,腐败现象就控制不住。近年来随着乡村现代化进程的推进,乡村"微腐败"问题变得日益凸显。加强反腐败工作,建立科学的反腐制度机制,有助于防止和打击腐败行为,推动乡村治理向良性循环发展。鉴于此,我们亟须构建一套科学的反腐制度机制,为系统施治、标本兼治乡村"微腐败"提供制度支撑。

一是完善党内法规体系。乡村完善党内法规体系对加强党的领导、推进乡村治理现代化具有重要意义。习近平指出,我党要加快"形成比较完善的党内法规体系"[1]。这就要求我们细化党规党纪,凡"微腐"伸手必捉。乡村可通过加强党内法规的制定与修订来完善党内法规体系。在制定党内法规时,乡村可以借鉴其他地区和行业的经验,同时也应充分听取基层党员和群众的意见和建议。修订党内法规时,应及时反映乡村的变化和发展需求,确保党内法规的适应性和有效性。同时,乡村还可通过建立健全党内法规执行机制来完善党内法规体系。乡村可以建立健全党内法规的执行机制,明确责任分工和工作流程,加强对党内法规执行情况的监督和检查;对违反党内法规的行为,应及时进行处理和纠正,确保党内法规的严肃性和权威性。

二是健全反腐法律体系。法律是严惩腐败的主要依据。法治反腐的逻辑起点在于反腐败立法,建构完善的反腐法律体系。这就要求完善一系列反腐败法律法规,如《中华人民共和国行政监察法》和《中华人民共和国监察法》等,明确腐败行为的刑事责任和行政处罚,并针对农村腐败的特点和问题,制定专门的法律法规。这些法律应该明确规定农村腐败的定义、范围和刑事责任,以及相关的预防措施。同时,建立健全反腐败的举报奖励制度,该制度为参与反腐败行动的民众提供一种激励机制,可以鼓励民众积极参与反腐败,增加对腐败行为的曝光率。在实施乡村反腐败的举报奖励制度时,还需要考虑一些问题。首先,要确保奖励制度的公正性和透明度,避免出现不当的奖励分配和滥用的情况。其次,要加强对举报者的保护,防止他们受到报复或打击。此外,要建

---

[1] 习近平. 在庆祝中国共产党成立100周年大会上的讲话[J]. 党的文献, 2021 (4): 4.

立健全举报奖励机制,包括奖励金额的确定、奖励发放的程序和机构等方面的规定。最后,要加强对举报信息的核实和处理,确保举报的有效性和真实性。

三是狠抓制度执行,扎牢制度篱笆。在现代社会中,制度执行是确保社会稳定和发展的关键因素之一。制度执行是指将制度精神转化为具体行动的过程。"徒法不足以自行",法规制度的生命力在于执行。乡村反腐工作的核心是加强制度执行,通过建立健全制度体系,规范乡村干部的行为,从根本上杜绝腐败现象的发生。乡村反腐需要坚持依法治理原则,将反腐败的制度要求转化为具体的行动措施,确保制度的落地和执行,使乡村干部不能"以言代法",而是心有所畏、言有所戒、行有所止。例如,贵州省余庆县纪委监委通过全程参与跟进制度执行等方式,织密法纪之网,着力推动制度优势不断转化为治理效能。

## 二、完善权力运行的约束机制

完善权力运行约束机制是治理乡村"微腐败"的关键。腐败的本质是权力的脱轨和滥用,防止腐败最根本的就是要加强对权力的约束和监督。预防"微腐败",必须靠精细化制度给权力套上"紧箍咒"。习近平指出,对违规违纪、破坏法规制度踩"红线"、越"底线"、闯"雷区"的,要坚决严肃查处。[①] 这就为我们加强对权力的约束和监督提供了根本遵循。因此,要合理规范公权力,不留公权私用的空间。良好的权力运行机制必然要求合理配置权力和有效约束权力,主要从以下三方面入手。

一是坚持权责法定,明确权力边界,规范工作流程,强化权力制约。因此,各级职能部门和干部要在法律法规限定范围内行使权力,结合实际编制党务、政务、村务工作和便民服务事项的权力清单和办事清单,厘清权力边界;绘制以上四类事项的运行流程图,规范权力运行流程;并规定凡属于乡镇职责范围的事项不得以行政命令方式转嫁给村。例如,河南淮阳县的权力清单化改革就是一项重要的举措,政府通过明确每个部门的职责权限,将权力清单化为操作指南。权力清单化可以明确政府部门的权力范围和行为规范,使政府的行政行为规范化、透明化,有助于减少腐败行为的发生,提高政府的廉洁度和公信力。

二是推进权力运行制度化,用制度约束权力。推进权力运行制度化可以有

---

[①] 中共中央文献研究室. 习近平关于全面从严治党论述摘编 [M]. 北京:中央文献出版社,2016:205.

效地规范权力行使的过程，遏制权力滥用。推进权力运行制度化建设，要建立健全权力运行规则和程序，确保权力运行全过程都有约束，防止权力滥用；完善权力运行关节点、薄弱点、风险点的各项制度，防止"牛栏关猫"；推进权力运行过程透明公开，坚持以公开为常态、以不公开为例外的原则，建立党务、政务、村务工作和便民服务事项的办事公开制度，严格做到信息公开，阳光普照，使腐败无处藏身。如江西省遂川县建立健全"小微权力"阳光运行机制，有利于揭露和纠正权力滥用和不作为的行为，提高政府的透明度和服务水平。

三是建立严格的监督检查制度和检举制度。鉴于中国实际情况，反腐败斗争必须"老虎""苍蝇"一起打。对"苍蝇"的危害，也必须充分估计，危及老百姓切身利益的，很多都发生在基层。如果基层懒政、乱政，我们的政策方针就将被架空、虚置。因此，要加强基层反腐，建立严格的监督检查制度、检举制度和听取公众意见的制度，能够有效地监督和调查涉嫌"微腐败"的行为。同时，也要加强对一线执法者的监督，注重完善执法体制、机制和制度，使基层腐败无处藏身。落实监察法，探索提高对乡镇党委班子成员监督效能路径，加强对其班子成员的监督，提升监督效能，确保他们秉公用权、依法用权与廉洁用权。

### 三、全面落实责任追究制度

权责一致是现代政治运行所遵循的基本原则。如习近平指出"有权就有责，权责要对等"[1]。如果领导干部拒绝这一责任，则应当承担特定的问责后果。强化问责作为全面从严治党的利器，是防止制度空转的最后一道防线。责任追究制度为防止和惩治乡村"微腐败"提供重要的制度依据，只有提升追责问责的影响力和震慑力，才能解决党内长期存在的履责不力、失职失责等问题。为此，我们要明确责任清单、健全责任监督、强化精准问责，积极构建权力清单化、履职程序化、问责常态化等廉政体系，做到权责清晰、统一，坚持有权必有责，使乡村干部各负其责、各司其职。

#### （一）明确责任清单

治理"微腐败"需要明确责任清单，这是推动治理工作的关键。责任清单

---

[1] 中共中央文献研究室. 习近平关于全面从严治党论述摘编[M]. 北京：中央文献出版社，2016：222.

建设可以明确责任边界，防止责任模糊和推诿现象发生。通过建立明确的责任清单，政府能够明确每个部门和个人的职责，提高反腐败工作的透明度和效率。按照权责一致原则，同步推进权力清单和责任清单建设。

一是明确权力主体。每个权力主体应清楚自己的权力范围与职责，以便更好地履行自己的职责。当权力主体明确时，有助于避免不当行为和权力滥用的发生。只有当责任明确时，权责才能得到有效的对应。

二是明确权责关系。通过制定权责清单来实现，明确每个权力主体的具体职责。如构建以明晰乡村干部责任事项、责任边界、追责情形、问责方式等为内容的责任清单制度。通过"目标清单、任务清单、问题清单和整改清单"[①] 来分解责任内容，确保责任层层落实。

三是权责对应与匹配。确保权责清单中的权力和责任对应和匹配。如果权力与责任不匹配，可能会导致责任的模糊性和效率下降。具体可通过编制职责清单、制定工作流程和建立明确的上下级关系实现。

四是权责公开透明。在现代社会中，权责公开透明是一种重要的原则和价值观。权责公开透明有助于防止腐败和滥用权力。当权力行使过程公开透明时，有助于消除政府与公众之间的信息不对称，也会促使政府、干部更加谨慎地对待权力，避免滥用权力。

（二）健全责任监督

责任监督是对某个人或组织在履行其职责过程中的行为进行监督。责任监督是现代社会治理的重要组成部分，其目的是通过对行为的监督，及时发现和纠正不当行为。健全责任监督需要从以下三个方面着手。

一是创新责任监督制度。及时更新责任监督理念，深化党和国家监督体制改革。习近平指出"要完善党和国家监督体系，统筹推进纪检监察体制改革"[②]。这就为国家监察体制改革提供了指导。例如，国家监察体制改革要求将所有公职人员纳入监察范围，这意味着乡村干部也在此范围内。所以要将监察体制改革与基层反腐败工作结合起来，形成监督、执纪、问责合力，对腐败人员进行

---

① 仲伟通. 落实全面从严治党责任制度：意蕴、困境与出路 [J]. 理论导刊, 2021（4）: 46.

② 习近平在十九届中央纪委四次全会上发表重要讲话强调 一以贯之全面从严治党强化对权力运行的制约和监督 为决胜全面建成小康社会决战脱贫攻坚提供坚强保障 [J]. 中国纪检监察, 2020（2）: 15.

严格的责任追究。

二是提升责任监督的广度、深度和效度。提升责任监督的广度，就要建立健全监督机制和体系，做到责任监督全覆盖，不留死角、没有空白；提升责任监督的深度，就要加强监督的力度和深入程度，做到监督聚焦重点领域和关键人群；提升责任监督的效度，就要建立科学的评估机制和激励机制，推进责任制度优势向治理效能转化。

三是推进责任监督方式多元化。多元化的责任监督方式能更好地促进政府的透明度和廉洁性。既要拓宽党内监督方式，畅通党员民主监督渠道，也要将其同人大监督、民主监督、司法监督、群众监督、舆论监督相结合，构建起权威高效的监督体系，以减少腐败现象的发生。

（三）强化精准问责

精准问责是通过明确的目标和标准对政府行为进行监督和评估，并对其不当行为进行追责。这里主要从问责主体、对象、情形和方式等要素层面入手，建立健全追责机制，对不合规行为进行严肃处理，并对责任人进行追责。

一是精准确定问责主体。精准确定问责主体是根据责任划分明确确定应当承担责任的个人或组织。根据 2019 年《中国共产党问责条例》规定，党内问责主体主要有党委、纪委及其派驻机构和党的工作机关，并对其主体的职责权限和问责范围进行详细分工，使他们更加谨慎地履行职责，避免违法和不当行为。

二是精准认定问责对象。精准认定问责对象是在特定事件中，准确地确定应该承担责任的个体或组织。只有通过精准认定问责对象，才能实现问责的公正性和权威性。这就要求我们理清上级责任和下级责任、个人责任和集体责任之间的边界，避免责任的混淆和推卸。

三是精准设置问责情形。精准设置问责情形是确保问责机制有效运作的关键。将 2019 年《中国共产党问责条例》规定的 11 种问责情形细化分解，如对违反党的纪律、政治纪律、组织纪律、群众纪律、干部纪律、组织生活纪律、廉洁纪律、党风廉政建设责任制等问责情形进行细化，进一步增强问责情形条款的精准性和可操作性。

四是精准运用问责方式。精准运用问责方式可以提高组织的效率、透明度和责任感。在中国，对领导干部的问责方式多种多样，如内部问责机制、外部问责机制、司法问责机制和公众参与等。并依据失职失责行为的情节轻重及危害程度,精准运用通报、诫勉、组织调整或处理、纪律处分等对领导干部的问责方式。

## 第三节 廉政教育夯实机制

腐败是一种文化现象①,反腐败就是一个文化改造、重建的过程。只有扫除腐败亚文化,消除腐败滋生土壤,才能阻止"微腐败"蔓延,防止"蝇贪鼠害"向"大老虎"转变。廉政教育有助于建立一个廉洁的社会文化氛围,在这样的社会文化氛围下,腐败行为将难以生存和蔓延。廉政教育被视为解决腐败问题的一种重要手段,可以帮助人们提高识别和防范腐败的能力,培养正确的价值观和道德观念,从而减少腐败的发生。为此,从加强基层廉政文化教育、培育乡村优良家风、加强社会主义核心价值观和优秀传统文化的引领等方面着手,发挥廉政教育在乡村社会治理中的基础作用,重构基层政治生态,服务于基层政治发展,这是治理乡村"微腐败"的重要举措。

### 一、加强基层廉政文化教育

基层廉政文化教育是预防和治理乡村"微腐败"的基础。廉政文化是一种以廉洁、诚信、公正为核心价值观的文化体系,包括法治思维、廉洁自律、诚信守法、公正公平等方面。基层廉政文化教育是反腐败的重要途径,对反腐败斗争具有深远影响。加强基层廉政文化教育可以提高基层干部的廉政意识,增强他们的廉政自律能力。因此,我们应加强基层廉政文化的培育和传承,促进全社会形成廉洁风气,从而有效地预防腐败的发生。

一是加强廉政文化宣传,提升乡村干部和村民廉洁意识。对于乡村干部,可从强化理想信念教育、行为规范教育、从政道德教育等入手,提高他们的廉政意识和道德素质,使其树立廉洁从政、用权的观念。譬如,通过在乡村醒目地段张贴宣传标语、布置廉政漫画主题墙,组织乡村干部实地参观看守所、党风廉政教育基地,评选乡村干部"勤廉先进个人"等形式,使乡村干部自觉接

---

① HARRISON L E. Why culture matters [M] // HARRISON L E, Huntington S P. Culture matters: How values shape human progress. New York: Basic Books, 2000: 304-305.

受廉洁文化的洗礼，做到自我反省、自我教育、自我修养，提升境界，时刻保持对权力的敬畏之心和对人民的敬畏之心，实现"干部清正、政府清廉、政治清明"的廉政建设新目标。同时，还可以通过举办廉政演讲比赛、廉政知识竞赛等，提高干部对廉政文化的认知和理解。对于广大村民，我们应充分利用新媒体平台，如互联网、社交媒体等，通过发布廉政宣传信息、故事和案例，让更多的村民了解廉政文化的重要性。此外，还可以利用农村电视台、电台和报纸等地方性媒体，将廉政文化宣传融入农民日常生活中，形成全方位、多层次的宣传格局。

二是加大对乡村干部和村民的廉政教育培训力度。通过加强对基层干部和村民的廉政文化教育，可以提高他们的廉政意识和道德水平，增强他们对腐败的警惕性。政府可以组织开展廉政文化培训班，提供全面的廉政教育培训课程，这些课程应包括廉政法规和政策的学习，廉政意识和道德修养的培养，以及管理和服务能力的提升等内容。并邀请专家学者、廉政宣传大使等到乡村开展讲座和培训活动，讲授廉政知识和案例分析，通过面对面的交流，让干部和村民更深入地了解廉政文化的内涵和意义，帮助他们树立正确的价值观和道德观。同时，也应建立健全廉政教育培训机制，确保培训的持续性和有效性。政府可以与专业机构合作，开展定期的培训活动，并建立廉政教育培训档案，记录培训成果和效果。此外，还可以利用互联网和新媒体技术，开展在线廉政教育培训，提高培训的覆盖面和便捷性。

### 二、培育乡村优良家风

优良家风是推进党风清、民风淳、乡风正的重要动力。良好的家风对培养廉政意识和行为具有积极影响，有助于培养出廉洁正直的公民。"忠厚传家久，诗书继世长。"家风是一个家庭的精神风气，也是一个家族的处世原则。家风，影响着一个家族每一代人的成长，好家风可以家道兴盛、和顺美满，反之难免殃及子孙、贻害社会。从《颜氏家训》《朱子家训》到《曾国藩家书》《钱氏家训》，都是在倡导一种好家风，教化人们秉持操守、修身齐家，为后世子孙立规矩、树榜样。习近平非常重视家风建设，他强调："要把家风建设摆在重要位置，廉洁修身，廉洁齐家，防止'枕边风'成为贪腐的导火索，防止子女打着自己的旗号非法牟利,防止身边人把自己'拉下水'。"① 这为当前开展家风建设指明了发展方向,提供了基本遵循。培育乡村优良家风主要从以下三方面入手。

一是加强家庭教育。家庭教育是培育乡村优良家风的重要途径。父母是孩子的第一任老师。家风育人,父母的言谈举止、思维方式与处事原则,都会对子女产生潜移默化的影响。在农村地区,许多家庭缺乏正确的教育观念和方法,导致孩子们在成长过程中缺乏正确的价值观念和道德观念。所以,加强家庭教育,培养孩子们正确的价值观念和道德观念,是培育乡村优良家风的关键。家风建设贵在"立""传""行",强调言行一致,身教重于言传。在一个家庭中,父母在传承和制定优良家规家训的同时,更要注重以身作则,促成孩子养成良好的品行,从而推动家庭中每个成员都自觉践行优良家风。

二是立足实际建设新家风。乡村道德建设应借鉴别国或其他地区的有益经验,结合本土特色,促进良好家风建设。乡村干部应从自身做起,建设清廉家风,推动社会风气的向上发展。同时,又要重视乡村文体设施建设和家风家训文化活动的开展,形成推动良好家风的社会氛围,例如,建设二十四孝文化长廊。二十四孝是一种重要的价值观和道德规范,是中国传统文化中的瑰宝。其长廊建设可以激发人们对传统文化的热爱和对美德的追求。长廊可以通过雕塑、壁画、石刻等形式,展示二十四孝的各种故事和典型事例,让人们了解和感受到孝道的伟大和深远影响。再如,通过优秀家风家族创建、优秀家风合作社创建等方式,发挥示范带动作用,使人们自觉涵养良好家风,以千千万万家庭的好家风支撑起全社会的好风气。又如,开展"文明家庭"评比活动,加大对先进典型的宣传力度,以树立良好的家庭典范,引领社会风尚。

三是利用新媒体弘扬优良家风。乡村可通过建立社交媒体平台来推广优良家风,如利用微博、微信、抖音等社交媒体平台发布一些优秀家风的案例和故事,以激励更多的人学习和传承优良家风。乡村也可借助新媒体平台打造优良家风的品牌形象,如通过制作家风宣传片、家风主题微电影等形式,展示乡村居民中优秀家风的典型代表。乡村还可利用新媒体平台开展家风教育活动,如通过网络直播、短视频等形式开展家风教育讲座和培训,吸引更多的乡村居民

---

① 习近平. 在参加十三届全国人大一次会议重庆代表团审议时的讲话[EB/OL]. 中央纪委国家监委网站,2018-03-10.

参与，提高他们对优良家风的认识和重视程度。同时，也可将《颜氏家训》《曾国藩家书》《论语》等制作为电子版，利用新媒体平台在乡村地区传播，促进优良家风家训的传承和发扬，达到以家风建设推动廉政建设的目的。

### 三、加强社会主义核心价值观和优秀传统文化的引领

防治乡村干部腐败，通过弘扬正面的价值理念树立正确的价值观尤为重要。社会主义核心价值观弘扬社会公正、诚信和廉洁的价值观念，有助于培养廉洁自律的品质；优秀传统文化提供深厚的道德底蕴和行为准则，有助于推动建设廉洁政府和清廉党风。通过发挥这两者的引领作用，可以有效地推动乡村反腐败工作的开展。

一方面，要大力培育和践行社会主义核心价值观。加强社会主义核心价值观的引领是治理乡村"微腐败"的重要手段。社会主义核心价值观是中国特色社会主义的精髓，具有强大的凝聚力和引导力，其内容"三个倡导"对乡村反腐败工作具有指导意义。如倡导的诚信、廉洁，强调个人和组织在行为上应遵循道德规范，坚持诚实守信。在乡村"微腐败"治理工作中，应加大对其"三个倡导" 24 个字的宣传力度，通过各种渠道向乡村干部和村民普及社会主义核心价值观的理念和要求，使之成为全社会的价值共识，尤其是将其中的诚信、廉洁、民主、法治等价值观引入乡村干部思想教育体系，引导乡村干部廉洁奉公、勤政为民，增强他们的责任感和担当精神，摒弃贪污腐败行为。同时，教育村民群众树立正确的价值观，不参与和支持腐败行为。

另一方面，要传承与弘扬中华优秀传统文化。优秀传统文化的引领也是治理乡村"微腐败"的重要途径。优秀传统文化是中华民族宝贵的精神财富，其蕴含着丰富的道德观念和行为准则。譬如，儒家思想强调忠诚、诚信、廉洁、勤俭、公正等价值观念，有助于乡村干部树立正确的道德观念，增强自我约束，提高他们的廉洁度和自律性。王岐山同志指出，"要尊重自己的历史传统，把握文化根脉，取其精华、去其糟粕，汲取礼法相依、崇德重礼、正心修身的历史智慧，发挥礼序家规、乡规民约的教化作用"[①]。这就要求我们坚持"古为今用"的原则，积极弘扬中华优秀传统文化，加强对乡村传统文化的保护和传承，

---

① 王岐山. 全面从严治党 把纪律挺在前面 忠诚履行党章赋予的神圣职责[N]. 人民日报，2016-01-25.

通过文化活动和教育培训等方式，让乡村干部和村民了解和认同优秀传统文化的价值，让它在新时代焕发出新魅力，促使乡村干部树立正确的权力观。比如，天下为公、行君子道的人生观；淡泊名利、宁静致远的利欲观；清正廉洁、克己奉公的工作观等。

## 第四节 薪酬管理规范机制

薪酬管理规范机制，通过建立合理的薪酬体系和严格的薪酬管理制度，可以提高公务员的工作积极性和责任感，有效防止腐败行为的发生，进而提升政府机构的透明度和公信力。因此，治理乡村"微腐败"，必须提高乡村干部报酬待遇和生活补贴，这是遏制"微腐败"发生机制的重要途径。我们要秉持公平公正、透明公开、激励约束和科学合理的原则，从完善乡村干部薪酬增长机制、提升乡村干部岗位专职化水平、健全乡村干部离职退休福利待遇、完善大学生村官基本生活保障制度等方面入手，为基层反腐败工作奠定坚实的物质基础。

### 一、完善乡村干部薪酬增长机制

"薪酬既是基层干部的基本生活保障，也是其个人价值和社会价值的重要体现。"[1] 据调查研究，乡村干部薪酬与其腐败行为发生的概率呈负相关关系，再加上干部身处基层，工作量大，日平均工作时间长，并且大部分乡村干部的工资水平还较低，这就亟须提升乡村干部岗位工资，健全其薪酬增长机制。这样，可以有效降低其通过权力寻租获得生活资料的可能性。

一是完善公务员的薪酬体系。公务员薪酬体系是社会薪酬制度的重要组成部分，既关系到社会公平正义，又有利于提升公务员队伍的工作效能，对经济社会稳定发展起着不可或缺的作用。因此，要优化公务员薪酬结构，提升基本工资占比，减少津补贴占比。根据全国人大常委会对《中华人民共和国公务员法》实施情况的专题调研结果，2006年以来，全国公务员工资与社会平均工资的比例呈下降趋势。调研数据还显示，基本工资占公务员收入比重仅为1/3左

---

[1] 赵晨. 时代变迁背景下基层干部激励机制的偏误及创新[J]. 领导科学，2021（15）：26.

右，津补贴占比过大，而津补贴标准取决于地方财政状况，不稳定性较大。从以上论述可知，我们应当建立起一套科学合理的薪酬评定机制，根据公务员的工作业绩和能力进行薪酬分配，激发公务员的工作积极性和创造力。

二是实行职务与职级并行制度。中央全面深化改革委员会第七次会议指出，在职务之外开辟职级晋升通道有利于激发公务员队伍的干劲和冲劲，是为基层公务员办实事的好制度。首先，坚持优中选优原则，不搞论资排辈。要将政治素质、工作实绩、群众反馈作为晋升职级的重要标准，优先晋升那些为乡村振兴、农村发展做出过巨大贡献的基层一线工作人员；政治不合格、群众不认可的不予晋升职级。其次，组织领导要把好关。针对公务员队伍中的"少干少错""熬资历"等不良思想，各级党委要重点关注，并且定期给予全方面评价，把好晋升职级关。最后，坚持激励与约束相结合，注重职务职级序列，引导青年公务员服务基层，特殊情况下可以启用"二次职级晋升"。

三是健全村"两委"班子成员的薪酬体系。规范乡村领导干部报酬保障机制，提高乡村领导干部待遇，是使乡村干部队伍保持稳定状态和工作热情的一项重要决策。首先，建立工资正常增长机制，落实等级岗位一体化的长效薪酬机制。在村"两委"中设置多种岗位，并且分化为不同等级，然后将工作报酬与等级系数结合起来，从而达到提高村支书、主任以及其他正副职工作人员收入的效果。其次，将提升与激励挂钩，绩效与考核结果挂钩。"绩效工资以年为单位年终考核后发放，这样做既能稳定人心，又能起到激励作用。"[①] 对于获得过上级部门表彰的村"两委"成员，可以提高其岗位等级，根据村集体收入状况发放奖励资金。最后，增加村"两委"成员补贴。以领导干部的职务、工作年限为标准，设立不同数额的补贴，例如每月60元、80元、100元不等。

## 二、提升乡村干部岗位专职化水平

当下中国，乡村干部职位工资还普遍较低，也有些是处于兼职状态，除任乡村干部之外还有其他副业，甚至其副业的收入高于职位工资。破解这一难题的关键路径就是推行乡村干部岗位专职化管理，使其专心投入乡村事务。"越来

---

① 娄季春. 基于农村社会治理视角的"两委"干部激励探析：以H县为例 [J]. 管理学刊，2017，30（6）：56.

越多的全职村干部出现，村干部报酬也就逐步工资化了。"[1]

一是拓宽乡村干部选拔渠道，推进村干部专职化。党的十八大后，尤其在2017年乡村振兴战略提出以来，我国乡村干部专职化速度开始提升，但依旧存在一些问题，无法适应农村快速发展的要求。提升乡村干部岗位专职化水平可以让乡村干部看到生存、发展希望，激发他们全身心投入乡村发展事业的决心动力。首先，从严限制岗位条件。对于村主任、村支书等领导岗位，可以适当将年龄、学历等作为优先选拔条件，并且鼓励劳动模范、产业达人等本土优秀人才参与选聘，从而让真正热爱乡村的人留在农村、服务农村。其次，在岗位专职化的基础上实行待遇专职化。要提高专职化干部的工资，落实奖补措施，尽力解决"五险一金"等保障性待遇。例如，河北邱县帮助农村聘用大学生设计人生规划，并以初任公务员标准解决大学生待遇。

二是全面推进乡村干部教育培训系统化。建立教育培养管理机制，聚焦乡村干部能力提高和素质养成，有利于推动乡村领导干部转变思想，提振信心，增强责任。首先，建立健全乡村干部教育培训制度。这包括制定相关政策法规，明确培训内容和目标，建立健全培训体系，确保培训工作有序进行。其次，加强对乡村干部的培训内容和形式的创新。培训内容应紧密结合乡村实际，双管齐下，兼顾知识讲解和操作能力训练，以提高乡村干部政策理解水平和生产管理技能；培训方式可以通过现场和线上培训等方式进行，还要保持培训的精准性，根据不同人群、不同岗位的特点制订详细的培训计划。最后，可以选派优秀乡村干部外出锻炼学习，对于经常学习不在状态、工作频繁出现问题的乡村干部要实行"帮带培养""停职学习"等补救型制度。

三是建立"责任制"，实行考评一体化。督导和考核是村干部队伍专职化管理的关键举措。[2] 首先，乡村干部履职情况要公开透明。乡村干部的任职岗位、肩负责任、工作业绩等要及时向外公示，以便上级相关部门和党员群众全程知情，推动形成公平正义、奖罚分明的岗位履职良好氛围。其次，推行多元化监督，加大对村干部的监督力度。只有强化监督，村"两委"干部尤其是村党组织书记的工作才不敢有松懈；实践中要不断创新监督方式，加强对村干部的日常工作监督；乡村领导干部之间要相互监督，不同类型、不同层级的党组织也

---

[1] 贺雪峰. 村干部实行职业化管理的成效及思考 [J]. 人民论坛, 2021 (31): 53.
[2] 韩淑珍. 探索推进村"两委"干部专职化管理 [J]. 共产党员, 2022 (10): 26.

要相互监督；还要健全人民群众监督机制，畅通人民群众上访举报渠道，搭建方便快捷的举报投诉平台。同时，还要注重发挥农村无职党员的监督作用。最后，建立科学合理的考核体系。考核指标包括村民满意度、村干部综合能力与素质、农村经济增长率、社会稳定程度等方面，考核结果应及时公布，并与村干部的晋升、奖惩等相关，以提升村干部的工作效率和责任感。

### 三、健全乡村干部离职退休福利待遇

乡村干部作为党和国家在农村任务部署的承担者和落实者，关系到农村基层党组织形象，关系到和谐干群关系的构建，关系到乡村振兴事业的全面推进。建立健全村干部离职退休福利制度，可以使在职村干部更加安心工作，促进村干部队伍团结稳定，对实现农业农村现代化有重要意义。

一是完善村干部离职退休待遇保障机制。村干部是带领群众致富的"领头雁"，为农村事业发展付出了大量心血。那些离任村干部由于不是公务员，不享受退休金，再加上年老体弱，逐渐面临被边缘化的处境，所以亟须合理解决离职村干部的补助待遇问题。一方面，村"两委"可做出离职干部补贴方案，并交由上级部门审核，审核通过后及时将补助名额、补助标准、补助名单进行公示。另一方面，落实生活补助政策，增加补贴。可以将村干部的退休补贴和村集体经济挂钩，根据村干部在职期间对村集体经济的贡献大小确定补贴金额。如果当年村集体收入明显增加，也可以适当提高所有离任村干部的补贴标准。

二是提高离职退休村干部政治待遇。部分村干部离职后，在职村干部和群众多数情况下不会再向其询问建议，从而导致村干部消极茫然，几乎无法适应角色转变。还有一些地区甚至出现现任村干部对离任村干部的诉求爱答不理、高高在上的现象，这些都给离职村干部的身心健康带来了不良影响。首先，可以让离职干部有事可做。重大活动、重大会议都可以邀请离职村干部参加，还可以聘请退休村干部充当调解员、监督员等角色。其次，在村干部离职时给予其一定的仪式感，鼓励他们在退休生涯继续发挥余热。例如，召开离职欢送大会，退休村干部发言表态，用自己的奋斗经历给年轻党员干部再上最后一堂党课。

三是给予离职退休村干部物质和精神上的关爱。近年来，各级政府对离任村干部给予了很大的关怀和厚爱，但是地区与地区之间、农村与农村之间仍存

在较大差异，尤其是欠发达地区离休干部在物质和精神方面的后续保障没有得到较好实现。第一，逢年过节现任村"两委"干部可以集体走访慰问离职村干部，平时也可以采取捐赠实物等方式给予其一定生活资助。第二，各级党委、政府可以为离任干部提供专项资金，专门用于随时解决他们的生活难题，还要组织专人上门帮助解决他在养老和医疗方面的疑问。第三，为离休干部做好心理关爱。"针对村干部离任后的失落和抱怨心态，基层领导应主动去和他们沟通谈心，帮助他们梳理情绪，听取他们的愿望。"[①] 对心理落差极大、存在严重思想障碍的离休村干部要及时派遣专业心理调适员进行疏导。

**四、完善大学生村官基本生活保障制度**

大学生村官工作是党的十七大以来党中央做出的一项重大战略决策，也是帮大学生实现人生理想的希望工程。当前国家政策鼓励大学生当村干部，为充分发挥大学生村官的才能，使其更好地服务人民，必须落实保障性举措，为其保驾护航。在实践中，可建立健全其在乡村服务期间的住房、交通等基本保障制度，保障其基本生活质量。

一是落实基本待遇，提高工资水平。"物质基础是大学生村官保障制度的核心，对大学生村官这个项目的实施与兴废具有决定性作用。"[②] 大学生村官都是从高校选聘到农村任职的，大部分人为了留在农村一线服务群众果断放弃了城市的优越条件，所以要提高大学生的工资待遇，促使大学生安心工作，确保人才不流失。首先，要及时足额给大学生村官发放工资。各省各地大学生村官的待遇不完全相同，但有一个基本特点就是偏低，在这种情况下不随意拖欠、不克扣工资、适当给予生活补贴是一条重要原则。其次，改善大学生村官的食宿条件，让大学生村官有归属感。可以为大学生村官就近安排干净整洁、安全有保障的宿舍，并为其提供固定的用餐场所，确保吃住方面没有后顾之忧。

二是关注大学生村官的心理健康，随时为其解决生活困扰。大学生村官并非公务员，与大企业拿着高工资的同学或同龄人相比，他们不免要有心理落差，生活压力较大。所以要经常关注大学生村官的思想和生活状况，并给予及时的指导和帮助。首先，举办座谈会和交流会。乡镇领导干部可以定期组织开展大

---

① 郑明怀. 村干部离任制度面临的问题、原因及对策 [J]. 农业考古, 2014 (1): 335.
② 李雅杰. 大学生村官的保障制度研究 [J]. 人民论坛, 2013 (14): 38.

学生村官交流会，尤其对那些刚入职的大学生村官，要增加交流频率，以便精准掌握他们在精神和物质上的诉求。其次，建立走访机制，上级部门要进行实地走访，经常深入大学生村官工作和生活的地方，了解总结他们的成长情况，并帮助他们树立信心，做好后续人生规划。

三是加强各方面教育培训，助力其成长发展。大学生村官刚离开校园踏入社会，生活和工作方面都欠缺经验，再加上农村工作烦琐，大学生村官不了解村情，所以抓好教育培训是一项重要性工作。首先，做好入职前培训。大学生村官虽然只是签订服务期限的合同制工作人员，但这也是他们人生的一个重要转折点，做好岗前培训对他们今后开展工作大有益处。村规民约、村情社情、礼仪形象等都可以作为岗前培训内容。其次，做好专题培训。可根据大学生村官的实际情况，开展以"如何做一个合格的大学生村官""群众工作注意事项""如何寻找带领村庄致富的切入点"为主题的专门培训。

## 第五节　网络反腐创新机制

"互联网尤其是社交媒体的蓬勃发展，正以令人惊讶的态势对我们所处的时代产生深刻影响，也重新定义着反腐过程中社会参与的方式和角色。"[①] 在具体实践中，要建立网络反腐创新机制，善于运用智能化手段治理乡村"微腐败"，探索出一条基层反腐"智治之路"。如通过利用互联网技术和信息化手段推动信息公开，运用"互联网+"提高监督精准度，利用新媒体优势提升村民参与意愿等，来筑牢治理乡村"微腐败"的防控基石。

### 一、利用互联网技术和信息化手段推动信息公开

2022年，中央一号文件《关于做好2022年全面推进乡村振兴重点工作的意见》首次对数字乡村做了统筹部署，其中就包括数字技术赋能乡村治理。近年来，互联网技术发展越来越迅速，信息化手段也更加广泛应用于村务公开领域，

---

[①] 钟伟军，郭剑鸣. 双向吸纳：网络反腐中的国家—社会关系及其转型：基于"严书记"反腐案例的分析［J］. 社会科学战线，2020（10）：190.

已经成为拉动农村发展的重要引擎。"微腐败"的根本目的是为获取钱财。① 若能清楚地掌握钱财的来龙去脉，则可切实减少"微腐败"的发生。对干部财产进行实时监控是许多国家实行且有效的反腐方法。如瑞典、挪威明确规定所有干部必须向税务机关公开自己的财产及明细，且任何人都可申请查询。我国的财产申报制度虽已初步建立，但由于相关技术欠缺使得纪委难以获得干部财产信息。随着互联网、物联网、云计算的发展，为信息查询、财产流向和追踪提供了技术支撑。因此，必须大力推进互联网技术，建立信息共享平台，做好信息录入、更新工作，实现互联互通、信息资源公开与共享，让企图贪吃的"硕鼠"无缝可钻。

一是利用互联网技术，拓宽信息公开渠道。在实际操作层面，我国大部分农村地区信息公开主要以线下方式为主，如公开栏、广播站等。这些传统公开方式虽然也有其自身优势，但随着时代的进步逐渐暴露出了其费时费力、更新缓慢、成本较高等弊端，所以亟须与时俱进，推动互联网与乡村发展深度融合。首先，搭建互联网公开平台，实现群众"云上"了解信息。群众如果想掌握村务动态，可以随时随地在村微信群公告、小程序、APP 等平台查阅各种信息，如最新法律法规、惠农政策、补贴项目等。其次，以腾讯会议为载体，定期召开线上"村情民情咨询会"，运用群众询问、干部回答的方式，使群众足不出户便可系统全面了解村级事务，实现干群信息对称。

二是借助信息化手段，规范信息公开程序。"大数据技术能够形成'倒逼压力'，迫使党和政府数据公开、信息透明。"② 关于村务公开的时间，村委会组织法有两种规定：定期公开和即时公开。其中，定期公开是指一般事项至少每三个月公布一次，即时公开是指重大事项必须立即公开。但是在实践中，需要定期公开的一般事项却时常推迟甚至从不公开，重大事项也存在拖延状况。若要改变这种现状，必须依托现代信息化平台。首先，指定网络平台专员及时将需要公开的村务信息整理更新上传至系统，如存在公开滞后情况，群众可在系统后台随时留言进行提醒。其次，落实村务公开程序，做到环环相扣。村务公开流程包括几个部分，涉及审查、听取意见等诸多步骤，可以通过线上公布方

---

① 刘筱勤. 大数据与廉政制度创新 [J]. 中国行政管理，2015（12）：113.
② 高旭，曾小锋. 大数据时代基层党组织治理面临的挑战与对策研究 [J]. 求实，2016（7）：6.

案、线上收集意见等方式来提升村务公开程序的流畅性，以避免因流程过多而造成的过度简化步骤、违规操作等问题。

三是依托"互联网+"，完善公开内容，提升公开效能。"精准化是有效监督的重要前提，而数字技术恰恰具备精准监督的特征。"[1] 村务公开的内容一般包括方针政策、会议讨论事项的决定及实施情况、财务支出等。但相关文件规定，除了必须公开的事项，村务公开还应该根据实际情况不断丰富公开内容，以适应农村不断朝着现代化方向发展的趋势。首先，在公众号等互联网平台设立有关村务公开的多个服务链接，每个链接对应一个服务板块，方便群众准确高效获取自己想要了解的内容。例如，可以分为政务公开、财务公开、资源公开、自治公开、其他内容等不同模块，每个模块再细化出具体事项，群众根据自身需求随时点击。其次，突破地域限制，做到公开对象全覆盖。鼓励外出务工人员在网络平台注册个人信息，实现异地查阅本村相关信息，解决距离难题。

### 二、运用"互联网+"提高监督精准度

加强村务监督是实现乡村治理现代化、推动乡村全面振兴的题中应有之义，而大数据技术的发展为基层民主监督提供了新的思路。"互联网+监督"是随着科技进步和时代发展而产生出来的新的监管模式，在一定程度上实现了不同监督方式之间的深度融合，我们要多从技术层面反思创新，不断激发互联网助力村务监督的效能。建立健全"互联网+监督"工作模式，打造乡村"微腐败"防范智慧平台。目前，我国许多地区已开始探索建立大数据平台，如贵州省的一些乡村建立的"扶贫项目精准化监控平台"，实现扶贫资金全程监控，大大减少了乡村干部截留、挪用、克扣、冒领资金的空间。同时，在手机、电脑普及的当下，还可创新监督模式，推广"互联网+监督"线上新特色。

一是为"互联网+监督"提供制度和技术保障。"切实解决发生在群众身边的'微腐败'行为，就要坚决破除全面从严治党向基层延伸的'最后一公里'监管困境。"[2] 大数据技术具有强大功能和优势，是破除基层监管困境、革新反

---

[1] 周亚越，洪舒迪. 数字技术驱动基层监督效能提升的行动逻辑：以 W 市村务清廉 D 平台为例 [J]. 行政论坛，2022，29 (5)：95.

[2] 陶富林，张建喜. 大数据时代深化基层小微腐败治理的瓶颈与突破路径：基于"互联网+监督"的个案分析 [J]. 领导科学，2023 (5)：97.

腐手段的重要载体。首先，建立健全互联网监督的组织领导机制。一定的制度安排和有效管理是互联网监督顺利推进的重要保障，要为其组建专门的工作领导小组，工作过程中组长负责牵头协调其他部门，以着力消除互联网监督平台建设中的阻力。其次，加强配套制度建设。要加大网络硬件设施投资，并为领导干部、人民群众搭建互联网知识学习平台，提升其技术运用能力，以避免第三方代管带来的管理弊端和衔接不畅问题。

二是整合数据资源，打造数字化主动式监督界面。数字化赋能村务监督，有助于重塑乡村管理模式，实现群众便捷掌握信息资源。"互联网+监督"的操作流程具体可以分为三个方面：公开数据资源，便于群众监督；数据比较分析，发现腐败源头；回应群众关切，公示处理结果。首先，依托互联网平台搭建数据库，及时进行数据录入和信息公开。可以在平台中为群众设立"了解""评价""投诉"等不同选项，然后量化群众操作，最终对资源数据进行分解、细化。其次，将从群众方面收集到的数据与乡村基础数据库进行深入分析对比，如果有不符合或严重冲突的情况，平台要严格核实处理。最后，梳理监督平台提供的线索，并根据复杂程度对其分类，然后在平台反馈结果，最后整理归档。

三是打破信息壁垒，实现精准监督和动态监督。长期以来，群众获取数据资源的渠道都较为单一，即使是在大数据技术的基础上，"信息孤岛"也会时常出现。要想彻底摆脱这一困境，必须在原有基础上继续探索创新，建立有效的数据联通渠道。首先，建立跨部门数据共享联动机制，推动信息资源实时统筹，变"人工录入"为"共享接入"，从而提升数据资源的广度与深度。其次，实行大数据分级管理制度，做到预警与规范并重。监督对象与被监督对象的信息都要在平台注册录入，既提高了网络监督的精准性，又能在保护个人信息隐私的基础上防止监督功能被滥用。最后，提高技术手段运用的广泛性，确保监督覆盖面。要凝聚合力，攻克技术难关，充分发挥大数据的预判与追踪优势。

### 三、利用新媒体优势提升村民参与意愿

当下，科学技术因素已经成为影响农村民主政治建设的关键变量，农村网民规模快速增长，以互联网为基础的新媒体逐渐成为村民参与政治生活的有效工具。研究表明，"村民无论使用网络的社会导向还是娱乐导向的功能均能显著

提升其政治参与行为"[①]。2019 年发布的《数字乡村发展战略纲要》明确指出，要提高村级服务信息化水平，提高群众办事参与的便捷程度。鉴于此，在数字乡村发展视域下，村民政治参与和互联网技术之间有着密切的关系，我们要积极探索数字平台助推村民自主参与新模式形成的可行路径。

一是加快农村新媒体基础设施建设，促进村民参与自治。新媒体是区别于电视、报纸等传统媒体新的媒体形态，例如直播、数字电视、短视频、数字杂志等。新媒体既可以通过信息交流使群众了解更多国家政治信息，也可以使群众了解城乡居民政治生活之间的差距，从而促进群众思想观念的转变与进步。

第一，加大 5G 网络、数字基站在农村的建设力度，推进村民积极参与反腐工作。建立微信公众号平台并将"小微权力"加入其中，让广大村民都成为监督者。通过微信群、QQ 群、村民会议等，向村民推广微信公众号。平台界面设置举报窗口，村民可随时随地举报身边涉嫌贪污腐败、侵害群众利益等违纪违法行为，其点对点匿名化操作，也更有效地维护了信访人信息安全。这样不仅监督面广，而且信息传递速度快，监督实效性明显增强。第二，根据农村消费水平制定科学合理的网络套餐收费标准，各通信运营商还可以在节假日推出适合农村地区的"专享优惠套餐"，适当缓解农村居民在网络资费方面的经济压力。第三，加强新媒体平台的研发力度，进一步扩大新媒体的覆盖面，打造开放共享的乡村治理新媒体平台。

二是增强群众利用新媒体参与政治生活的意识。村民参与反腐工作的重要方式是举报腐败，这要求具备举报腐败的能力与意识。群众只有意识到并重视新媒体的巨大作用，新媒体才能在反腐斗争中发挥关键推动作用。为此，必须提升群众的反腐意识，提升他们的参与率。一方面，加大新媒体教育力度，提升群众认知水平。大部分村民对新媒体在基层民主政治中的作用认识不到位，对媒体服务重视程度不够，对新媒体操作使用方式陌生，所以要对其进行新媒体知识教育，以提升他们的理论和实践水平。另一方面，加强新媒体本土专业人才培养，带动当地群众整体素养提升。受年龄和文化程度制约，不同群体对新媒体的接受程度存在差异，要加强与新媒体企业、高校之间的合作，组建培养专业人才队伍，然后让其负责教授带动其他群众熟练运用。

---

① 张新文，陆渊. 数字乡村建设与村民政治参与行为的影响因素研究［J］. 华南农业大学学报（社会科学版），2023，22（4）：49.

三是发挥新媒体技术优势，提高参与效率和水平。新媒体通过数字技术和互联网技术为农村居民提供了自由畅谈、分享经验、参与社会治理的公共场域，还拓宽了农民"知事"和"议事"的渠道和空间，确保了治理主体参与的广泛性与深入性。[1] 第一，充分发挥新媒体特质，引导群众积极主动参与。要为村民提供专门的听政议政平台、网络问政平台，通过拓宽渠道来增加村民参与政治的机会。在实践中要充分发挥新媒体优势，用活"四微一端"，向村民普及优亲厚友、吃拿卡要、收受礼金、违规挪用、失职失责等村民不以为然的乡村"微腐败"行为；也可通过制作电视短片、网络视频等形式，讲述一些"微腐败"的典型案例，向村民灌输反腐败的相关知识。同时，开通网络举报"直通车"，如前文所论述的微信公众号平台界面设置举报窗口，鼓励村民通过手机"随手拍"，举报违规吃请、公款吃喝等问题，将相关证据快速到达各级纪委监察委及中央纪委国家监委。第二，加速平台升级，实现智能化参与。需要充分发挥各类媒体的优势，整合各种媒体力量和资源，倡导纵向和横向网络交流相结合，从而促进政务发布与民主参与良好互动局面的形成。第三，推进县级融媒体建设，大力传播有关"三农"的政策资讯。可以通过多种媒体形式，包括文字、图片、视频等，全方位地传播有关"三农"的政策资讯，让更多的农民受益于政策的支持和指导，最终增强新媒体对群众政治参与的吸引力。

综上所述，治理乡村"微腐败"既是一项长期的工作，也是一项系统工程，任重而道远。它需要多方面的努力和合作，持之以恒地开展"打苍蝇"常态化、长效化工作。只有建立起一套有效的阻断机制，才能实现乡村的廉洁和公正，促进乡村的繁荣和发展。因此，本书从乡村工作完善机制、制度约束健全机制、廉政教育夯实机制、薪酬管理建立机制以及网络反腐创新机制方面入手，构建乡村"微腐败"治理的长效机制，实现合力共治、多措并举，有助于遏制乡村干部"微腐败"的发生，并净化其滋生的社会土壤，逐步实现乡村"微腐败"治理的标本兼治，为达至基层治理现代化奠定良好的政治基础。

---

[1] 杨柳. 新媒体赋能乡村治理的机制、困境及优化策略 [J]. 新媒体研究, 2023, 9 (7): 41.

# 参考文献

## 一、中文文献
### (一) 专著类

[1] 中共中央马克思恩格斯列宁斯大林著作编译局. 马克思恩格斯选集 [M]. 北京：人民出版社，2012.

[2] 中共中央马克思恩格斯列宁斯大林著作编译局. 马克思恩格斯全集 [M]. 北京：人民出版社，1995.

[3] 中共中央马克思恩格斯列宁斯大林著作编译局. 列宁选集 [M]. 北京：人民出版社，2012.

[4] 中共中央马克思恩格斯列宁斯大林著作编译局. 列宁全集 [M]. 北京：人民出版社，2017.

[5] 毛泽东. 毛泽东选集 [M]. 北京：人民出版社，1991.

[6] 毛泽东. 毛泽东文集 [M]. 北京：人民出版社，1999.

[7] 邓小平. 邓小平文选 [M]. 北京：人民出版社，1993、1994.

[8] 江泽民. 江泽民文选 [M]. 北京：人民出版社，2006.

[9] 胡锦涛. 胡锦涛文选 [M]. 北京：人民出版社，2016.

[10] 习近平. 习近平谈治国理政：第2卷 [M]. 北京：外文出版社，2017.

[11] 习近平. 习近平谈治国理政：第3卷 [M]. 北京：外文出版社，2020.

[12] 中共中央文献研究室. 十四大以来重要文献选编（上）[M]. 北京：人民出版社，1996.

[13] 中共中央文献研究室. 十四大以来重要文献选编（中）[M]. 北京：人民出版社，1997.

[14] 中共中央文献研究室. 十六大以来重要文献选编（中）[M]. 北京：

中央文献出版社，2006.

［15］中共中央文献研究室．十七大以来重要文献选编（上）［M］．北京：中央文献出版社，2009.

［16］中共中央文献研究室．十八大以来重要文献选（上）［M］．北京：中央文献出版社，2014.

［17］中共中央马克思恩格斯列宁斯大林著作编译局．苏联共产党代表大会、代表会议和中央全会决议汇编：第2分卷［M］．北京：人民出版社，1964.

［18］苏联共产党章程汇编［M］．北京：人民出版社，1982.

［19］中共党史教育参考资料：第8集［M］．北京：人民出版社，1997.

［20］中央纪委办公厅．邓小平论党风廉政建设和反腐败［M］．北京：中国方正出版社，1998.

［21］江泽民．高举邓小平理论伟大旗帜 把建设有中国特色社会主义事业全面推向二十一世纪［M］．北京：人民出版社，1997.

［22］江泽民．论"三个代表"［M］．北京：中央文献出版社，2001.

［23］中共中央文献研究室．江泽民论有中国特色社会主义（专题摘编）［M］．北京：中央文献出版社，2002.

［24］习近平．在党的群众路线教育实践活动总结大会上的讲话［M］．北京：人民出版社，2014.

［25］中共中央文献研究室．习近平关于党的群众路线教育实践活动论述摘编［M］．北京：中央文献出版社，2014.

［26］中共中央纪律检查委员会，中共中央文献研究室．习近平关于党风廉政建设和反腐败斗争论述摘编［M］．北京：中央文献出版社，中国方正出版社，2015.

［27］习近平．习近平关于全面依法治国论述摘编［M］．北京：中央文献出版社，2015.

［28］中共中央文献研究室．习近平关于全面从严治党论述摘编［M］．北京：中央文献出版社，2016.

［29］习近平．在第十八届中央纪律检查委员会第六次全体会议上的讲话［M］．北京：人民出版社，2016.

［30］中共中央党史和文献研究院．习近平关于"三农"工作论述摘编

[M]．北京：中央文献出版社，2019．

[31] 本书编写组．中国共产党第十六次全国代表大会文件汇编[M]．北京：人民出版社，2002．

[32] 中国共产党第十九届中央委员会第六次全体会议文件汇编[M]．北京：人民出版社，2021．

[33] 亚里士多德．政治学[M]．吴寿彭，译．北京：商务印书馆，1965．

[34] 汉密尔顿，杰伊，麦迪逊．联邦党人文集[M]．程逢如，等译．北京：商务印书馆，1980．

[35] 朱光磊．以权力制约权力：西方分权论和分权制评述[M]．成都：四川人民出版社，1987．

[36] 汪安恕，秦记铎．马克思 恩格斯 列宁 斯大林论政治工作[M]．上海：同济大学出版社，1990．

[37] 海登海默．对腐败性质的分析[M]．上海：上海人民出版社，1990．

[38] 孟德斯鸠．论法的精神：上册[M]．张雁深，译．北京：商务印书馆，1993．

[39] 洛克．政府论（下篇）[M]．瞿菊农，叶启芳，译．北京：商务印书馆，1995．

[40] 罗西瑙．没有政府统治的治理[M]．英国：剑桥大学出版社，1995．

[41] 全球治理委员会．我们的全球伙伴关系[M]．美国：牛津大学出版社，1995．

[42] 克利特加德．控制腐败[M]．杨光斌，等译．北京：中央编译出版社，1998．

[43] 俞可平．治理与善治[M]．北京：社会科学文献出版社，2000．

[44] 费正清．美国与中国[M]．张理京，译．北京：世界知识出版社，2000．

[45] 贺军，赵斌．中国反腐败之路新探[M]．北京：中国言实出版社，2001年版．

[46] 阿克顿．自由与权力：阿克顿勋爵论说文集[M]．侯建，译．北京：商务印书馆，2001．

[47] 弗里曼，毕克威，塞尔登．中国乡村，社会主义国家[M]．北京：

社会科学文献出版社，2002.

[48] 波普. 制约腐败. 建构国家廉政体系［M］. 清华大学公共管理学院廉政研究室，译. 北京：中国方正出版社，2003.

[49] 亨廷顿. 变化社会中的政治秩序［M］. 王冠华，等译. 上海：上海人民出版社，2008.

[50] 李晓明，等. 控制腐败法律机制研究［M］. 北京：法律出版社，2010.

[51] 中共中央文献研究室. 厉行节约 反对浪费：重要论述摘编［M］. 北京：中央文献出版社，2013.

[52] 哈勒，肖尔. 腐败、人性与文化［M］. 诸葛雯，译. 南昌：江西人民出版社，2015.

[53] 中共中央国家机关工作委员会. 学习习近平同志关于机关党建重要论述［M］. 北京：党建读物出版社，2015.

[54] 人民日报社评论部. "四个全面"学习读本［M］. 北京：人民出版社，2015.

[55] 本书编写组. 以案说廉：90个群众身边"微腐败"典型案例剖析［M］. 北京：中国方正出版社，2019.

[56] 黄宇，等. 全面从严治党 建设清廉浙江［M］. 北京：社会科学文献出版社，2020.

[57] 董瑛. 清廉中国：中国共产党治理腐败的时代图景［M］. 北京：人民出版社，2021.

[58] 侣传振，董敬畏. 后陈经验的新发展：从治村之计到治国之策［M］. 杭州：浙江工商大学出版社，2022.

[59] 本书编写组. 聚焦党风廉政建设和反腐败斗争［M］. 北京：人民日报出版社，2024.

[60] 周师. 马克思主义权力观与农村"微腐败"治理研究［M］. 北京：光明日报出版社，2024.

（二）期刊类

[1] 江泽民同志视察人民日报社时的讲话［J］. 人民论坛，1996（11）.

[2] 江泽民在中央纪委二次全会上发表重要讲话强调 毫不放松继续推进党

风廉政建设和反腐败斗争 [J]. 中国监察, 1998 (2).

[3] 习近平在十八届中央纪委五次全会上发表重要讲话强调：坚持思想建党和制度治党，严明政治纪律和政治规矩、加强纪律建设 [J]. 党建, 2015 (2).

[4] 中共十八届五中全会在京举行 中央政治局主持会议 中央委员会总书记习近平作重要讲话 [J]. 党建, 2015 (11).

[5] 习近平在十八届中央纪委六次全会上发表重要讲话强调：坚持全面从严治党依规治党 创新体制机制强化党内监督 [J]. 中国纪检监察, 2016 (2).

[6] 习近平在十九届中央纪委二次全会上发表重要讲话强调：全面贯彻落实党的十九大精神 以永远在路上的执着把从严治党引向深入 [J]. 中国纪检监察, 2018 (2).

[7] 习近平在全国组织工作会议上的讲话 [J]. 当代党员, 2018 (19).

[8] 习近平在十九届中央纪委三次全会上发表重要讲话强调：取得全面从严治党更大战略性成果 巩固发展反腐败斗争压倒性胜利 [J]. 中国纪检监察, 2019 (2).

[9] 习近平在中共中央政治局第三十六次集体学习时强调 加快推进网络信息技术自主创新 朝着建设网络强国目标不懈努力 [J]. 中国广播, 2019 (11).

[10] 习近平在十九届中央纪委四次全会上发表重要讲话强调 一以贯之全面从严治党强化对权力运行的制约和监督 为决胜全面建成小康社会决战脱贫攻坚提供坚强保障 [J]. 中国纪检监察, 2020 (2).

[11] 习近平在十九届中央纪委五次全会上发表重要讲话强调：充分发挥全面从严治党引领保障作用 确保"十四五"时期目标任务落到实处 [J]. 中国纪检监察, 2021 (3).

[12] 习近平. 在庆祝中国共产党成立100周年大会上的讲话 [J]. 党的文献, 2021 (4).

[13] 习近平. 以史为鉴、开创未来，埋头苦干、勇毅前行 [J]. 求是, 2022 (1).

[14] 习近平在中共中央政治局第四十次集体学习时强调：提高一体推进"三不腐"能力和水平 全面打赢反腐败斗争攻坚战持久战 [J]. 中国纪检监察, 2022 (13).

[15] 习近平在二十届中央纪委二次全会上发表重要讲话强调 一刻不停推进全面从严治党 保障党的二十大决策部署贯彻落实 [J]. 党建, 2023 (2).

[16] 金道政, 袁国良. 论公共选择理论的缘起和研究方法 [J]. 浙江社会科学, 1998 (5).

[17] 俞可平. 治理和善治引论 [J]. 马克思主义与现实, 1999 (5).

[18] 郭红霞. 列宁的权力监督思想及其启示 [J]. 华中师范大学学报（人文社会科学版）, 1999, 38 (3).

[19] 王玲. 法德并举与加强党风廉政建设 [J]. 山东社会科学, 2001 (4).

[20] 胡鞍钢, 过勇. 公务员腐败成本：收益的经济学分析 [J]. 经济社会体制比较, 2002 (4).

[21] 胡鞍钢. 腐败与发展 [J]. 决策与信息, 2004 (1).

[22] 王宝成, 陈华. 委托代理框架下激励问题的理论综述 [J]. 特区经济, 2005 (5).

[23] 胡鞍钢. 廉政制度的历史阶段与中国特色国家廉政体系的建构 [J]. 学习月刊, 2008 (3).

[24] 鄂振辉. 我国领导干部的法律理念与法治意识 [J]. 北京行政学院学报, 2011 (5).

[25] 涂可国. 儒学、人情文化与人际关系的优化 [J]. 东岳论丛, 2011, 32 (8).

[26] 任映红. 当前农村人情文化的负面效应和正向功能：以温州农村为例 [J]. 浙江社会科学, 2012 (1).

[27] 李雅杰. 大学生村官的保障制度研究 [J]. 人民论坛, 2013 (14).

[28] 苏金波, 武兴华. 怎样理解"治标"与"治本"关系 [J]. 中国监察, 2013 (7).

[29] 黄勇, 武彬. 列宁构筑"三位一体"权力监督体系的思想研究 [J]. 社会主义研究, 2013 (3).

[30] 刘祥锋. 特权思想、特权现象的表现、成因与治理对策 [J]. 领导科学, 2013 (18).

[31] 文宏. 网络反腐：实证案例与内在机理 [J]. 社会科学, 2013 (10).

[32] 米良. 越南反腐败法简述：附《越南社会主义共和国反贪污腐败法》[J]. 环球法律评论, 2013, 35 (2).

[33] 张扬金, 于兰华. 农村民主监督制度的损耗与补益：政治知识与政治道德的视角 [J]. 伦理学研究, 2014 (1).

[34] 郑明怀. 村干部离任制度面临的问题、原因及对策 [J]. 农业考古, 2014 (1).

[35] 朱茜. 公共选择理论视野下的反腐败制度研究 [J]. 天府新论, 2014 (4).

[36] 张远新. 习近平总书记反腐倡廉思想探析 [J]. 探索, 2014 (2).

[37] 虞崇胜. "标本兼治"新解：兼论反腐败的治本之策 [J]. 江汉论坛, 2014 (10).

[38] 戴冰洁, 卢福营. 农村基层社会治理的权力调控模式创新：写在后陈村村务监督委员会诞生十周年之际 [J]. 浙江社会科学, 2014 (6).

[39] 赵泉. 当前领导干部道德观与法律政策导向研究 [J]. 理论学刊, 2014 (6).

[40] 刘筱勤. 大数据与廉政制度创新 [J]. 中国行政管理, 2015 (12).

[41] 马雪松, 田玉麒. 明礼定制："道德治腐"与"制度治腐"的机理阐释及路径之辩 [J]. 湖北社会科学, 2015 (4).

[42] 褚银良. "宁海小微权力清单"改革实践与思考 [J]. 政策瞭望, 2015 (6).

[43] 张立新. 官场"圈子文化"的危害与治理 [J]. 中国党政干部论坛, 2015 (3).

[44] 邱少明. 刍论党内"圈子文化"及其消弭进路 [J]. 理论导刊, 2015 (5).

[45] 高旭, 曾小锋. 大数据时代基层党组织治理面临的挑战与对策研究 [J]. 求实, 2016 (7).

[46] 钟纪安. 问诊基层不正之风和腐败问题：关于基层"雁过拔毛"式腐败问题的调研报告 [J]. 中国纪检监察, 2016 (7).

[47] 马华, 王晓宾. 就职宣誓：国家治理现代化的构建 [J]. 政治学研究, 2016 (6).

[48] 吴健雄，刘峰. 习近平反腐败战略思想研究 [J]. 湖南师范大学社会科学学报，2016，45（4）.

[49] 郑文范，杨瑾，邱秀华. 邓小平反腐倡廉思想的当代价值 [J]. 东岳论丛，2016，37（6）.

[50] 杨建兵，陈绍辉. 马克思恩格斯反腐败思想及其当代引领价值 [J]. 广州大学学报（社会科学版），2016，15（2）.

[51] 娄季春. 基于农村社会治理视角的"两委"干部激励探析：以 H 县为例 [J]. 管理学刊，2017，30（6）.

[52] 联合课题组. 规范乡村权力运行是治理"微腐败"的治本之举：河南省淮阳县开展"微权四化"廉政体系建设的调查与思考 [J]. 中州学刊，2017（5）.

[53] 王郅强，史懿吉. 农村基层集体贪腐形成的内在逻辑：以海南省 C 县土地贪腐案为例 [J]. 公共管理学报，2017，14（4）.

[54] 卜万红. "微腐败"滋生的政治文化根源及治理对策 [J]. 河南社会科学，2017，25（6）.

[55] 秦馨，黄义英. 实践理性视角下腐败的概念内涵探析：反腐败的法治认同功能研究系列论文之一 [J]. 学术论坛，2017，40（2）.

[56] 任建明，马喆. 廉洁政治：概念与目标 [J]. 理论与改革，2017（5）.

[57] 张远煌，彭德才. 民众的腐败容忍度：实证研究及启示：基于世界价值观调查数据的分析 [J]. 厦门大学学报（哲学社会科学版），2017（1）.

[58] 任中平，马忠鹏. 从严整治微腐败净化基层政治生态：以四川省基层党风廉政建设为例 [J]. 理论与改革，2018（2）.

[59] 余雅洁，陈文权. 治理"微腐败"的理论逻辑、现实困境与有效路径 [J]. 中国行政管理，2018（9）.

[60] 许江，黄建军. 全面净化基层党组织政治生态探究 [J]. 中国延安干部学院学报，2018，11（5）.

[61] 周师. 精准扶贫中农村基层干部的"微腐败"及其治理路径 [J]. 理论学刊，2018（1）.

[62] 张文显，徐勇，何显明. 推进自治法治德治融合建设，创新基层社会

治理 [J]. 治理研究, 2018, 34 (6).

[63] 马忠鹏, 任中平. 村民自治视域下村干部腐败的成因及治理 [J]. 领导科学, 2018 (11).

[64] 徐勇. 推进自治法治德治融合建设, 创新基层社会治理 [J]. 治理研究, 2018, 34 (6).

[65] 邹东升, 姚靖. 村干部"微腐败"的样态、成因与治理: 基于中纪委2012—2017年通报典型案例 [J]. 国家治理, 2018 (Z1).

[66] 李靖, 李春生. 我国基层官员"微腐败"的生成机理、发展逻辑及其多中心治理 [J]. 学习论坛, 2018 (7).

[67] 袁方成, 郭易楠. "双务"公开联动与乡村"微腐败"治理 [J]. 党政研究, 2019 (2).

[68] 孔继海, 刘学军. 新时代乡村"微腐败"及其治理路径研究 [J]. 中共天津市委党校学报, 2019, 21 (3).

[69] 黄晓. 小微权力清单: 乡村有效治理制度研究: 基于升级宁海"36条"实践的分析 [J]. 中共宁波市委党校学报, 2019, 41 (3).

[70] 杨守涛. 农村基层廉政建设的系统构建与有效运行: 宁海县小微权力清单治理微腐败机制研究 [J]. 中共福建省委党校学报, 2019 (6).

[71] 宗成峰, 朱启臻. "互联网+党建"引领乡村治理机制创新: 基于新时代"枫桥经验"的探讨 [J]. 西北农林科技大学学报（社会科学版）, 2020, 20 (5).

[72] 王杰, 曹兹纲. 乡村善治可持续的路径探索与理论启示: 来自"枫桥经验"的思考 [J]. 农业经济问题, 2021 (1).

[73] 李振贤. "枫桥经验"与当代中国基层治理模式 [J]. 云南社会科学, 2019 (2).

[74] 张文显, 等. 新时代"枫桥经验"大家谈 [J]. 国家检察官学院学报, 2019, 27 (3).

[75] 裘斌. 治村型乡贤主导下"三治融合"的拓展和创新: 基于枫桥镇枫源村的探索 [J]. 甘肃社会科学, 2019 (4).

[76] 钟伟军, 郭剑鸣. 双向吸纳: 网络反腐中的国家—社会关系及其转型: 基于"严书记"反腐案例的分析 [J]. 社会科学战线, 2020 (10).

[77] 王乙竹. 新中国 70 年来农村自治发展的演变轨迹及现实启示 [J]. 农业经济, 2020 (9).

[78] 徐铜柱. 资源与秩序双重维度下的村干部腐败及其治理研究 [J]. 社会主义研究, 2020 (1).

[79] 贺雪峰. 村干部实行职业化管理的成效及思考 [J]. 人民论坛, 2021 (31).

[80] 赵晨. 时代变迁背景下基层干部激励机制的偏误及创新 [J]. 领导科学, 2021 (15).

[81] 仲伟通. 落实全面从严治党责任制度：意蕴、困境与出路 [J]. 理论导刊, 2021 (4).

[82] 刘涛. 农村"微腐败"的形成机理及治理对策 [J]. 党政干部论坛, 2021 (3).

[83] 卜万红. 全面从严治党视域下乡村"微腐败"的成因及其治理 [J]. 学术研究, 2021 (3).

[84] 张淑珍. 村干部"微腐败"的实践表征、生成逻辑与治理路径 [J]. 领导科学论坛, 2021 (3).

[85] 中央组织部党建研究所. 坚持党的全面领导不动摇 [J]. 求是, 2021 (23).

[86] 冯国锋. 圈子文化的伦理探析 [J]. 伦理学研究, 2021 (6).

[87] 钟瑞添. 论列宁国家权力监督思想及其现实启示 [J]. 学术论坛, 2021, 44 (5).

[88] 周亚越, 洪舒迪. 数字技术驱动基层监督效能提升的行动逻辑：以 W 市村务清廉 D 平台为例 [J]. 行政论坛, 2022, 29 (5).

[89] 冯俊. 习近平新时代中国特色社会主义思想的新发展：基于党的二十大报告的学习研究 [J]. 马克思主义理论学科研究, 2022, 8 (12).

[90] 韩淑珍. 探索推进村"两委"干部专职化管理 [J]. 共产党员, 2022 (10).

[91] 曾明. 乡村振兴背景下村民小组长腐败发生逻辑与治理路径 [J]. 南昌大学学报（人文社会科学版）, 2022, 53 (2).

[92] 李小红, 段雪辉. 农村自治、法治、德治"三治融合"路径探析

[J]. 理论探讨, 2022 (1).

[93] 尹向阳. 乡贤嵌入村务监督的实践逻辑与可行路径研究 [J]. 云南社会科学, 2022 (4).

[94] 朱海嘉. 培育法治文化与推进乡村治理的三重维度 [J]. 中国司法, 2022 (11).

[95] 吴传毅. 健全自治法治德治相结合的基层治理体系 [J]. 学习月刊, 2022 (1).

[96] 张扬金, 于兰华. 清廉乡村建设的实践诉求与评价体系初探 [J]. 行政论坛, 2022, 29 (5).

[97] 武小川. 再论作为政党自治规范的党内法规: 以自治、法治、德治关系为视角 [J]. 党内法规研究, 2023, 2 (2).

[98] 陶富林, 张建喜. 大数据时代深化基层小微腐败治理的瓶颈与突破路径: 基于"互联网+监督"的个案分析 [J]. 领导科学, 2023 (5).

[99] 谢斌, 杨晓军. 廉政建设视域下的基层"微腐败": 表现、成因及治理 [J]. 行政与法, 2023 (4).

[100] 杨柳. 新媒体赋能乡村治理的机制、困境及优化策略 [J]. 新媒体研究, 2023, 9 (7).

[101] 张新文, 陆渊. 数字乡村建设与村民政治参与行为的影响因素研究 [J]. 华南农业大学学报 (社会科学版), 2023, 22 (4).

[102] 中央纪委印发意见 坚决整治乡村振兴领域不正之风和腐败问题 [J]. 支部建设, 2023 (6).

[103] 彭新林. 坚持系统施治依法从严惩治行贿 [J]. 中国党政干部论坛, 2023 (6).

[104] 桂晓伟. 以"三治融合"重塑基层治权 [J]. 武汉大学学报 (哲学社会科学版), 2023, 76 (1).

[105] 邓汪扬, 姚宏志. 新时代我国乡村德治的现实境遇与路径选择 [J]. 社会科学动态, 2023 (6).

[106] 臧秀玲, 康乐. 数字技术赋能乡村德治的实现机制与治理效能: 以浙江省H村"功德银行"为例 [J]. 北京行政学院学报, 2023 (2).

[107] 王同昌. 新时代村级党组织带头人监督问题与完善路径 [J]. 中国延安干部学院学报, 2023, 16 (1).

[108] 陈朋. 当前"微腐败"的新形态与新动向 [J]. 人民论坛, 2023 (8).

[109] 陶富林, 张建喜. 大数据时代深化基层小微腐败治理的瓶颈与突破路径: 基于"互联网+监督"的个案分析 [J]. 领导科学, 2023 (5).

[110] 苏江涛, 舒绍福. 新型腐败: 特征、诱因及惩治 [J]. 学术探索, 2024 (3).

[111] 叶赞平. 织密织牢制度笼子助力标本兼治 [J]. 中国纪检监察, 2024 (8).

### (三) 报纸类

[1] 胡锦涛在中央纪律检查委员会第七次全体会议上发表重要讲话强调 全面加强新形势下的领导干部作风建设把党风廉政建设和反腐败斗争引向深入 [N]. 人民日报, 2007-01-10 (1).

[2] 胡锦涛. 加强以完善惩治和预防腐败体系为重点的反腐倡廉建设, 努力为发展中国特色社会主义提供有利条件和坚强保障 [N]. 人民日报, 2008-01-16 (1).

[3] 坚持加强对干部的监督与发挥干部的主观能动性相结合: 六谈深入学习贯彻胡锦涛同志在十七届中央纪委二次全会上的重要讲话 [N]. 人民日报, 2008-03-02.

[4] 习近平. 坚持从严治党落实管党治党责任 把作风建设要求融入党的制度建设 [N]. 人民日报, 2014-07-01 (1).

[5] 习近平在庆祝全国人民代表大会成立六十周年大会上的讲话 [N]. 人民日报, 2014-09-06 (1).

[6] 习近平在十八届中央纪委五次全会上发表重要讲话 [N]. 人民日报, 2015-01-14 (1).

[7] 习近平、张德江、俞正声、王岐山分别参加全国两会一些团组审议讨论 [N]. 人民日报, 2015-03-07.

[8] 习近平. 决胜全面建成小康社会 夺取新时代中国特色社会主义伟大胜利: 在中国共产党第十九次全国代表大会上的报告 [N]. 人民日报, 2017-10-28 (1).

[9] 习近平. 高举中国特色社会主义伟大旗帜 为全面建设社会主义现代化

国家而团结奋斗：在中国共产党第二十次全国代表大会上的报告［N］．人民日报，2022-10-26（1）．

［10］新华社．江泽民主席接受美国记者采访［N］．光明日报，2000-09-05．

［11］马岳君，陈东升，刘波．村官群体腐败现象屡见不鲜［N］．法治日报，2010-08-20（5）．

［12］习近平在纪念毛泽东同志诞辰120周年座谈会上的讲话［N］．人民日报，2013-12-27．

［13］习宜豪，张维，赵玲瑜，等．农村黑恶势力146份样本真相 村官的"红"与"黑"［N］．南方周末，2014-08-07．

［14］陈云松，等．宁海村级权力清单"36条"列入民政部委托研究课题［N］．宁波日报，2015-03-16．

［15］中国青年报编辑部．宁海·学者谈［N］．中国青年报，2016-01-15．

［16］立德树人德法兼修抓好法治人才培养 励志勤学刻苦磨炼促进青年成长进步［N］．人民日报，2017-05-04．

［17］农民日报评论员．健全自治、法治、德治相结合的乡村治理体系［N］．农民日报，2017-11-10．

［18］翁杰，高晓晓．"浙江经验"写入中央"一号文件"［N］．浙江日报，2018-02-07．

［19］谢伏瞻．"八八战略"的理论贡献和实践意义［N］．浙江日报，2018-07-11．

［20］"后陈经验"为乡村治理提供新鲜样本 武义县出台村务监督规范化建设"20条"［N］．金华日报，2018-07-20．

［21］"36条"成为推进基层社会治理的"宁海经验"［N］．澎湃新闻·澎湃号·政务，2018-07-31．

［22］石静莹，罗有远．广东从严查处村级党组织一把手违纪违法行为［N］．南方杂志，2019-06-17．

［23］胡佳佳，甘国飞．受贿1414万元 行贿60万元 江西万载县委原书记胡全顺获刑11年半［N］．人民法院报，2021-12-09．

［24］2021年全国纪检监察机关共接收信访举报386.2万件次［N］．新京报，2022-01-21．

[25] 本报评论部. 一体推进不敢腐不能腐不想腐 [N]. 人民日报, 2022-06-30 (10).

[26] 李钦振. 构建一体推进不敢腐不能腐不想腐的长效机制 [N]. 中国纪检监察报, 2022-07-27 (5).

[27] 张新笛. 以村民自治促进乡风文明建设 [N]. 中国社会科学报, 2022-12-01.

[28] 孙吉晶, 等. 擦亮新时代乡村治理品牌: 宁海村级小微权力清单36条迭代升级 [N]. 宁波日报, 2022-12-14.

[29] 李雪萌. 扎密织牢"监督网"把巡视利剑磨得更光更亮: 我省巡视巡察工作综述 [N]. 青海日报, 2023-06-29.

[30] 李竟涵, 刘知宜. 中华农耕文明: 将传统融入现代 [N]. 农民日报, 2023-07-27.

[31] 王岐山. 全面从严治党 把纪律挺在前面 忠诚履行党章赋予的神圣职责 [N]. 人民日报, 2016-01-25.

**(四) 电子文献**

[1] 中央就制定监督法听取党外人士意见 胡锦涛讲话 [EB/OL]. 中国政府网, 2006-08-28.

[2] 习近平在十八届中央纪委第二次全体会议上的讲话 [EB/OL]. 人民网, 2013-01-22.

[3] 罗争光, 乌梦达. 47份巡视清单背后, 你可能不知道的基层选官腐败 [EB/OL]. 新华社, 2015-01-08.

[4] 淮阳县纪委. 淮阳县纪委构建"微权四化"廉政体系打造基层"四无"空间 [EB/OL]. 中共周口市纪律检查委员会, 2016-12-01.

[5] 朱海滔. 警惕"补偿心理"成为干部堕落的"催化剂" [EB/OL]. 人民网理论频道, 2017-04-12.

[6] 中央纪委通报九起群众身边的不正之风和腐败问题典型案例 [EB/OL]. 中央纪委国家监委网站, 2017-06-20.

[7] 习近平. 在参加十三届全国人大一次会议重庆代表团审议时的讲话 [EB/OL]. 中央纪委国家监委网站, 2018-03-10.

[8] 杨勇. 乡村治理的宁海样板 我县规范村级小微权力推动实现依法治村

[EB/OL]. 宁海新闻网, 2019-06-10.

[9] 三门峡广播电视台新闻中心. 渑池一起村干部集体腐败典型案件开庭审理7人被严惩 [EB/OL]. 腾讯网, 2019-10-18.

[10] 行政区划 [EB/OL]. 宁海县人民政府网, 2020-08-20.

[11] 浙江武义：村务线上办 监督更高效 数字化手段赋能"后陈经验" [EB/OL]. 澎湃新闻·澎湃号·政务, 2021-07-27.

[12] 甘肃省纪委监委. 甘肃通报5起群众身边腐败和作风问题典型案例 [EB/OL]. 中央纪委国家监委网站, 2021-12-02.

[13] 四川省纪委监委. 四川通报4起重点行业领域突出问题典型案例 [EB/OL]. 中央纪委国家监委网站, 2022-01-13.

[14] 福建省纪委监委. 福建通报5起粮食购销领域严重违纪违法问题 [EB/OL]. 中央纪委国家监委网站, 2022-01-17.

[15] 天津市纪委监委. 天津通报4起形式主义官僚主义、不担当不作为问题 [EB/OL]. 中央纪委国家监委网站, 2022-04-14.

[16] 四川省纪委监委. 四川公开通报6起问责案例 [EB/OL]. 中央纪委国家监委网站, 2022-04-17.

[17] 安徽省纪委监委. 安徽通报4起党员干部涉及农村乱占耕地建房问题 [EB/OL]. 中央纪委国家监委网站, 2022-04-24.

[18] 天津市纪委监委. 天津市通报5起群众身边腐败和作风典型问题 [EB/OL]. 中央纪委国家监委网站, 2022-05-17.

[19] 湖南省纪委监委. 湖南通报8起乡村振兴领域腐败和作风问题典型案件 [EB/OL]. 中央纪委国家监委网站, 2022-05-27.

[20] 四川省纪委监委. 四川省纪委监委通报5起工程招投标领域突出问题 [EB/OL]. 中央纪委国家监委网站, 2022-06-06.

[21] 云南省纪委监委. 云南通报4起群众身边腐败和不正之风典型案例 [EB/OL]. 中央纪委国家监委网站, 2022-06-30.

[22] 福建省纪委监委. 福建通报4起群众身边腐败和不正之风典型案例 [EB/OL]. 中央纪委国家监委网站, 2022-07-07.

[23] 大连市纪委监委. 大连通报3起群众身边腐败和不正之风典型问题 [EB/OL]. 中央纪委国家监委网站, 2022-08-30.

[24] 程威. "惩治'蝇贪'就是对我们的爱护" [EB/OL]. 中央纪委国家

监委网站，2022-10-22.

［25］大连市纪委监委.大连通报3起形式主义官僚主义案例［EB/OL］.中央纪委国家监委网站，2022-11-17.

［26］孙少龙.2022年全国纪检监察机关处分59.2万人包括53名省部级干部［EB/OL］.新华网，2023-01-13.

［27］辽宁省纪委监委.辽宁通报4起群众身边不正之风和腐败问题典型案例［EB/OL］.中央纪委国家监委网站，2024-04-29.

［28］河北省纪委监委.河北省纪委监委公开通报七起群众身边不正之风和腐败问题典型案例［EB/OL］.河北省纪委监委网站，2024-06-21.

## 二、英文文献

［1］KLITGAARD R.Controlling Corruption［M］.New York：University of California Press，1988.

［2］HARRISON L E，HUNTINGTON S P.Culture Matters：How Values Shape Human Progress［M］.New York：Basic Books，2000.

［3］HAUK E，SAEZ-MARTI M.On the Cultural Transmission of Corruption［J］.Journal of Economic Theory，2001，107（2）.

［4］RAZAFINDRAKOTO M，ROUBAUD F.Expert Opinion Surveys and House Hold Surveys in Sub-Saharan African［J］.World Development，2010（8）.

［5］EPSTEIN A B.Village Eelections in China：Experimenting with Democracy［M］//Joint Economic Committee Congress of the United States.China's Economic Future Challenges to U.S. Policy.New York：Routledge，2016

［6］HEIDENHEIMER A J.Political Corruption：Readings in Comparative Analysis［M］.New York：Holt，Rinehart & Winston，1970.

［7］KO K，WENG C F.Critical Review of Conceptual Definitions of Chinese Corruption：a formal-legal perspective［J］.Journal of Contemporary China，2011，20（70）.

［8］BAI R Y.Staging Corruption：Chinese Television and Politics［M］.Vancouver：University of British Columbia Press，2015.

［9］WEDEMAN A.Anticorruption Campaigns and the Intensification of Corruption in China［J］.Journal of Contemporary China，2005，14（42）.

# 附录1 关于乡村"微腐败"形成途径和阻断机制研究调查问卷

亲爱的朋友：您好！本次问卷采用不记名方式，全部材料仅用于学术研究，您的支持与帮助将使本研究更客观、真实。本问卷多为单选题和多选题，最后一个为问答题。大约需要占用您十分钟时间，感谢您的参与！

### 一、基本资料

1. 您的性别是：[单选题] *

A. 男

B. 女

2. 您目前居住在哪种类型的地区？[单选题] *

A. 城市

B. 农村

C. 城乡结合部

3. 您的年龄是：[单选题] *

A. 20至25岁

B. 26至35岁

C. 36至45岁

D. 46至55岁

E. 55岁以上

4. 您的婚姻状况是：[单选题] *

A. 未婚

B. 已婚

5. 您的政治面貌是：[单选题] *

A. 中共党员（含预备党员）

B. 群众

C. 共青团员

D. 民主党派

6. 您来自以下哪个区域？[单选题] *

A. 东北地区

B. 华北地区

C. 华中地区

D. 华南地区

E. 西南地区

F. 西北地区

G. 华东地区

7. 您的学历是：[单选题] *

A. 初中及以下

B. 高中或中专

C. 大学大专

D. 大学本科

E. 硕士及以上

8. 您的职业身份是：[单选题] *

A. 村干部

B. 乡镇干部

C. 县委干部

D. 农民

E. 教师

F. 医生

G. 学生

H. 其他

9. 您（或者家庭）的年收入是：[单选题] *

A. 3万元及以下

B. 3万元以上-6万元

C. 6万元以上-10万元

D. 10万元以上-20万元

E. 20万元以上

10. 您在乡村（镇或县）居住或工作的年限为：[单选题] *

A. 5年以下

B. 5-10年

C. 11-20年

D. 20年以上

## 二、问卷内容

11. 您是否了解"乡村微腐败"这一概念？[单选题] *

A. 非常了解

B. 比较了解

C. 听说过，但不清楚具体含义

D. 完全不了解

12. 您认为乡村微腐败的涉案金额通常是：[单选题] *

A. 3万元以下

B. 3万元以上—5万元

C. 5万元以上—10万元

D. 10万元以上

13. 您身边是否存在基层干部利用微小权力谋取微利损害群众利益的腐朽行为？[单选题] *

A. 普遍存在

B. 偶尔存在

C. 不存在

D. 不了解

14. 您认为当前乡村微腐败治理工作的效果如何？[单选题] *

A. 非常有效

B. 比较有效

C. 效果不佳

D. 完全无效

E. 不清楚

15. 您是否认为乡村微腐败对乡村发展和村民生活产生了影响？［单选题］*

A. 有严重影响，必须严厉打击

B. 有一定影响，需要加强监管

C. 影响不大，可以忽略

D. 不清楚

16. 您所居住的地区是否有举报微腐败的渠道或方式？［单选题］*

A. 有

B. 没有

C. 没关注过

17. 您是否愿意参与乡村微腐败的治理监督工作？［单选题］*

A. 非常愿意，会积极参与

B. 比较愿意，但要看具体情况

C. 不太愿意，觉得与自己关系不大

D. 完全不愿意，不感兴趣

18. 您是否认为乡村微腐败与乡村干部收入水平有关？［单选题］*

A. 非常有关

B. 可能有关

C. 完全无关

D. 不了解

19. 您认为媒体在揭露乡村微腐败方面起到的作用如何？［单选题］*

A. 作用很大

B. 作用一般

C. 没啥作用

20. 您觉得是否有必要定期对乡村干部进行廉政教育？［单选题］*

A. 有必要

B. 没有必要

C. 不清楚

21. 您通常通过什么渠道了解乡村微腐败信息？［多选题］ *

A. 政府官方渠道

B. 媒体

C. 村民口口相传

D. 其他（标注——）

22. 您觉得乡村微腐败是如何形成的？［多选题］ *

A. 有特定规律

B. 是一个过程

C. 简单无序

D. 随机触发

23. 您认为乡村干部腐败的动机由哪些因素诱发？［多选题］ *

A. 个人利益最大化

B. 被身边人诱导

C. 付出与收获不成正比的不平衡心理

D. 理想信念不够坚定

E. 其他（标注——）

24. 村庄（或社区）当选的村两委干部是：［多选题］ *

A. 宗族势力大的人

B. 上面有靠山的人

C. 能力强的人

D. 道德品行高的人

E. 其他（标注——）

25. 您认为乡村微腐败的主要方式有哪些？［多选题］ *

A. 吃拿卡要

B. 失职渎职

C. 公款私用

D. 雁过拔毛

E. 索贿受贿

F. 优亲厚友

G. 其他（标注——）

**26. 您认为乡村微腐败的基本特点是什么？[多选题] ***

A. 性质轻微

B. 形式内隐

C. 频率多发

D. 手段多样

E. 行为涉黑

F. 容忍度高

G. 群体性腐败明显

H. 其他（标注——）

**27. 您认为乡村微腐败形成的原因有哪些？[多选题] ***

A. 乡村干部官本位意识严重

B. 乡村干部道德素养和法治意识不足

C. 民主选举、管理、监督、反腐倡廉等制度不完善

D. 中国传统的人情文化、圈子文化、特权思想

E. 社会环境造成的伦理规范缺乏

F. 其他（标注——）

**28. 您认为乡村微腐败的危害有哪些？[多选题] ***

A. 损害群众的切身利益

B. 引发群众对党和政府的信任危机

C. 破坏基层政治生态

D. 阻碍乡村经济发展

E. 其他（标注——）

**29. 您认为都有哪些部门应承担乡村微腐败治理责任？[多选题] ***

A. 纪检监察机关

B. 基层党委

C. 基层政府

D. 社会组织

E. 人民群众

F. 其他（标注——）

30. 您认为当前乡村微腐败治理面临的最大挑战是什么？［多选题］ *

A. 缺乏有效的监督手段

B. 群众参与度不高

C. 惩处力度不够

D. 缺乏长效机制

E. 其他（标注——）

31. 您认为治理乡村微腐败的有效措施有哪些？［多选题］ *

A. 共治（党委、政府、社会组织、群众共同治理）

B. 德治（价值观念的引导）

C. 自治（自我管理、自我教育）

D. 法治（依法治理）

E. 综治（健全乡村治理体系）

F. 惩治（严厉惩治、严肃处理）

G. 其他（标注——）

32. 您认为治理乡村微腐败需要建立健全阻断机制有哪些？［多选题］ *

A. 乡村工作机制

B. 制度约束机制

C. 廉政教育机制

D. 薪酬管理机制

E. 网络反腐机制

F. 其他（标注——）

33. 您对乡村微腐败治理有何建议或意见？［问答题］ *

# 附录2　乡村干部访谈提纲

## 一、乡村干部基本资料
年龄：

教育程度：

职业：

家庭所在地：

## 二、乡村微腐败现象调查
1. 您认为乡村微腐败是指什么？
2. 您是否认为乡村微腐败对当地经济发展有影响？请说明理由。
3. 您是否在日常生活中发现过乡村微腐败现象？请举例说明。
4. 您认为哪些因素导致了乡村微腐败的发生？请详细描述。
5. 您是否知道乡村微腐败的法律法规？您认为这些法律法规是否能够有效遏制乡村微腐败？
6. 您是否曾经亲身经历过乡村微腐败事件？如果是，您可以分享一下您的经历吗？
7. 您认为媒体在揭露乡村微腐败方面起到了什么作用？是否有改善的空间？
8. 您认为应该采取哪些措施来减少乡村微腐败的发生？

## 三、对乡村微腐败的态度
1. 您认为乡村微腐败是一个严重的问题吗？
2. 您是否支持政府采取措施来打击乡村微腐败？请说明理由。

3. 您是否认为当地政府在打击乡村微腐败方面做得足够好？为什么？
4. 您认为个人在防止和打击乡村微腐败中应该承担怎样的责任？

**四、其他问题**

1. 您对乡村发展有何建议？
2. 您认为政府在乡村治理中应该加强哪些方面的工作？